ポストコロナ時代の東アジア

新しい世界の国家・宗教・日常

玄武岩・藤野陽平［編］

勉誠出版

【目次】

〈アジア遊学253〉

ポストコロナ時代の東アジア

新しい世界の国家・宗教・日常

第Ⅱ部　新型コロナウイルスと変容する社会

第Ⅲ部　コロナ時代にみる東アジアの信仰の姿

［序言］

境界を越えた「連帯」のコミュニケーションへ
――ポストコロナ時代の東アジア

玄 武岩
藤野陽平

新型コロナウイルスの感染拡大でヒト・モノ・資本の移動と拡張を続けた世界が一瞬にして止まりました。ほかでもない、感染症のパンデミックによるグローバル化への逆襲が世界の風景を一変させたのです。観光産業やサプライチェーンの断絶による製造業への打撃はいうまでもなく、もはや地球規模で生産活動が萎縮し、グローバルな国際秩序が危機に立たされています。

各国は国境を固く閉じることで外部の危険を遮断しようとします。世界では、改めて「国家」の意義が問われているのです。強化される境界は、たんに移動を制限する国境の封鎖にとどまりません。セキュリュティを確保するための境界線の引き直しは、欧米でのアジア人差別やアジアでの中国人差別というレイシズムを助長し、各国内部でも地域間・世代間の分裂を生み出しています。

政治学者の杉田敦が言うように、ある境界線の存在の影響は遠く離れた所にまで及びます（『境界の政治学』岩波書店、二〇〇五年）。こうしたセキュリティの要求が自己破壊的・自己否定的な側面を持っていることが、この度のパンデミックによって赤裸々に表れたのではないでしょうか。境界線を引くことによる相互不信は、事態が収拾してもしばらく尾をひくことでしょう。

インターネットが媒介する情報だけは境界をものともせず飛び交っているように見えますが、それも人同士のコミュニケーションを真っ当に保障するとは限りません。中国では、情報統制の強化に対する反発が権力の正当性を揺るがし、日本や韓国では、偽りの情報に人々は惑わされ、危機管理におけるメディア報道の課題も露呈しました。

グローバル化の下で拡大する経済や観光とともに、感染症や大気汚染も国境を越えて拡散することは避けられません。疫病や環境などグローバルな課題には国際的な連携が不可欠であり、それを国や地域ごと封じ込む「境界の政治」で対応できないことは明らかです。

もっとも日本・中国・韓国での感染症の拡散は、危機がその社会のゆがみをあらわにするように、それぞれが抱えるいびつな政治的・社会的・文化的構造によりもたらされたと言えます。中国では言論統制が感染拡大の主因となり、日本の官僚主義の弊害が大型クルーズ船の感染拡大を招き、攻勢的な布教活動や大型教会を追求する韓国の宗教文化が感染拡大の温床になったことは偶然ではありません。

感染症の拡大は日常生活の非日常化をもたらし、かつてない社会的混乱を招いています。混迷をきわめる東アジアの情勢は、もはや経済交流と人的移動の未来が自明ではないことを突きつけました。東アジアがこうした危機を乗り越えていくには、相互理解と平和につながる交流を積み重ねるしかありません。迫りくる危機に対して、国境を越えた連帯と共感こそ不確実性の時代を生きるカギとなるはずです。そのためにも東アジアのメディアと人的交流のあり方を引き続き模索していかなければならないのです。

◇

新型コロナウイルスの感染拡大は、人間関係やコミュニティの根幹をなす親密性の概念にも変容を迫っています。「距離」が美徳とされ、「間隔」が常識とされる、これまでの価値観が反転する世界に人々は順応を余儀なくされるのです。そして当分は新型コロナウイルスの制圧が困難であることが見えてくると、未知のウイルスと共存することを「ウィズコロナ」と表したり、新型コロナウイルスが終息しても新しい価値観が普遍性をもつ世界を見据えて「ポストコロナ」「アフターコロナ」の時代を予見したりしています。

北海道大学大学院メディア・コミュニケーション研究院付属東アジアメディア研究センターは、このような「新しい世界」の到来を重く受け止め、国際的な連携をとおして差し迫る東アジアの課題に取り組むべく、二〇二〇年四月にインターネット上でのオンライン会議としてウェビナー「ポストコロナ時代の東アジア」を開催しました。その後、連続企画として開催したウェビナーは計三回に及びます。各ウェビナーのテーマは以下の通りです。

第一回「ポストコロナ時代の東アジア～新しい世界のコミュニケーション」四月三十日
第二回「コロナ時代にみる東アジアの信仰の姿」六月十六日
第三回「新型コロナウイルスと変容する社会」七月三十一日

また、番外編として中国の研究者を講師として招き、「ポストコロナ時代の情報倫理」をテーマにして、「伝統メディアとソーシャルメディアの共存時代の考え」（七月二十七日）、「「インフォデミック」現象からの考察」（八月十四日）と題する講演会をそれぞれ開催しました。

本書は、これらのウェビナーおよび講演会の成果を集めたもので、以下の三つの視点を重視しました。

第一に、ポストコロナ時代における国家と市民社会の関係です。

コロナ危機は、国境だけでなく、その内部においても危険地域と安全地域を分け隔て移動を制限する境界を高く築きました。グローバル化により、境界がもはや相対峙する政治的空間の最前線ではなく、そうした政治関係を通り越してヒト・モノ・文化が交流するコンタクト・ゾーンとしての意味を帯びつつあるなか、コロナ危機によって国境は閉ざされ、その内部にも分断線が走るようになったのです。

そこで、グローバルな世界秩序に向けて開かれていく国家のあり方が問われているのです。しかも、コロナ危機に対応して防疫体制を施す国々は、緊急事態を宣言するなどして市民生活を厳しく統制する一方、日常生活の崩壊を防ぐための財政出動を余儀なくしました。経済活動を支えるためのコロナ対策予算は、いずれの国でも前例にない天文学的な規模に及んでいます。しかし、政策の決定過程や実施方法などについては、それぞれの政治体制によってさまざまな議論を呼び起こしています。このように国家と市民社会の力関係が大きく揺れ動くなか、東アジア各国ではその揺れのタイプも震源も異なるのです。

こうした相違する東アジア各国の防疫対策に鑑み、第一部では、日本・中国・韓国・台湾・香港で国家と市民社会のコミュニケーションがコロナ危機のなかでどのように展開し、そして変容を迫られているのかを、各国の事例をとおして考察します。

第二に、ポストコロナ時代における社会の変容です。

コロナ危機は「新しい生活様式」の標準を再編し、それをめぐる確執も顕在化しつつあります。しかし現代社会は確執の先行きさえも予測困難な不確実性に直面しています。

ところで、それよりも不気味なのは、新型コロナウイルスが制圧されても以前の見慣れた風景は戻らないという喪失感と、いまさら過去には戻れないという高揚感が入り混じる、混沌とした自己アイデンティティなのかもしれません。在宅勤務による新しいライフスタイル、解雇・雇い止めや内定の取り消しなど雇用や働き方の変化、児童虐待や配偶者への暴力など家族・対人関係の危機、営業・外出の自粛や同調圧力という差別と偏見等々。コロナ禍は誰にでも公平ではないことを突きつけています。

コロナ危機によって押し付けられた改革は、はたして誰に味方するのでしょうか。ポストコロナ時代にどのような「新しい日常」を作っていくのか構想することが求められています。「距離」と「間隔」が美徳とされるポストコロナ時代に、東アジア各国がどのように未知の脅威に立ち向かい、新しい世界に与しようとしているのかについて議論します。

第三にポストコロナ時代における宗教とその社会的役割です。

今後の世界を決定づけるこの強大な危機に対して、世界中の宗教が祈りを捧げました。ただし、従来のように一つの空間に密になって集うこともままならないなかで、オンライン参拝、オンライン法事、オンライン礼拝のように「ソーシャル・ディスタンシング」をとりながら集うという現代のメディアを駆使した取り組みが行われました。

一方で、教団のある宗教のようなものだけではなく、疫病を払うとされる「アマビエ」のような妖怪が評判となり、神社仏閣でも取り入れる場所が登場したり、宗教界以外にもさまざまな形で商品化、キャラクター化したりされ、話題となりました。

メディアでの言説を見る限り新型コロナウイルスとの関連では興味を集めるのは主に医療や政治、経済などで、このように普遍的かつ幅広い影響力のあった宗教について総合的に理解しようという動きはごくわずかです。しかし、二元論的分類の批判的再検討が盛んに行われている昨今、科学と宗教を切り分けて科学とされる面だけを扱っていては、ポストコロナ時代の社会を十分に理解することはできないでしょう。

ここではとりわけ、東アジア各地の宗教が新型コロナウイルスに対してどのような初動体制をとったのかを理解し、その背景となる民俗の世界に加え、これからの社会を眺める視角としての現代宗教の観点からも論じることで、現在過去未来を貫く理解をめざします。

◇

本書の出版にあたり、北海道大学大学院メディア・コミュニケーション研究院から出版助成を受けました。本書の編者や執筆者の多くが所属するこの研究院では、観光とメディアの融合が開く新たな可能性について考察を続けています。現代社会を考えるうえで避けて通れない、観光という移動と不可分の領域と、メディアという空間を飛び越えヒトとヒトとを接続する領域とが、人々の想像をはるかに超えた形で揺さぶられています。

新しい空間に暮らす人々の移動とつながり方のあり方は、新型コロナウイルスがもたらした新しい世界の構想にもつながるテーマと言えましょう。それは、メディアと観光においても新たな視座が必要であることを指し示しています。不確実性の時代にメディア研究はどのように向かい合っていくことができるのか——。

新型コロナウイルスの感染拡大は今まさに現在進行中の出来事です。執筆終了後から編集印刷作業中に大きく状況が変化する可能性もあり、刊行時に情報が古くなってしまっていないだろうかという不安もありましたが、その意義を考え刊行することといたしました。本書が、ポストコロナという新しい時代を考える一つの指標を提示できていれば幸いです。

最後に、本書出版までのタイトなスケジュールのなかで、迅速かつ確実な編集作業を進めていただいた勉誠出版の黒古麻己さんにお礼申し上げます。

付記 新型コロナウイルス感染症については、諸外国では「COVID-19」とも称されますが、本書では執筆者の表記を尊重し、統一を行っていません。

日本における新型コロナウイルス感染症とマスメディア報道

――ジャーナリズム論からの分析と示唆点

森　類臣

もり・ともおみ――立命館大学客員准教授。専門分野は社会学・ジャーナリズム研究・地域研究（朝鮮半島）。主な著書に『韓国ジャーナリズムと言論民主化運動――ハンギョレ新聞をめぐる歴史社会学』（日本経済評論社、二〇一九年）、「North Korea as a Small Great power」(Pekka Korhonen & Tomoomi Mori, The Asia-Pacific Journal: Japan Focus, Volume 17 Issue 5 Number 2, 2019) などがある。

本稿では、日本における新型コロナウイルス感染症の流行とその対応について、ジャーナリズムがどのように報道・論評したのかを分析した。分析期間は二〇二〇年一～四月と設定し、ジャーナリズム規範論を援用して、主流紙である『朝日新聞』『読売新聞』の論調を比較した。その結果、医学的・疫学的な見地からの見解については目立った差は見られなかったが、緊急事態宣言など高度な政治的判断を要する政策においては、両紙のイデオロギー特性が表れた。

一、日本における新型コロナウイルス感染症の状況

昨年末から今年初めにかけて、新型コロナウイルス感染症（COVID-19）の存在が世界に知られ、瞬く間にその脅威は広がった。COVID-19に対して、WHO（世界保健機構）を始めとした国際機関・各国政府・行政機関・自治体・企業などは対応に追われ、住民は感染の恐怖に対処せざるを得なくなった。COVID-19の影響とその意味は、疫学・公衆衛生学的な面のみならず、発生以前と以後で時代を区分してしまったということにもあるだろう。

感染発生源の中国・武漢では、感染者と死者が爆発的に増加し、中国政府は都市全体を完全封鎖する対策に出た。街はゴーストタウンのようになり、住民は孤立した。ヨーロッパでも初期にスペインやイタリアなどで感染者が爆発的に増え、医療体制が追いつかず、特に高年齢層は重篤状態に陥り亡く

なる人が頻発した。感染がいわゆるパンデミックの様相を見せ始めると、ヨーロッパの多くの国では、各国に対応の差はあるものの、これ以上の感染拡大を防ぐためにロックダウンを選択した。国際的にはドイツの対策が高評価を得た一方、スウェーデンは例外的にロックダウン方式をとらなかった。

一方、台湾や韓国はロックダウン方式はとらず、政治主導の強力なリーダーシップを発揮し、厳格な防疫体制を敷いた。台湾は、早々に水際対策を徹底し、マスクを国家管理の下に置き、情報における透明性の確保に務めた。韓国は、徹底した検査と治療をベースに、積極的疫学調査（感染者およびその経路の特定）に力を入れた。このような対策は、二〇〇三年の重症急性呼吸器症候群（SARS）流行と、二〇一二年の中東呼吸器症候群（MERS）の経験が大きく作用していることもあるだろう。

では、日本はどうか。現在、日本では患者は増え続けている。感染症爆発を防げなかった理由は様々であろうが、日本政府および地方自治体の対応策に重大な欠陥があったのが主原因の一つだろう。水際対策は取ったものの遅きに失した感がある。経済への影響を懸念してロックダウン方式をとらず、検査・治療体制も「医療崩壊」への懸念から非常に限定的であった。基本的に、予防を住民個々に「お願い」し、私企業の自主的措置に任せるという方式をとった。経済的な損失と住民の日常生活への影響を最小限に食い止めつつ感染症対策を進めるためにこのような方法をとったと思われるが、COVID-19の人体への影響がどれほど深刻なのか分からない状況の中で、このような対応等が適切かどうかは疑問が大いに残る。少なくとも検査・治療体制の欠如は極めて無責任だといえよう。極めつけの政策が布マスク二枚配布であり、これはさすがに住民からの批判を受けた。医学・公衆衛生学の見地から見て、約二六〇億円かけて大きな意味があるとは思えない行為をした。この政策は官僚主導で行われたとのことだが、コロナ禍において住民が何を求めているのか真剣に吟味しないまま行われた失策であった。(1)

休業に関する経済的補償の政策も問題が多い。特別定額給付金の運用は弾力性のなさを批判されたが、中小企業に対する補償も手続き上の煩雑さと金額の低さが指摘されている。ヨーロッパ型の社会保障政策と比べると十分とは到底言い難いだろう。

日本では今年一月、COVID-19の存在と脅威を本格的に主流企業メディアが報道し始めた。全世界的な疫病流行と未曾有の社会的な打撃について、日本のジャーナリズムはどのように反応したのであろうか。本稿では、その一端を振り返ってみたい。

二、分析の視角：ジャーナリズム論

まず、分析の視角を定立させよう。本稿ではジャーナリズム規範論から論じたい。

一般的には、マスメディアとマス・コミュニケーション、ジャーナリズムという用語は混同して用いられている。しかし、三つは厳密に区別されるべきである。マスメディアは媒体そのものを指す。マス・コミュニケーションはコミュニケーションの一形態であり、大衆への意思および情報伝達を指す。マスメディアの機能に注目した概念と言ってもよいだろう。その機能とは、①報道機能 ②評論機能 ③教育機能 ④娯楽機能 ⑤広告機能に分類される。(2) 実際に、新聞や電波メディア（テレビ、ラジオ）、大手雑誌などのマスメディアはこのような機能を果たしている。

これに対してジャーナリズムという概念は、「ジャーナル（定期刊行物）」と「イズム（主義）」の合成語であることから分かるとおり、意識形態・行動様式を指す。社会学者の花田達朗は「ジャーナリズムとは同時代の出来事や動向の観察をし、それを記録し、人々に伝えるということに価値を置く社会意識ないしその活動」と定義した上で「観察する時には観察する対象の選択ないし発見がなくては始まらないから、したがって批判的な視点が必要となる」としている。(3) また、歴史学者（ジャーナリズム史）の根津朝彦は「ジャーナリズムとは、主権者に必要な事実・情報を伝えることで現実に影響を与える報道活動であり、時代に対する批判的言説を含むものである」としている。(4) ここで重要なのは「批判的（critical）」という言葉である。より分かりやすく言い換えれば、ジャーナリズムを実践するジャーナリストは事象そのものを切りとったまま「port（運ぶ）」する「porter（運搬人）」になるのではなく、事象の中から人々に伝えるべき事実を抽出して報道し、その事象がどのような意味を持っているのか、解説や論評を加えていく行為、つまり「re（再び）port」する「reporter」となることが求められるのである。

ジャーナリズムは、民主主義社会の維持および発展のために必要な情報を市民に提供する。市民の「知る権利（right to know）」を、市民に代行して行使していくのである。この過程において、権力を監視するという原則が発生していく。コバッチとローゼンスティールはジャーナリズムの要素（原則）について以下のように整理している。(5)

①ジャーナリズムの第一の責務は真実である。

②ジャーナリズムは第一に市民に忠実であるべきである。

③ジャーナリズムの真髄は検証の規律である。
④ジャーナリズムに従事する者はその対象からの独立を維持しなければならない。
⑤ジャーナリズムは独立した権力監視役として機能すべきである。
⑥ジャーナリズムは大衆の批判および譲歩を討論する公開の場を提供しなければならない。
⑦ジャーナリズムは重大なことをおもしろく関連性のあるものとするよう努力しなければならない。
⑧ジャーナリズムはニュースの包括性および均衡を保たなくてはならない。
⑨ジャーナリズムに従事する者は自らの良心を実践することを許されるべきである。

コバッチとローゼンスティールによって整理された上記の原則は、ジャーナリズム規範論と言われるものであり、大部分のジャーナリストが同意できる内容であろうと思う。マス・コミュニケーションの機能を果たすことがジャーナリストの役割の本質なのではなく、あくまで報道機能・評論機能において上記の原則を意識的に実践することが本質となる(6)。

以上述べたように、本稿では、ジャーナリズム規範論という視点を基底におき、日本のマスメディアがコロナ禍において報道・論評をどのように展開したのかを分析していく。

三、事例分析

本稿は紙幅が限られているゆえ、コロナ禍をめぐる報道についてすべてを検証していくことはできない。したがって、本稿ではCOVID-19が拡大し始め、その影響が続けざまに現れた時期（二〇二〇年一～四月）を中心に、いくつかの限られたトピックを立てて記事分析を試みる。記事データの入手のしやすさと論調の対比という点を考慮して、本稿では『朝日新聞』と『読売新聞』の論評記事（社説）を主に取り上げることとする。

(1) 初期報道と特徴

管見の限り、『朝日新聞』は一月十七日が初出である。「インデックス一月十七日」で「中国・武漢で集団発生した新型肺炎の患者が日本でも見つかった。今のところ感染は限定的で専門家は過度な心配はいらないという」と報道した。また、同日「（時時刻刻）新型肺炎、正しく備える　ために国内で初確認、武漢に渡航歴」では「厚労省は現時点でヒトからヒトへと感染が拡大するリスクは低く、過度な心配は必要ないとしている。多くの専門家は新型肺炎の患者がさらに増えて感染が広がったり、重症化する人が増えたりする可能性は低いと

表1　『朝日新聞』紙上の解説記事「時時刻刻」のタイトル（2020年2月の例）

2月1日	宣言後手、踏み込む各国　WHO、ワクチン開発呼びかけ　新型コロナウイルス
2月4日	凍える中国経済　営業停止、全土で　新型肺炎
2月6日	航海15日、集団感染　同じ空間で寝食・手すりの多さ、要因か　新型肺炎
2月8日	新型肺炎、気づかず拡散　閉鎖空間の船「感染連鎖」
2月11日	新型肺炎、供給網を寸断　日産、九州工場を一時停止
2月13日	中国、企業ジレンマ　感染数、湖北省以外は鈍化傾向　新型肺炎
2月14日	下船へ、政府転換　クルーズ船、80歳以上条件付きで　新型肺炎
2月15日	感染食い止め正念場　和歌山の病院、対応奔走　勤務医と入院患者ともに感染　新型肺炎
2月16日	「密室」屋形船きっかけ　1月半ば、運転手らの新年会　新型肺炎
2月20日	船内感染対策、疑念の目　600人超感染／マスクせぬ人／「予防、不十分」　新型肺炎
2月21日	クルーズ船乗客から死者、何が　搬送までに1週間／高齢者は重症化リスク　新型肺炎
2月23日	武漢疲弊、逃げ場なし　1100万人都市、封鎖1カ月　新型肺炎
2月24日	一転「陽性」なぜ　感染直後だったか、検査後に感染か　「陰性」下船客　新型肺炎
2月26日	医療崩壊、防ぐには　政府が対策方針　新型肺炎
2月27日	イベント自粛、混乱・落胆　当日の中止発表／主催者は損失懸念　新型肺炎
2月28日	日本リスク、世界が警戒　催し自粛の経済影響、3・11超す恐れ　新型肺炎
2月29日	首相独断、休校見切り発車　新型肺炎

みる」と報じた。この時点では『朝日新聞』は厚生労働省および専門家の見解を引きながらCOVID-19の危険度を低く見積もっていた。結果としてこれは新型コロナウイルスに対する過小評価となってしまったことは言を俟たない。

一月二十二日に中国がCOVD-19を法定伝染病に指定した後、同紙は一月二十五日に社説「新型肺炎教訓いかし封じ込めよ」を掲載した。この社説では、①感染の疑いのある人に対して迅速な検査を行うこと、②日本各地に検査態勢を確立すること、③水際対策の限界、の三点を主に指摘している。この時点では、①はウイルス流行地からの渡航者を対象とした話ではあったが、国内に蔓延することを前提に検査態勢の拡充を促している点がポイントであった。

『朝日新聞』は一月二十二日以降、COVD-19に対する本格的な報道を始めた。同紙一月三十日の社説「新型肺炎拡大　長期化に備える覚悟を」は、コロナ禍に対する『朝日新聞』の基本的な主張を展開している。その要点は、①長期間の闘いに備えて準備を怠らないこと、②二〇〇九年新型インフルエンザの教訓を生かすこと、③被害を過小に見積もらないこと、④行動の制限は最小限とし、人権を不当に抑え込まないこと、⑤医療体制の対応能力を鑑みること（軽症者については、感染症専門病院以外への入院や自宅療養も選択肢）、⑥国際的な協力の必要性（WHOの指導力、中国政府の情報開示、日本の貢献）であった。「医療崩壊」という言葉は使っていないが、日本の現在の医療体系がCOVID-19に対応できる能力を持っているのか懸念する言説があったことは重要であろう。

『朝日新聞』の記事構成は、「社説」で社論を主張し、「時時刻刻」で解説を行い、それを軸に一般記事を展開するというものであった。また、同紙のアジェンダは時間と共に変化していき、武漢でのCOVID-19拡大と日本への影響→クルーズ船問題→市民の対応：不要不急論→政府レベルの措置：一斉休校→オリンピック延期問題という順序で変化していった。

一方、『読売新聞』はどうか。管見の限り、同紙の初期報道は『朝日新聞』よりも早い。一月八日に上海特派員（南部さやか記者）が「中国　原因不明の肺炎　武漢　香港・台湾でも疑い例」と報道している。この記事では、武漢市の状況を伝え、香港・台湾ではすでに対策が始まっていることや、日本の厚生労働省も注意喚起を始めたことが伝えられた。『朝日新聞』よりも約十日早く報じており、際立っている。

『読売新聞』はその後続報を出し続けており、比較的早い段階からこの問題に注目していることが伺える。一月十日には「中国の肺炎　新種か　コロナウイルス　WHO「感染しにくい」」という記事を掲載し、専門家の意見を踏まえて「SARSやMERSのような、国境を越えた感染拡大は考えにくい」と解説した。一月十日時点ではCOVID-19の特性の詳細が分からなかったため仕方ないとは言えるが、結果的に『読売新聞』の解説は正しくなかった。

同紙は一月二十二日社説「中国の新型肺炎　国内への感染拡大を防ぎたい」で社としての認識を示した。それは①中国政府の情報開示を促す、②国際的な連携（感染経路などの分析と対策）、③水際対策の限界を指摘、④個々人の対策というものであった。水際対策の限界を早くから指定し、より現実的な政策に移行すべきであると主張したのは『朝日新聞』と同様である。

一月二十四日記事「［スキャナー］訪日増「水際」に限界　新型肺炎　病院で発見・隔離　重要」では、「大勢の人が国境を行き交う現在、水際対策には限界がある。流行を抑え込むには、医療機関が発症者を確実に見つけ、一般の人々から隔離することが重要だ」と指摘し、「疑似症サーベイランス」（病院など医療機関から保健所へ、COVID-19疑惑のある患者について報告する情報共有システム）の活用の重要性を伝えた。

一月二十八日社説「中国の新型肺炎　国内患者への対策を強化せよ」では、冒頭で「新型肺炎の感染が、中国から世界に広がっている。中国当局は、感染力が強まっているとの見解を示した。日本でも、患者の増加を前提に対策を強化する必要がある」と主張した。これは、専門家の意見を引きながらCOVID-19の感染力はそれほど強くないと紹介したこれまでの見解について、軌道修正・訂正したと見ることができる。この社説では「今後、注視すべきは、日本国内で人から人への感染が広がるかどうかだ」「高齢者や持病がある人は重症化することもあるため、注意が欠かせない」として、日本国内においてCOVD-19がパンデミックになったことを想定して警告している。

(2) 東京オリンピックの開催

コロナ禍以降、重要なアジェンダとして浮上したのが東京オリンピックの開催可否であった。現実的に即座に対応しなければならなかったため活発な議論が展開され、国際オリンピック委員会（IOC）・政府・東京都とも開催希望をにじませつつ決断ができずにいた。判断の決定的な時点となったのはIOCが三月二十二日に開いた臨時総会であった。この臨時総会でIOCは延期を含めて結論を出すことを決定した。安倍首相はIOCの最終的な結論を受入れることを表明した。

『朝日新聞』は三月二十四日の社説「五輪の延期　課題示し透明な検討を」で、「国際オリンピック委員会（IOC）および首相の延期判断は当然の判断」と述べ、「ことし夏の開催を見送ることをすみやかに正式決定し、そのうえで延期の幅や諸課題について議論するなど、混乱と動揺を少しでも抑えるやり方を考えてもらいたい」と要求した。また、「五輪の開催はパラリンピックと一体であることも忘れてはいけない。選手の障害によってはウイルスに感染すると重症化する恐れがある。健常者に対する以上に、科学的知見の集積と慎重な判断が必要だ」とも主張した。

一方、『読売新聞』は三月二十四日社説「五輪延期を検討　選手や観客の安全を最優先に」で、IOCと安倍主張の判断を「選手や観客の安全を守るための判断と言えよう」「延期のシナリオを検討するのもやむを得まい」と延べ、『朝日新聞』よりもトーンはやや弱いものの延期を容認する主張をした。そして「中止となれば、選手や関係者が積み上げてきた努力が報われなくなる。大会の準備には多額の資金が投じられており、経済的損失は計り知れない。開催の可能性を探ることが期待される」とし、開催するという前提は崩していない。

三月二十四日夜、IOCバッハ会長と安倍首相は電話協議し、東京オリンピックの一年延期が決まった。『朝日新聞』は三月二十六日社説「五輪一年延期　コロナ収束が大前提だ」で「なぜ一年延期を適当と判断したのか、それぞれのメリット・デメリットをどう勘案したのか、詳しい説明がないままの表明となった」「「中止」だけは何としても避けたいIOCと日本政府の思惑が、早期決着で一致したと見るべきだ。「二一年夏」で動き出せば再延期は考えられない。両者は大きなリスクを背負ったことになる」というように、一年延期は現実的でないと批判した。さらに一年延期を決定した手続きと過程に問題があるとして「この国では、目標の達成を優先するあまり、正当な疑問や異論も抑えつけ、強引に突き進む光景をしばしば目にする。そのやり方はもはや通用しない。情報の開示―丁寧な説明―納得・合意の過程が不可欠だ」と、民主的手続きの原則論をもって安倍政権を批判した。

また、オリンピックの財政問題についても「延期によってどれだけの額が上乗せされるのか。それを誰が、どうやって負担するのか」と強い懸念を表明した。

『読売新聞』は三月二十六日「五輪一年延期　開催実現へ手立てを尽くそう」で「ホスト国となる日本は、首都・東京を中心に感染抑止対策を徹底する責任がある。海外の選手や大会関係者、観客が安心して日本を訪れられるように、医療・防疫体制を整えるべきだ」「中止ではなく延期という形で開催のめどが示されたことは、多くの選手に歓迎される結果と言えるのではないか」と主張した。延期に伴って発生するであろう費用について懸念を表明しているのは『朝日新聞』と同様であった。

（3）緊急事態宣言を取り巻く姿勢

日本において初めてとなる緊急事態宣言が四月七日になされた。宣言がCOVID-19に対応するための有効な手段であるという仮説は強まっていたが、住民の経済活動や移動の自由など基本的人権に大きな影響を及ぼすことが予想されたため、政府でも最後まで慎重な姿勢を崩さなかった。しかし、東京における感染者が短期間で拡大した現状を政府官邸が認識し、これ以上食い止めることが難しい状況に至ったため、四月五日に安倍首相が緊急事態宣言を行う意志を固めた。(7)

緊急事態宣言は史上初の試みとなったため、ジャーナリズムでも活発に議論が展開された。『朝日新聞』は四月七日から四月末までに、関連社説を九本掲載した。「宣言によって市民が危機意識を共有し、現下の状況に向き合うのは大事だが、一方で社会不安を招くようなことがあってはならない」（四月七日社説）と主張し、食料品・日用品の買い占め行為などが発生しないように社会の安定を維持すること、人々の合意を得ながら政策を進めるのが政治の役割だと指摘した。

四月八日社説「首相が緊急事態宣言　危機乗り越える重責自覚を」では、「今回の宣言の内容は特措法で定められた諮問委員会の意見を踏まえた。首相による国会への事前報告と質疑が行われたことと併せ、その手続きに一定の透明性は確保された」と緊急事態宣言を行う手続きの妥当性を認めた。一方「朝日新聞の社説は、市民の自由や権利を制限し、社会全体に閉塞（へいそく）感をもたらす緊急事態宣言には、慎重な判断が必要だと主張してきた。特措法にも「（自由と権利の）制限は必要最小限のものでなければならない」という「基本的人権の尊重」の項目がある。その重みを十分踏まえた対応を求める」として、基本的人権・市民的自由を保障するという観点から、宣言の慎重な運用を政府に求めた。

具体的な政策については、「緊急事態宣言で目標とする「人と人との接触の七割から八割の削減」を実現できるかは、国民の幅広い協力にかかっている。安心して休業できるよう、事業者を支援すべきだ。」（四月十二日）、「休業要請をめぐって国と東京都の間で調整不足が露呈した（中略）政府は地域の実情に応じた自治体の主体的な判断を後押しすべきで、一方的な押しつけはあってはならない。」（四月十八日）として、休業申請とその補償を強く政府に要求した。

また、特別定額給付金については「首相はきのうの記者会見で、宣言の全国への拡大に伴い、すべての国民に協力をお願いすることになったので、一人十万円の支給に転換したと説明した。しかし、政界では、公明党などの突き上げで一人十万円をのまざるを得なくなったので、その根拠として、後づけで宣言を全国に拡大したのではないかとささやかれている」（四月十八日）とし、特別定額給付金の金額が決定した過程と理由に疑義を突きつけている。なお、『朝日新聞』は特別定額給付金十万円を課税対象とすることで、非富裕層に還付される制度を作るべきだと繰り返し主張している。

一方、『読売新聞』はどうであろうか。まず四月四日社説「緊急事態宣言　「都市封鎖」との誤解をとけ」で「国が緊急事態を宣言した場合に、どういう措置がとられるのか。政府は事前に分かりやすく説明し、国民の理解を求めていくべき」「政府と自治体は、緊急事態宣言に伴う措置について、あらかじめ周知し、いざという時に混乱を生じさせないことが重要だ」と主張した。緊急事態宣言がなされた翌日四月八日の社説「緊急事態宣言　感染抑止に協力し医療守ろう」でも「留意したいのは、都市封鎖や外出禁止といった強制的な措置は想定されていないことだ。住民らの理解と協力により、感染拡大を抑止するのが本旨である」「住民には冷静な対応が求められる。密閉、密集、密接の三条件が重なる機会を避ければ、食料品の買い物や日課の散歩などを行っても問題はない」というように、住民の自由を規制することが目的ではないと繰り返し述べている。「ウイルス感染を防ぐことは、自分と周囲の人を守り、ひいては社会を守ることにつながる。一人ひとりがこれを自覚し、自制した行動を心がけたい」として緊急事態宣言への理解を求めた。

また、同日（四月八日）社説では、「宣言を出すにあたり、専門家で作る諮問委員会の意見を聞き、国会に事前に報告した。丁寧な手続きを踏んだと言えよう」と述べ、安倍政権が適正手続きを踏んだことを評価した。

『読売新聞』が『朝日新聞』と際だって違うのは、コロナ禍対策において自衛隊の活用を主張している点である。四月五日社説「自衛隊の活動　検疫や輸送支援の態勢整えよ」では、自衛隊（医務官）の派遣による検査態勢の更なる充実、医療・生活支援における幅広い任務遂行を行うべきだとしており、緊急事態宣言と関連する部分については「政府が緊急事態宣言を発出した場合には、患者の搬送や医薬品など緊急物資の輸送、消毒作業への協力、医療・生活支援といった活動が想定される。自衛隊は様々な事態を想定し、緊急事態宣言下での活動計画を練り上げねばならない。全国の陸、海、空の部隊を弾力的に運用することが求められる」と全般的に自衛隊が展開することを主張している。『読売新聞』のイデオロギー性向から考えれば驚きはしないが、この主張はコロナ禍対策のためのみの提言とは考えにくく、自衛隊の潜在力を国民に認識させることで改憲（自衛隊違憲論の打破）を有利に進めたいという考えが根底にある可能性はある。

おわりに

以上、『朝日新聞』『読売新聞』のコロナ禍報道、特に論評について分析をした。この分析は、両紙の性向を把握するために、限られた期間のトピック数個を扱ったものであり、量的な内容分析の手続きを踏んだものではない。したがって、数値的な厳密性はない。しかし、コロナ禍における両紙のメッセージの枠組みは把握することができた。

『朝日新聞』『読売新聞』ともに、疫学的・公衆衛生学的な見地からの対策については、その主張に差があまりない。両紙とも、水際対策の限界を早々と認め、国内における感染拡大に備えるべきだという現実路線を選択した。ただし、行動の規制など人々の基本的人権を制約する可能性があるときには、『朝日新聞』はより慎重であった。この点、『読売新聞』は疫病の封じ込めに重点を置いていた。

表2　コロナ禍報道における『朝日新聞』『読売新聞』の論調比較

	朝日新聞	読売新聞
ウイルス危険性の認識（初期）	高くない	高くない
水際対策	限界がある	限界がある
国際的な連携	積極的	積極的
隔離政策	検査はすべきだが、行動の制限は最小限とすべき（個々人の基本的人権に重点）	感染者病院での隔離が重要（疾病の封じ込めに重点）
東京オリンピック	延期すべき（ただし、1年後の実施には批判的）	延期すべき
緊急事態宣言に至る手続き	適切	適切
緊急事態宣言への懸念	住民の基本的人権・市民的自由を制約する可能性	都市封鎖や外出禁止令といった誤解を解くべき

初期報道における違いで際だったのは、『読売新聞』が早かったことである。紙面分析だけではその理由ははっきりとはしないが、『読売新聞』が『朝日新聞』と比べて未知のウイルスからの国家防衛という観点をより強く打ち出していたという仮説を立てることはできる。

また東京オリンピックの開催についても、選手・観客の安全のために延期をすることについては一致しており、延期することによる費用発生への懸念も両紙ともほぼ同じであった。ただし、『朝日新聞』は決定の過程が明らかでないという批判を安倍政権に投げかけた。

緊急事態宣言への論評には両紙の違いが明確に表れた。両紙とも緊急事態宣言がなされた政治的手続きは適切だったと評したものの、『朝日新聞』は緊急事態宣言が基本的人権・市民的自由を制約する恐れがあると懸念を強く表明し、慎重な運用を政府へ求めた。一方『読売新聞』は、緊急事態宣言を住民が誤解してしまう可能性について懸念を表明していた。

最後にいくつかの示唆点を指摘したい。まず、主流メディアは調査報道（investigative report）をもっと充実させるべきであろう。調査報道こそがジャーナリズムが行うべき重要な領域である。コロナ禍報道においては、①専門家会議の内容および首相官邸の政策の精査、②データジャーナリズムの実施

（感染者の人数を知らせるだけではなく、統計的データの深い分析記事や他国との比較から得られる知見など）、③官僚主導の構造に切り込んでいく報道、④検査・治療の実態に肉薄していくこと、⑤医学や公衆衛生学の学位（博士号など）を持った人材を雇用し、専門記者として育てることなどが挙げられる。

また、主流メディアは市民の「知る権利」に対する奉仕をあらゆる点で行ってほしい。例えば、インターネットサイト上のCOVID-19関連のニュースは少なくとも課金制度をやめて無料（ｗｅｂ上）で開放することなどが、すぐできることとして考えられる。しかし、現況ではこれすら主流メディアは行っていない。

なお本稿では、コロナ禍における日本の精神的風土の発露とジャーナリズムの反応については紙幅の関係上触れることができなかった。コロナ禍が引き金となって巻き起こった差別・いじめ・神頼み・精神論・自己責任論などを分析の俎上に載せ、ジャーナリズムがどのように報じ論評したのかを分析することは重要な課題である。筆者の印象では、感染者に対する「差別」「いじめ」を取り上げ問題視したことに留まっていたようだ。ジャーナリズムは、「差別」「いじめ」に関しては、許容できない社会問題として徹底的にキャンペーンを張るべきではなかったか。一方、コロナ禍終息の神頼み的行為を美談風に報じ精神論を強調するマスメディアの姿があった。神頼み・精神論などこれら非科学的な行動・言説への無批判は、日本型ジャーナリズム文化の特徴であり大きな問題である。自己責任論にいたっては、それこそ無責任論である。ヒューマニズムが欠落した、社会の構成要件を根本的に否定する言説でしかない。新型コロナウイルスは、社会生活を営んでいれば誰でも感染し発症する可能性がある。個人で防御するのは限界がある。したがって、政策として社会全体で取り組むことが必要なのである。自己責任に転嫁することと自体が無責任だ。

また、筆者は、主流ジャーナリズムが行わない報道を、記者クラブに所属しないメディア（週刊誌やｗｅｂジャーナル）が行い、それが社会にインパクトを与えている印象を受けた。このように考えると、記者クラブ制度がコロナ禍報道に与えた影響もまた深刻だ。(8)

肯定的に捉えられる現象としてはツイッターなどインターネット上の動向（の一部）がある。もちろん、日本政府の情報操作については一部メディアが指摘しているし、フェイクニュースの問題も存在する。ただし、コロナ禍において個人のツイッターの連合体からなる「ミドルメディア」(9)が形成され、個人の経験・見聞きしたこと・既存マスメディアの情報などを相互に提供し合い、一次情報に対する鋭いリツイート（分析）が厚い層を形成したことは注目に値する。検証に対する耐性という面では弱点もあるが、集団知性的に有益な視点と情報を与える可能性も高い。

以上のような多様な点については本稿では扱うことができなかった。今後の課題としたい。

本稿は「疫病（コロナ禍）とジャーナリズム」という重要テーマの導入部分に過ぎない。コロナ禍は現在進行中であり予断を許さない。今後、時間をかけて検証していくことが必要だと思われる。

注

（1）「「腹案」布マスク、集中砲火　官僚提案「国民の不安、パッと消える」　新型コロナ」（『朝日新聞』四月三日）。

（2）大石裕『ジャーナリズムとメディア言説』（勁草書房、二〇〇五年）二四頁。

（3）伊藤守編著『よくわかるメディアスタディーズ』（ミネルヴァ書房、二〇〇九年）一六〇頁。

（4）根津朝彦『戦後日本ジャーナリズムの思想』（東京大学出版会、二〇一九年）二頁。

（5）ビル・コヴァッチおよびトム・ローゼンスティール著、加藤岳文および斎藤邦泰訳『ジャーナリズムの原則』（日本経済評論社、二〇一一年）六―七頁。

（6）ただし、マス・コミュニケーションの機能を踏まえた上で実際にどのようにジャーナリズムが社会に作用するのかを研究していくことは重要である。例えば、「アジェンダ設定（agenda setting）」など効果論の観点からジャーナリズム活動を分析する方法がある。また、ジャーナリズムの社会的作用という問題意識から出発し、社会心理学的な「機能」の議論を乗り越える分析枠組みとして、政治社会学的な接近がある。日本において、政治社会学的な見地からジャーナリズムの影響力をモデル化した研究としては、伊藤（二〇一〇）の「正当性モデル」がある。このモデルはジャーナリズムが主張する「正当性」が権力者に影響を及ぼす過程をモデル化したものである。詳しくは伊藤高史『ジャーナリズムの政治社会学　報道が社会を動かすメカニズム』（世界思想社、二〇一〇年）を参照。

（7）NHK政治マガジン「緊急事態宣言、どう決めた?」（二〇二〇年四月十五日）。https://www.nhk.or.jp/politics/articles/feature/33665.html(二〇二〇年八月二十七日最終閲覧)

（8）コロナ禍報道と記者クラブを扱った論考としては立岩陽一郎「危機に自ら陥るマスメディア　権力との共犯関係を自覚できるか」（『世界』七月号、二〇二〇年六月）を参照。また、記者クラブ制度の本質については、浅野健一「ニューヨーク・タイムズの香港拠点が、東京ではなくソウルへ移転した「本当の理由」」『ハーバービジネスオンライン』https://hbol.jp/226189を参照（二〇二〇年八月二十七日最終閲覧）。

（9）藤代裕之氏による定義を参照。藤代裕之「フェイクニュース生成過程におけるミドルメディアの役割――二〇一七年衆議院選挙を事例として」（『情報通信学会誌』三七―二、二〇一九年）九三―九九頁など。

新型コロナ対策優等生台湾の初動体制
——開いたものと閉じたもの

藤野陽平

ふじの・ようへい——北海道大学大学院メディア・コミュニケーション研究院、准教授。専門は文化人類学。主な編・著書に『台湾における民衆キリスト教の人類学——社会的文脈と癒しの実践』（風響社、二〇一三年）、ホッピー文化研究会編『ホッピー文化論』（ハーベスト社、二〇一六年）などがある。

徹底した対策で新型コロナウイルスへの対策に成功したとして注目をあつめる台湾であるが、その初動体制について開いたもの、閉じたものという観点で整理する。必要なものに対し開きつつ、不要なものへ閉じていくことを可能にした背景として、与党民進党という政党のあり方、それを支える市民社会の力について紹介したい。

はじめに——優等生として注目を集める台湾

近年日本から注目を集めるようになってきた台湾であるが、どのようなイメージを持たれているだろうか。東日本大震災の際の最大の支援国、ひまわり学生運動や、アジアで初めての同性婚を合法化に見られる進んだ民主主義の国といった国家像の他にも、タピオカミルクティを持った姿が「映える」とSNSに公開する姿は社会現象になったし、マンゴーかき氷、小籠包、魯肉飯といった台湾料理も身近な存在になってきた。何より世界を代表する親日家が多いということも日本人からの親近感が集まる要因であろう。こうした日本からの台湾イメージに、このところで新しく新型コロナウイルス対策の優等生というものが加わりそうである。

台湾の感染者と死者の状況を確認しておきたい。この記事を執筆中の七月三十一日の時点で世界中の感染者数が一七二九万五五三八人、死者数が六七万三一七一人であったところ、台湾では感染者数四六七人、死者数七人である。[1] こうした数字を見ると世界中に感染が広がる中、特に中国との距離も関係性も強い台湾にとって、初動段階における感染拡大の封じ込めに成功したという評価は妥当といえるだろう。日本でも各種メディアにおいて台湾を新型コロナへの対策の成功例として伝えられている。すでに台湾の新型コロナへの対応を扱う書籍も刊行され、(2)『ニューズウィーク日本版』（vol三五、№二八）でも「台湾の力量」と銘打った特集を組むなどされている。本稿の執筆中の二〇二〇年七月以降も続々と関連書籍の刊行が予定されているようであり、優等生台湾に注目が集まっている。

一、有能な閣僚たち(3)

(1) 蔡英文総統：スピーディな対応とメディア戦略

台湾が新型コロナウイルスの封じ込めに成功した一つの要因に有能なスタッフを適材適所に配置していたということを挙げておくべきであろう。大統領にあたる総統の蔡英文であるが、必要な政策をスピーディに行った。例えば後述するように一月二十三日には他国に先んじて感染者が出ている国からの入国制限を行い、日本における新型コロナウイルス特別措置法の成立が三月十三日であったところ、三週間早い二月二十五日には新型コロナウイルス対策の特別法を成立させた。また、これまでも彼女はFacebookやLine、Instagramといった SNSを利用して、市民へのアピールを積極的に行ってきたが、今回も積極的に取り入れた。"TIME"誌に取り上げられた時の写真では凛々しく頼りがいのある指導者の姿をとる一方で、防護用の白衣を身に着けた姿では、おどけた様子を見せ親近感のある姿を示すなど、硬軟取り混ぜた発信のあり方は市民への理解を得るために大きな役割を果たしている。

(2) 医師出身の閣僚たち

そして、蔡英文総統は有能なスタッフを起用した。まずは副総統の陳建仁を挙げるべきだろう。彼は根っからの政治家というよりむしろ、公衆衛生学の専門家であり、台湾大学で修士号を、ジョンズ・ホプキンス大で博士号を取得している。新型の感染症が広がる際に、副総統が公衆衛生学の専門家であれば、いちいち専門家集団の意見を仰ぐ必要はなく、自分の学識から判断することができ、頼りがいがある。彼は二〇〇三～二〇〇五年のSARSの際の行政院衛生署署長を務めた人物である。こうした人物を政権中枢に据えていたことは単なる偶然ということではなく、未知の感染症は備えておくべきリスクとして考えられていたと見るべきであろう。新型コロナウイルスの感染拡大以前には控えめで目立たない印象であった陳建仁もマスコミやインターネット等を多用し、メディアへの露出を増やし専門家の立場としてわかりやすく、新型コロナウイルスにたいして解説を行うなどした。なお、二〇二〇年五月からの蔡英文政権二期目の副総統は民進党のホープと期待される頼清徳が就任し、陳健仁は退任し中央研究院にて研究職に復帰している。ちなみに頼清徳も台湾大学、ハーバード大学などにて学んだ医師でもある。

首相にあたる行政院長は豊富な経験を持つベテランの蘇貞昌が担当していた。独特なだみ声で人々を熱狂させるスピーチを行い、蔡英文再選に一役買った功労者であり、欠くことのできない政権の中心人物である。このカリスマ行政院長の元で新型コロナウイルスへの対策を担当した二人の閣僚も注目された。一人は行政院副院長の陳其邁で、彼は台湾大学公共衛生研究所で修士号を取得している公衆衛生の専門家である。二〇一八年の高雄市長選で国民党の韓国瑜候補に敗れるも、実力を買われ行政副院長として入閣していた。韓国瑜高雄市長に対するリコールが成立し、その後八月十五日に行われた補欠選挙にて圧倒的な得票で高雄市長に当選し、今台湾で最も注目を集める政治家の一人へと急成長したと言っていいだろう。

もう一人は、スポークスマン的に記者会見に応じた陳時中衛生福利部長（保健相に相当）をあげるべきだろう。新型コロナウイルスの感染拡大に対して、中央流行疫情指揮中心（CECC）の指揮官に就任し、陳指揮官と呼ばれている。公衆衛生は専門ではないものの、台北医学大学卒の歯科医師である彼は、記者会見で質問が出なくなるまで丁寧に答える姿や、時に涙を流しながら感情をこめて話す姿を見せ、市民から好評を集めた。とても十分な休息をとっているとは思えない働き方に実は双子でもう一人の陳指揮官がいるのではないかという冗談もささやかれるほどであった。彼の人柄を表すこのようなエピソードがある。実名制でのマスク購入を導入したため、購入者はその色を選べない。そのためピンク色のマスクがあたってしまった場合男児が嫌がるのではないかという懸念が上がった際に、四月十三日の記者会見で陳指揮官をはじめおじさんばかりからなる中央流行疫情指揮中心のメンバー全員がピンク色のマスクを着用して登場し男性が着用してもおかしくないと訴えた。

（3）唐鳳《オードリー・タン》：天才IT大臣

デジタル担当政務委員（大臣に相当）の唐鳳《オードリー・タン》を紹介しておくべきであろう。弱冠三十九歳の彼女はIQ＝一八〇の天才としても知られている。八歳でプログラミングを学び、十四歳で中学中退、十五歳でIT企業を起業という超人のような経歴の持ち主であるが、マスクの在庫状況をインターネット上に公開し、たった三日でアプリ開発につなげ、デマ拡散防止の対策等効果的な政策を行った。彼女もSNS等のメディアを活用し、炊飯器でマスクを無水加熱し消毒し再利用する方法などを多言語で発信し、世界的にも注目を集めた。

二、開いたものと閉じたもの

(1) 閉ざされるWHOへの参加とそれに対抗する動き

次に新しい連帯という本書のテーマに関連させて、台湾からの今回の新型コロナウイルスへの対策において開いたものと閉じたものという観点から情報を整理したい。第一にWHOと台湾の関係を取り上げる。良く知られるように、一九七一年に中国の代表権が中華民国から中華人民共和国へと移り、中華民国(つまり今の台湾)は国連を脱退、それ以降国際組織に参加できなくなっている。例えばユネスコの世界遺産であるが、台湾は一件も登録されていない。当然、台湾に世界遺産にふさわしいものがないということではなく、台湾がユネスコに加盟していないこと、さらに中国との関係が影響している。[4] 同様に台湾はWHOにも加盟していないのだが、国際的に感染が拡大する感染症について国際政治の理屈がもちこまれ、感染者が出ている台湾が排除されていることには、釈然としない気持ちになる。

WHOの緊急委員会が一月二十二~二十三日に開催されたのだが、当時感染者が出ている国の中で唯一台湾だけが招かれなかった。蔡英文総統は二十二日に台湾の参加を受け入れるように強く要求していたが、これが認められることはなかった。二月三日には中国の外務省にあたる外交部はWHOを「主権国家からなる」組織であると台湾を排除する趣旨の発言をし、十一日には中国の外交部が台湾の参加には一つの中国原則の下で話し合い、中国の同意を得なければならないと発言するなど、中国は従来通りの主張を繰り返している。また、WHOは二月四日に台湾の感染者数を実際の十人より多い十三人と発表したり、四月八日にはテドロス事務局長が台湾から二、三カ月にわたり人身攻撃を受けたと述べたりするなどしている。麻生太郎副総理兼財務大臣が三月二十六日に「ワールドヘルスオーガニゼーション(世界保健機関)ではなく、チャイニーズヘルスオーガニゼーション(中国保健機関)に直せっていうのが、わんわん出ていた」と述べるなど、今回の新型コロナへの対策においてWHOやテドロス事務局長中国には中国に有利/台湾に不利な言動が目についた。

一方で世界各国で台湾がWHOへ参加することを支持する動きが広がった。一月二十四日には日台交流協会(国交のない台湾において大使館業務を行う機関)の泉裕泰代表(大使に相当)が、台湾のWHO総会参加を支持し、二十八日にはドイツのバイエルン州議会が台湾のWHO参加を支持する決議案を採択した。その後も一月三十日には安倍首相が台湾のWHO参加を支持し、翌三十一日には米上院の複数の共和党議員が台湾をWHOのオブザーバーとし、感染症関連の情報と支援を提供するよう訴え、同三十一日にはEUの欧州対外行動庁がWHOの緊急委員会に台湾を加えるべきと発表した。二月六日に開催されたWHOの執行理事会にて中華民国（台湾）と外交関係の有る八国に加えて、日、米、独、英、濠、ニュージーランド、ベルギーの諸国が台湾の参加を支持すると表明した。

その後も、台湾支援の動きは広がり、従来の一つの中国という原則からみればかなり踏み込んだ言動も国際社会において広がった。二月十八日にはフランスの保健相が「フランスは感染の影響を受けた全ての「国」と緊密に連絡を取っていく」と台湾を「国」と表現し、二月二十八日には英国の国会議員五十五人が、テドロス事務局長あてに連名の書簡を出し、そこには「台湾が誤って中国の一部として表記されている」、「台湾は中国の管轄下になく、医療制度は完全に独立している」という内容が含まれていた。

国連は人類普遍の価値を求める場でありながら、高度に国際政治の場でもある場所であろう。さらにWHOは感染症対策という別の文脈も導入される。感染症対策という政治では割り切れない問題を通じて、中台関係という特殊な国際政治の問題がはらむ異常性（例えば政治を持ち込んではいけないはずのスポーツの国際大会に台湾は「中華台北」という中国でも台湾でもない名前での参加を余儀なくされている）をクローズアップさせたということができるだろうか。

(2) 国境を閉じつつ、友人として開く

台湾のとったいち早い対応として、入国の制限が挙げられる。最初に台湾が入国制限をかけたのは一月二十三日のことで、武漢からの入国を禁止し、直行便を停止させた。引き続き二月六日には中国在住の中国人の入国を禁止、翌七日には中国、香港、マカオに十四日以内に滞在した外国人も入国が禁止され、十一日には香港、マカオ住民の入国も禁止された。

この台湾の決定のスピード感を理解するために比較として日本政府の対応を振り返ってみると、最初に入国制限をかけたのが、一月三十一日で湖北省発行のパスポート所持者を対象としたものであった。台湾が制限をかけ始めた一月二十三日と日本の三十一日との間にやってきた一月二十五日の春節の存在は小さくない。

『朝日新聞』二〇二〇年二月二十日付によれば二〇二〇年春節の中国からの訪日客は昨年比二割減だったとはいう。逆に言えば八割の人数は訪日したことになり、台湾が日本より

一週間早くとった入国制限が感染拡大にとって効果が大きかったことには明らかであろう。

その後の台湾は中国（香港、マカオ）以外にも二月二十一日に日本への渡航警戒レベルを警戒レベル三段階中の「一」に引き上げ、二十四日には韓国への渡航警戒レベルを「三」に引き上げ、二十五日に韓国からの入国者に十四日間の隔離義務付けた。ヨーロッパへ感染が拡大するに伴い、二月二十七日にはイタリアへの渡航自粛勧告をレベル「三」に、三月七日には仏、独、西への警戒レベルを「二」に引き上げた。さらに三月十九日には外国人の入国を禁止し、二十四日には台湾での乗り継ぎも禁止された。

入国制限をかけることについては相手国のあることである。それ以前からの相手国との関係が如実に表れ、国際問題に発展しかねない。しかし、台湾の場合いち早く国境を閉じたにもかかわらず、そうした話はあまり聞かなった。これにはマスク外交とも呼ぶことができる台湾の外交政策が功を制したと思われる。例えば、中華民国（台湾）と国交のあるパラオの国連大使は四月二日に新型コロナ関連で援助してくれたのは台湾だけとツイートし、四月七日に蔡英文総統は緊急事態宣言を出した日本へツイッターで「手を携えてこの闘いに勝ちましょう。地震も、台風も、台日の協力で乗り越えてきました。だからこそ、勝ってまた会いましょう」とメッセージを送った。国境を閉じつつ、共通の問題に共に対処する友人としては開いていく態度をとっていたと評価できる。

(3) 閉じるマスク　開くマスク

感染の拡大が広がる中、各国でマスクが不足したが、台湾では国家がマスクを一元的に管理することで、不要な買い占め、転売を抑え込み、国民全体行き渡らせた。一月二十四日、蘇貞昌行政院長は不足が見込まれる医療用マスクを一か月輸出停止すると発表、三十一日には台湾で生産されたマスクはすべて国が買い上げることとし、二月六日には一週間に一人につき二枚までという実名制でのマスク購入が実施された。マスク不足の解消のため、二月二十七日にはマスク輸入に対する関税を三か月免除するなど、輸出を制限しつつ、輸入は制限を外すという政策をとっている。(5)

マスクを厳しく管理してきた台湾であるが、同時に国内の増産に積極的に取り組み、四月六日にそれ以前の八倍ほどの一日当たり一五〇〇万枚ほどの製造が可能となり、世界第二位のマスク生産国となった。国内での供給に一定のめどが立つとその後の台湾政府はマスクが不足する他国へ提供し始める。四月一日、蔡英文総統は各国にマスクの支援を表明し、七日以降、米国に二〇〇万枚、欧州に七〇〇万枚、台湾と国交のある国に一〇〇万枚等と順次送った。
マスクの実名制での販売が始まると「我ＯＫ你先領」という興味深い取り組みがインターネットを通じて行われた。このキャンペーンは「私は大丈夫だからお先に受け取ってください」とでも訳せるだろうか。たとえマスクを購入できたとしても、十分に足りている人は、慢性病のある本人や家族、医療従事者など本当に必要な人に行き渡るように、割り当て分を敢えて購入せずその人たちに譲るというもので、広がりをみせた。

同様に国際社会に対して四月二十八日からTaiwan can helpというキャンペーンも行われた。これはマスクの購入で使用するアプリで、購入しなかった分を海外の支援にまわせるようにするというもので、開始から二日後の三十日時点で三十五万人が賛同した。

マスクの提供を受けた諸国は当然のことながら、台湾への謝意を表明する。四月二日にはＥＵ欧州委員会委員長が台湾に謝意を表し、米国務省は台湾を真の友と述べる。四月九日には台湾の外交部は人道的観点から国外にマスク六〇〇万枚を追加支援すると明らかにし、ＥＵ欧州委員会は台湾の団結精神を高く評価と述べた。日本には四月二十一日に二〇〇万枚が到着したが、先立つ十七日に菅官房長官が謝意を表明している。

このように台湾は当初、不足が見込まれたマスクに関して国家が介入し一元的に管理することで、国際社会に対して閉じる政策をとったが、積極的な増産体制に入ることでその後は開いていった。こうしたマスク外交とでも呼ぶべき政策をとることで、国内の感染拡大を防ぎつつ、国際的な評価を上げることにも成功している。(6)

三、「正論」で推進する脱中国

写真は二〇二〇年一月十一日に行われた台湾の総統、立法議員選挙の様子である（**図1**）。台湾の選挙史上最多の八〇〇万を超える得票数で現職の蔡英文総統が再選される今回の選挙の時点で、すでに新型コロナウイルスは発生していたのであるが、総統府前のゲタガラン大道に設置された前夜祭の会場や当日の開票結果を見守る民進党本部前に、多くの支持者が「密」な状況で集まりそれほど新型コロナウイスに対して深刻な様子は見られなかった。演説では豚コレラが発生していないのは日本と台湾だけであるという主張もされていたが、この時に新型コロナウイルスが論点になることもなかった。

この選挙戦では「二〇二〇台灣要贏！Let's Win!」（**図2**）

という標語が広く見られた。この台湾が勝つということは何を示しているのかといえば、単に台湾アイデンティティを重視する民進党が、中国との一国二制度を推進しようとする国民党に選挙で勝利するということだけではない。主要な争点は中国との距離をどのように取るのかということで、逃亡犯条例に反対する香港のデモとそれに対する香港政府や中国政府の対応のあり方であった。

図1　選挙の前夜祭。今までにない人手でとてももりあがっていた。

図2　民進党の選挙本部前で結果をまつ大勢の人々。2020年選挙のスローガンが大きなモニターに写される。

　このため「台湾が勝つ」というメッセージには、単に台湾の国内の問題にとどまらず、香港の民主化運動を支持し、中国から距離を取るという意味も含まれている。こうしてみると従来から中国から距離を取ろうとしてきた民進党にとって中国に忖度する必要は全くない。例えば他国では中国を批判する文脈で使われがちな「武漢肺炎」という表現は台湾では広く用いられている。こうした中国へ忖度の必要のない距離感はいち早く積極的な対応を取ることができた要因の一つに挙げておくべきであろう。

　このように書くと台湾ナショナリズムの強い政党がシノフォビア（中国嫌悪）の感情にのっとって、中国由来の新型コロナウイルスを排除するという体で、中国の危険性を煽り、距離をとるという自らの主張を達成しているように見えなくもない。もちろん、内心ではそういう思いが完全にないとは言い切れないであろうが、対外的には、そうした特定の国家や民族に対する反発の感情が蔡英文政権から表明されるようなことは見られない。

民進党のこうした態度は今回の新型コロナの感染が広がる中に始まったものではない。従来の民進党の主張は結成当初に比べて政権政党になりやや保守化しているものの、独裁政権に反対し、自由の尊重といった人権の重視、原住民や性的マイノリティ等社会的弱者への共感、原子力発電を撤廃し再生可能エネルギーへの転換を進めるなどエコロジーを重視するといったリベラル寄りのものである。(7) これは民進党が成立していった経緯を確認する必要がある。というのも、民進党は戦後続けられた国民党の独裁政権下において民主化を求める「党外運動」(文字通り国民党の外という意味)を前身とするのだが、一つのイシューに対して抵抗したのではなく、国民党の政策に対抗する多元的な小集団が連合する形で形成されていった。そのため、複数の主張が混在しつつ、他のグループも許容可能な「正論」じみた主張を取ることが多い。

また、ロンドン・スクール・オブ・エコノミクスで博士号を取得し取得し、帰国後国立政治大学などで教授を務めてきた蔡英文の経歴に如実に表れているように、学識経験者を登用する傾向があり、科学的知見に基づいた提言を行う傾向がある。

こうした批判を招きにくい民進党の政策は、独裁政権を続け、住民の意見を聞かずに原発開発を行うなどした国民党の批判になっている。さらに人権や民主主義の重視という「正論」によって、民主主義が脅かされる香港へと開き、香港の民主主義を脅かす中国へは閉じていくということに成功している。レイシズムに陥りやすい他国との関係を閉じるという行為を、正論を掲げることで、むしろ人権侵害を批判するという形で、本心では距離を取りたい相手との関係を人種差別的なロジックを使うことなく閉じていくということに成功し、そのことが、さらに国民への支持を伸ばすことにもつながっている。

おわりに――あたりまえを支える市民の力

これまで新型コロナウイルスへの対応に成功したとされる台湾の初動体制について概略を述べてきた。振り返ってみると台湾政府がとってきた対応は閣僚に医学の知識をもった専門家が多く、感染の広がる国からの入国をいち早く制限し、入国者は徹底して隔離し、感染拡大を防止するために必要だが不足が予想される物資は国家が一元的に管理しつつ、一方で増産に力を入れ供給のめどが立てば国際社会へ提供し、技術や情報を通じて国際社会と連携しつつ、国際政治の観点からＷＨＯに参加できないことの不当性を国際社会に訴えると言ったところだろうか。このように考えると台湾の対応はごく当たり前のことをしただけのようにも思える。

しかし、当たり前のことによって与党民進党にとって、感染拡大という望まない事を避けただけではなく、国際社会からの評価を高め、脱中国化を推し進め、さらに支持率も大幅にアップすることに成功している。より広い文脈で見直してみると、例えば米国が台湾のＷＨＯ参加を支持するというのは、現在の米中対立という文脈を反映しているわけであり、感染症対策に国際政治の理屈を持ち込んでいるのはなにも中国だけではない。しかし、一つの中国の原則の元台湾を排除し続ける中国と、感染症対策と人道的観点というスタンスで台湾を支持する米国とではどちらに分があるだろうか。各国の支持が台湾に集まっていることを考えれば、難しい問ではないだろう。

このように台湾の新型コロナウイルスに対する対策の初動体制は、当たり前のことをし、正論を主張することで、単に感染症拡大の封じ込めに成功しただけではなく、好ましいものへと開き、好ましくないものに対しては閉めるということにも成功した。

感染症対策と経済とは両立させる必要があり、ごく当たり前のことをするというのは、当然、口で言うほど簡単なことではない。本論を閉めるにあたって台湾がこの困難な当たり前を実現できた大きな要因に市民の力を挙げておきたい。『毎日新聞』（二〇二〇年五月二十七日付）によれば五月二十六日時点の蔡英文総統の支持率は七一パーセントを超え、二〇一六年の就任以来最高を記録しているという。

しかし、蔡英文政権は、二〇一八年の中間選挙にあたる統一地方選挙で大敗するなど、二〇一六年の第一期以来、常に安定的な支持を集めてきたというわけではない。台湾では現政権が何をしているのかについて、市民が注視しており容易に支持は不支持へと変化しうる。二〇一四年に発生し国会にあたる立法院を若者たちが占拠し、当時の与党国民党が強引に進めようとしていた中国とのサービス貿易協定を廃案に持ち込んだひまわり学生運動は記憶に新しいであろう。台湾では市民の声が政治の方向性に強く影響する。民進党蔡英文政権のとる正論の背景には、こうした市民一人一人の声が反映されていることを指摘しておきたい。今後、万が一、蔡政権がこうした声を軽視したり、無視したりするようなことがあれば、支持率の低下、ひいては政権交代といった大きなうねりになる可能性は否定できない。

台湾は二〇〇三年からのSARSの苦い経験が活かされて、上手い対応ができたという見方もある。それもその通りなのであろうが、新型ウイルスへの対応は、ある程度の予測はつくにしても未知数に満ち、教科書通りに進めるだけで必ずしも正解にたどり着けるとは限らない。今のところうまく対処したように見える台湾であるが、世界的な感染が止まらない現在、この先も台湾が新型コロナ対策の優等生であり続けられるかはわからない。台湾の先行きは、それほど平坦なものではないのかもしれない。

今後起きてくるさまざまな問題にあたる際に強者に忖度したり、身近な者に利益を誘導したりということではなく、正論に基づいた政策実行を維持しつづけることができるのか、そして、それを市民はフェイクニュースなどに惑わされることなく、適切な声をあげ続けることができるのかにかかっているのだろう。

注

（1）　NHKのウェブサイト「世界の感染者数」（特設サイト新型コロナウイルス）（https://www3.nhk.or.jp/news/special/coronavirus/world-data/）（二〇二〇年七月三十一日最終閲覧）より。

（2）　野嶋剛『なぜ台湾は新型コロナウイルスを防げたのか』（扶桑社、二〇二〇年）。

（3）　ここでの情報源の多くは「中央社　フォーカス台湾」のウェブサイトを多く参照させてもらった（http://japan.cna.com.tw/）（閲覧日二〇二〇年七月三十一日最終閲覧）。

（4）　藤野陽平「ユネスコ非加盟国の台湾の世界遺産登録に向けた動き――社会的文脈によって揺れる文化遺産」（河合洋尚・飯田卓編『中国地域の文化遺産――人類学の視点から』（国立民族学博物館調査報告一三六）国立民族学博物館、二〇一六年）。

（5）　不足する物資についてはマスク以外にも国外への持ち出しが制限され、例えば三月四日には体温計の輸出が個人の持ち出しは二つまでと制限された。

（6）　マスク外交に通じる態度として科学技術にもみられる。台湾最高の学術研究機関である中央研究院などでは積極的に新型コロナウイルスに対する研究が行われ、そうした技術は国際社会に開いていた。例えば米国とは三月十八日に迅速検査キット、ワクチン、治療薬などの開発で協力すると共同声明を発表し、EUの保健当局と中央研究院はテレビ会議で検査キットやワクチン開発で連携と発表した。

（7）　吉田勝次『つぁんつぁん台湾民主進歩党――爆発する台湾人パワー』（社会評論社、一九九〇年）、小笠原欣幸『台湾総統選挙』（晃洋書房、二〇一九年）、林成蔚「台湾の政党政治と保守政党」（若林正丈、家永真幸編『台湾研究入門』東京大学出版会、二〇二〇年）。

参考文献

小笠原欣幸『台湾総統選挙』（晃洋書房、二〇一九年）
ケック、フレデリック著、小林徹訳『流感世界　パンデミックは神話か？』（水声社、二〇一七年）

野嶋剛『なぜ台湾は新型コロナウイルスを防げたのか』（扶桑社、二〇二〇年）
藤野陽平「ユネスコ非加盟国の台湾の世界遺産登録に向けた動き――社会的文脈によって揺れる文化遺産」（河合洋尚・飯田卓編『中国地域の文化遺産――人類学の視点から』（国立民族学博物館調査報告一三六）国立民族学博物館、二〇一六年）
藤野陽平「台湾・香港をつなぐ長老教会」（『キリスト新聞』（連載　東アジアのリアル）三五三二号、二〇二〇年）
林成蔚「台湾の政党政治と保守政党」（若林正丈、家永真幸編『台湾研究入門』東京大学出版会、二〇二〇年）
吉田勝次『つぁんつぁん台湾民主進歩党――爆発する台湾人パワー』（社会評論社、一九九〇年）
中央社　フォーカス台湾　（http://japan.cna.com.tw/）
ＮＨＫ　特設サイト新型コロナウイルス（https://www3.nhk.or.jp/news/special/coronavirus/world-data/）

【ポストコロナ時代の政治とコミュニケーション】

開放性・透明性・民主的参加に基づく先制的対応が功を奏して

玄　武岩

ひょん・むあん——北海道大学大学院メディア・コミュニケーション研究院教授。専門はメディア文化論、日韓関係論。主な著書に『コリアン・ネットワーク——メディア・移動の歴史と空間』（北海道大学出版会、二〇一三年）、『「反日」と「嫌韓」の同時代史——ナショナリズムの境界を越えて』（勉誠出版、二〇一六年）、『サハリン残留——日韓ロ百年にわたる家族の物語』（共著、高文研、二〇一六年）などがある。

韓国の新型コロナウイルス対策は、「開放性・透明性・民主的参加に基づく連帯と協力」という原則の下、徹底した追跡・診断・隔離・治療をとおして危機を乗り越え、世界からも注目された。「K防疫」モデルが確立する政治的・社会的背景を政治コミュニケーションの視点から追う。

はじめに——日韓の防疫対策の明暗

日本の新型コロナウイルス感染対策は、クラスター対策に重点を置く一方、感染検査数を抑制することで「第一波」を乗り切った。こうした対応の根拠となったのが、「多くの事例では感染者は周囲の人にほとんど感染させていない」という誤解と、「医療崩壊」フレームだ。しかし、感染拡大がアジアから欧米へと飛び火し、東京オリンピックが延期となった途端に感染者が急増したことでＰＣＲ（遺伝子増幅）検査の是非をめぐる議論が沸騰した。安倍政権の対策も後手に回ったことで、「アベノマスク」に象徴される政府への不信感は最高潮に達した。結果的に感染拡大を食い止めることには成功したが、ロックダウンなどの強制措置を講ずることなく「第一波」を抑え込んだとする安倍首相の言う「日本モデル」（五月二十五日の記者会見）の実体はあやふやなままだ。

迷走する日本政府の新型コロナ対策とは対象的に、追跡・診断・隔離・治療をとおして先制的に予防対策を施し、感染者の増加を抑え込むことに成功した韓国の事例は世界的に評価された。韓国は新型コロナ対策の原則として「開放性・透明性・民主的参加に基づく連帯と協力」を打ち出し、一時期中国に次いで感染者が拡大していたことを示す上昇曲線をねじ伏せて、四月十五日にはコロナ危機以後、世界で初めての国政レベルの選挙となる第二十一代国会議員選挙の実施にこぎつけた。文在寅《ムンジェイン》政権のコロナ対策が追い風となって与党は歴史的圧勝を喫した。韓国ではこうした防疫対策を「K防疫」と呼び、各国からの称賛を恣にした。

日本と韓国の新型コロナ対策は、ワシントン・ポスト紙が「日本はコロナウイルス検査の対象を限定し、韓国は大々的に行っている。米国は選択に直面している」とする見出しの記事を掲載したように（三月二十九日）、相反する方法をもってパンデミックに立ち向かった。日本とは対照的な韓国の先制的防疫体制はどのように実行されたのだろうか。開放性・透明性・民主的参加の三原則に基づく「開かれた民主的社会に向けた躍動的な対応システム」というキャッチフレーズを中心に見てみよう。

ここで興味深いのは、コロナ危機に際して、日韓の感染防止の成果はほぼ拮抗したにも関わらず、実体のない「日本モデル」と「防疫先進国」としての地歩を固めた「K防疫」との明暗を分けたものは何かということである。それを政治コミュニケーションの視点からアプローチして、韓国におけるコロナ危機の経過を追っていく。

一、MERS事態を教訓にした強力な初期対応

(1) 未知の感染症に備える

韓国では、二〇二〇年一月二十日に初の新型コロナウイルス感染者が判明した。二月十六日までは感染者が三十人にとどまる状況であったが、韓国の文在寅大統領は自ら主宰した一月三十日の新型コロナウイルス感染症対応総合点検会議で「先制的予防措置は早い方がよく、行き過ぎと思われるほど強力に」実行すべきであり、「新型コロナウイルスから我々を守る武器は恐怖と嫌悪ではなく、信頼と協力」であるとする意向を表明した。なお、韓国では感染者について英語表現(Confirmed Case)にちなんで確診者と呼ぶ。

韓国は二〇一五年に、初動の遅れと情報公開の躊躇により院内感染を引き起こし、三十八名の死者を出したMERS（中東呼吸器症候群）対応への反省から、コントロールタワーとなる疾病管理本部（KCDC）の機能を強化し、発生しうる事態に備えてきた。政府は韓国内における新型コロナウイルスの初の感染者が判明する前の一月十日に感染病危機対策専門委員会を招集して、三日後には検査法の開発に着手すると

表1　韓国の新型コロナ対策の経過（2020年1月～5月）

1月3日	感染症危機警報の第1段階＜関心＞発令
1月10日	疾病管理本部が感染病危機対策専門委員会を招集
1月13日	新型コロナウイルス検査法の開発に着手することを発表
1月20日	初の新型コロナ感染者　危機警報＜注意＞発令　中央防疫対策本部が稼働
1月27日	感染症危機警報＜警戒＞発令
1月末	民間業者に診断試薬のプロトコルを公開し、診断キット開発を督励
1月31日	武漢よりの帰国者第1陣、臨時生活施設で隔離生活開始
2月4日	民間企業が開発した診断キットが緊急承認
2月16日	累計感染者は30人
2月18日	大邱で31番感染者が発生、メガ・オーバーシュート
2月23日	危機警報を最高レベルの＜深刻＞へ格上げ
2月26日	ドライブスルー検査開始
2月29日	1日あたり最多の909人の感染者発生
3月2日	大邱地域を中心に生活治療センター開所
3月6日	PCR検査1日最大1万8199件
3月8日	ソウル・九老《クロ》コールセンターでクラスター発生
3月9日	政府合同外信ブリーフィング、公的マスク（5部制）販売開始
3月15日	大邱および慶尚北道一部が特別災難地域に指定
3月22日	強力な社会的距離の確保（ソーシャル・ディスタンシング）開始
4月1日	すべての入国者に2週間の自己隔離を義務化
4月3日	感染者総数が1万人台に
4月15日	第21代国会議員選挙実施
4月19日	社会的距離の確保に緩和
4月27日	自宅隔離違反者への「安心バンド」（電子追跡バンド）実施
4月30日	国内感染者ゼロに
5月6日	生活防疫へ移行
5月8日	梨泰院クラブでクラスター発生
5月20日	小中高等学校、段階的に登校開始
5月25日	大手Eコマース企業クーパンの物流センターでクラスター発生

発表した。そして同月末に民間試薬業者を集めて、疾病管理本部と診断検査医学会が診断試薬を開発してそのプロトコルを公開し、診断キット開発を督励したのである。医療機器法施行令（第一三条二）に基づき、二月四日には民間企業が開発した診断キットの緊急使用が承認された。民間の検査機関も認めることで、一日約一万六〇〇〇件の検査体制を整えた。各指定病院は屋外に選別診療所を設置して対応した。

このように素早い対応が取れたのは、ＭＥＲＳ事態の失態を繰り返すまいとする防疫当局の備えがあったからだ。後にロイターが韓国政府の非公開文書を入手して報じたように、疾病管理本部は二〇一九年十二月中旬、中国発の原因不明の感染症の国内流入を想定した仮想訓練を実施していた（South Korea's emergency exercise in December facilitated coronavirus testing, containment, March 30, 2020）。二〇一八年四月に発足した疾病管理本部内のタスクフォース（ＴＦ）は、中国からの帰国者が原因不明の肺炎を発病し、病院や職場で感染が拡大する事態を想定して対応を協議した。そこでは検査法の開発、接触者規定の範囲、感染者の移動経路の把握方法などが議論された。

（2）疾病管理本部が防疫対策の中心に

直後に仮想の事態は現実となる。年の暮れに中国の河北省で原因不明の肺炎が拡散しているとの情報を入手した疾病管理本部は、早速ＴＦの議論に基づいて対策を協議した。中国当局が感染症の原因を新型コロナウイルスであると特定するよりも先に検査法を開発した疾病管理本部は、早くも一月九日にあらゆるコロナウイルスに対応できる「汎コロナ検査法」のテストを開始したのだ。それが初の感染者の特定に繋がり、ＰＣＲ検査法を急ピッチで開発する推進力となった。

疾病管理本部は、二〇〇三年にＳＡＲＳ（重症急性呼吸器症候群）を経験した韓国において、当時の盧武鉉《ノムヒョン》大統領の指示により米疾病予防管理本部（ＣＤＣ）をモデルにして既存の国立保健院を拡大改編した組織である。コロナ危機に対応すべく、国務総理が本部長となる中央災難安全対策本部と疾病管理本部長が長を兼任する中央防疫対策本部が設置された。医療専門家が官僚組織の一角として状況を把握し、市民に向けてメッセージを発するとともに、追跡・診断・隔離・治療を徹底する予防策を実行した。

感染者に関連する情報は毎日二回、これら二組織による定例会見をとおして公開された。とくに注目を集めたのは、鄭銀敬《チョンウンギョン》疾病管理本部長が登場する午後の中央防疫対策本部の記者会見であった（午前の中央災難安全対策本部の記者会見は保健福祉部次官が担当）。ここでは、武漢からの入国者数や有症状者への検査体制、感染者の訪問先や接触者についての情報など疫学調査の過程が詳細に公開された。また、判明した感染者の移動経路は、クレジットカードの使用履歴やスマートフォンの位置情報、防犯カメラなどを総括する情報管理システムによって詳らかにされ、各自治体のホームページをとおして地域住民に公開された。

二、新興宗教・新天地教会発のメガ・オーバーシュート

(1) 危機の大邱

こうした強力な初期対策によって終息宣言も間近と思われた矢先のことであった。二月十八日、新興宗教の新天地イエス教会（新天地教会）の信徒である三一番目感染者の判明を皮切りに、東南部の中核都市・大邱《テグ》にメガ・クラスターが発生して事態が急変することになる。八〇〇〇人の信徒名簿を入手した防疫当局は全員の検査に取り掛かるが、すでに数千人単位の感染者がいると判断し、このままでは医療崩壊が起こりかねないとみて、集団免疫体制に移行するか、追跡と隔離を徹底するかの岐路に立たされた。結局、選択したのは徹底的な検査であった。

大邱市は九〇〇〇人の市内の信徒に自宅待機を命じ、家庭訪問して全数検査を実施した。検査結果の六〇パーセントの陽性率が示すように、新天地教会は感染爆発の震源地となった。二月下旬に一日あたり数百人単位で感染者が発生すると、病床の確保が追いつかず二〇〇〇人以上が自宅待機を余儀なくされるなど医療崩壊の危機に陥った。まさにメガ・オーバーシュートと呼ぶに値する感染爆発であった（本書掲載の李論文を参照）。

(2) 徹底検査を貫く

四月十五日に総選挙を控える政権としては、感染者の爆発的な拡大は中国からの入国を遮断しなかったことが招いた結果だと攻勢を強める野党に政局の主導権を握られる懸念もあっただろう。それでも政府は、感染者の数を粉飾できる集団免疫体制を目指す対応ではなく、透明性をもって追跡・診断・隔離・治療を徹底する道を選んだ。それによって、二月二十九日におよそ九〇〇〇名の感染者が発生するピークを迎えたものの、軽症者を収容する生活治療センターを整備することで医療崩壊を防ぎ、感染拡大を抑え込むことに成功したのである（図1）。

こうした対応によって、韓国における感染経路が不明な感染者の発生率は一桁で推移した。日本では感染者の拡大を抑えつつも、およそ半数が感染経路を特定できていないこととは対照的だ。それを裏づけるかのように、暫定的ではあるも

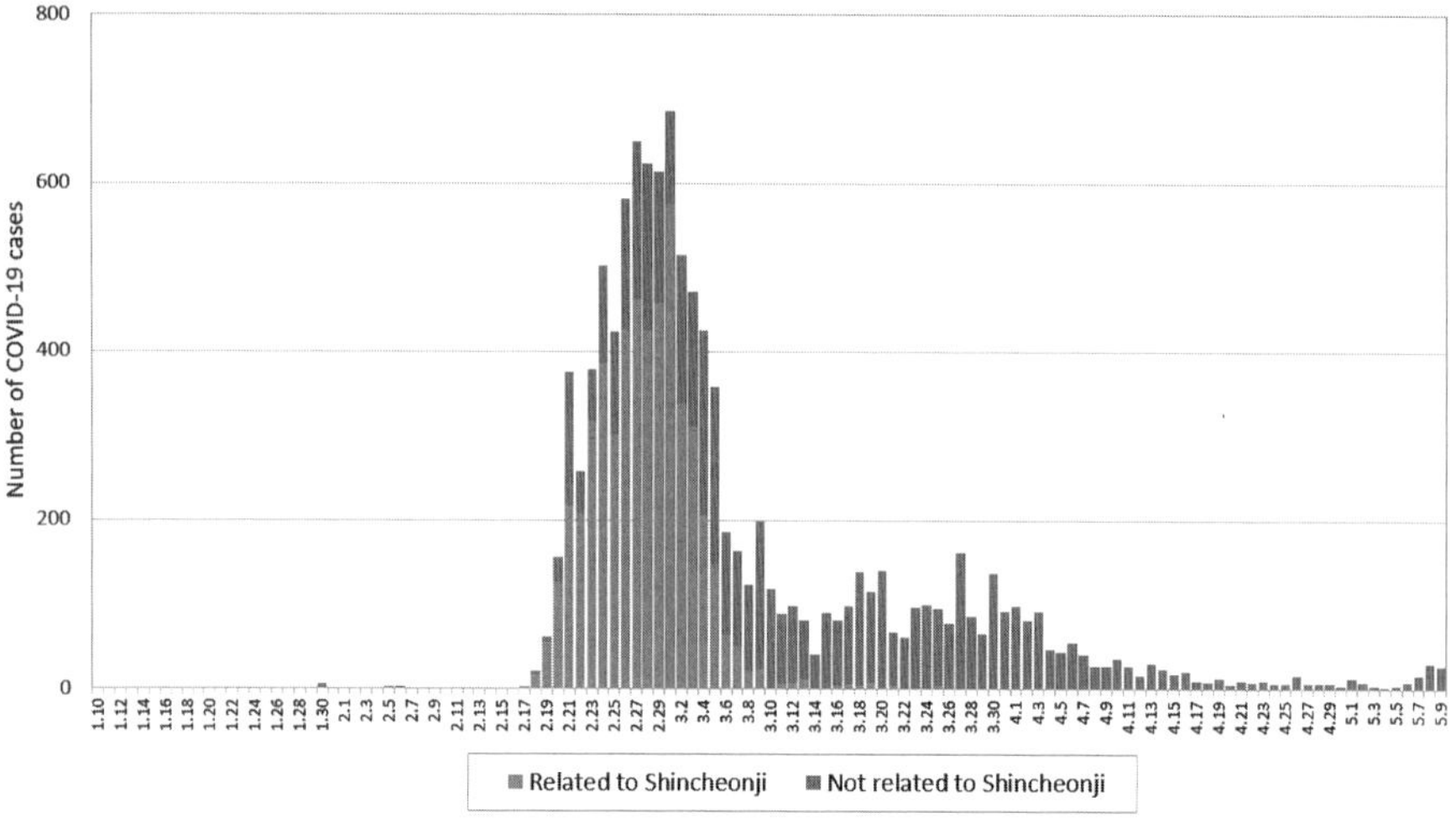

図1　日間感染者数の推移（疾病管理本部『週刊 健康と疾病』13（20）1383頁）

のの全体の免疫率と無症状感染の規模を把握するためおよそ三〇〇〇件の抗体検査を行った結果、抗体保有者は一名（〇・〇三五パーセント）にとどまった。中央防疫対策本部（疾病管理本部）は七月九日の定例会見で、これをもって全体の感染規模を推計することはできないと断りつつも、現在の感染者数と実際の感染規模に大差はないかもしれないとの意見を表明した。

三、鄭銀敬疾病管理本部長――「真の英雄」

（1）試されるリーダーシップ

国を挙げて行われる東京オリンピックへの影響を断ち切るべく、感染者数を極力低く見積もったのではないかという猜疑心は、日本政府と国民とのあいだで信頼を損なうことに決定的に作用した。韓国では、新天地教会発のメガ・オーバーシュートにより国全体が大きく揺れるなかでも、人々に安心感を与えることで動揺を抑え、市民の積極的な協力を引き出すことができた。そこには、官僚統制に左右されない専門家集団からなる疾病管理本部の存在があった。新型コロナ対策のコントロールタワーとして疾病管理本部が積極的に情報提供することで国民の信頼を勝ち得たのは、鄭銀敬疾病管理本部長（**図2**）のリーダーシップに多くを負っている。

図2　鄭銀敬疾病管理本部長（KTV「大韓ニュース」より）

鄭銀敬本部長は中央防疫対策本部長として、韓国で初の感染者が発生した一月二十日以降、連日午後二時の記者会見を担当した（三月以降二人体制に変更）。そして危機的状況でも冷静で落ち着いた語り口で感染状況および対策方針について丁寧に説明した。その率直で正確な分析は国内外で注目され、海外メディアからも「コロナ危機の真の英雄」（ウォール・ストリート・ジャーナル）、「ウイルス・ハンター」（ブルームバーグ）などと称えられた。

人々は鄭銀敬本部長に信頼を寄せ、政府が提示する「開かれた民主的社会に向けた躍動的な対応システム」に積極的に与したのである。

（2）苦境を超えて信頼を勝ち取る

鄭銀敬本部長もMERS事態で苦い経験があった。二〇一五年の朴槿恵《パククネ》政権で疾病管理本部の疾病予防センター長を務めた鄭銀敬は、当時、中央MERS対策本部の現場点検班長として感染予防と疫学調査を指揮したが、感染防止失敗の責任を負わされて減給処分を被っていた。当時の疾病管理本部は、感染症が発生すると保健福祉部（省）を支援する傘下組織に過ぎなかった。ところが二〇一七年七月、発足したばかりの文在寅政権で局長級であった鄭銀敬は次官級の疾病管理本部長に異例の抜擢を受けた（「中央日報」二〇一七年七月二十六日）。

文在寅大統領は野党代表時に疾病管理本部を訪問した際、鄭銀敬緊急状況センター長のブリーフィングを受け、その資質に注目していた。そして二〇一六年〜一七年の「ろうそく革命」により朴槿恵大統領が罷免されたことを受けて実施された大統領選挙で当選した文在寅大統領は、鄭銀敬を疾病管理本部長に任命する一方、緊急時には疾病管理本部がコントロールタワーの役割を担うように機能を強化した。これによって、医療専門家がコロナ危機の最前線に立って信頼度に基づく政策判断を下す体制が整ったのである。

ソウル大学院保健大学院が実施した第四次新型コロナウイルス感染症国民認識調査では、およそ七九パーセントが中央防疫対策本部の定例記者会見に注目し、七七パーセントはその有益性を認めた（「聯合ニュース」二〇二〇年五月五日）。また、国立中央医療院が全国一〇三二人を対象に、韓国ギャラップに依頼して六月六日～十一日にオンラインで実施した「新型コロナウイルス感染症に対する国民認識および経験調査」によれば、およそ九五パーセントが社会的距離の確保（ソーシャル・ディスタンシング）に協力しており、政府の対応については八六パーセントが成功していると評価した。また、メディアへの信頼は三二パーセントにとどまる一方、疾病管理本部は九三パーセントという最も強い信頼を獲得した（国立中央医療院「全国民経験・認識調査結果報道資料」）。こうした調査からも疾病管理本部など防疫機関への高い信頼度をうかがい知ることができる。

（3）日韓で割れる専門家の処遇

なお、新型コロナ対策の最前線に立って防疫体制を主導した疾病管理本部の役割が、今後いっそう重大になると見込んだ政府与党は、保健福祉部の傘下機関の疾病管理本部の独立性を強化する必要性を痛感した。総選挙に臨む各政党は、疾病管理本部を独立組織である疾病管理庁への昇格を選挙公約として掲げた。国会で審議中である政府組織法の組織改変案が通過されれば、疾病管理庁が発足し、鄭銀敬が初代の疾病管理庁長に就任する見込みだ（九月十二日に疾病管理庁発足）。

感染症対策における医療専門家の役割の重大さは日本も思い知らされたことだろう。日本では経済再生担当相が新型コロナウイルス対策を担い、医学的な見地から政府に助言する組織として、国立感染症研究所長が座長を務める専門家会議が設けられた。この専門家会議が科学的根拠に裏付けられた状況分析をとおして提言を行うのだが、最終的には政府が政策判断を下すことになる。七月三日に専門家会議を解散して新たな分科会を設けるにあたり、リスク・コミュニケーションの専門家を加えることが示された（内閣官房「新型コロナウイルス感染症対策分科会の設置について」）。それは、専門家会議による状況分析と政治的判断とがうまくかみ合っていなかったことを傍証する。

四、開放性・透明性・民主的参加の三原則に基づく防疫対策

（1）開かれた民主的社会のためのダイナミックな対応システム

大邱・慶北《キョンブク》の感染者の拡大をある程度抑え込むことに成功した韓国政府は、三月九日に外国人記者を招いて政府合同記者会見を開催した。ここで開放性・透明性・民主的参加の三原則に基づく「開かれた民主的社会に向けた躍動的な対応システム」という政府の対応を体系化して打ち出した。

金剛立《キムガンリプ》・保健福祉部（省）次官（**図3**）は次のように語った。

いま韓国は新しい概念の感染症対応システムを作りつつあります。伝統的な感染症対策は、封鎖と隔離を重視し、それなりの効率性がありますが、閉鎖性と強制性、硬直性というデメリットがあります。それによって我々は、民主主義が損なわれ、市民が受動的存在へと転落する弊害も経験してきました。グローバル化と多元社会を重視する民主主義の国家として、韓国はこうした感染症対策の限界を乗り越えなければならないと信じています。よって韓国はこれまでとは異なる感染症対応モデルを導入しているところであり、新たなモデルの核心は「開かれた民主社会に向けた躍動的な対応システム」と定義できるでしょう。

大邱のメガ・オーバーシュートを封じ込んだ韓国政府は、

図3　政府合同外信記者会見（3月9日）KTVの公開映像より

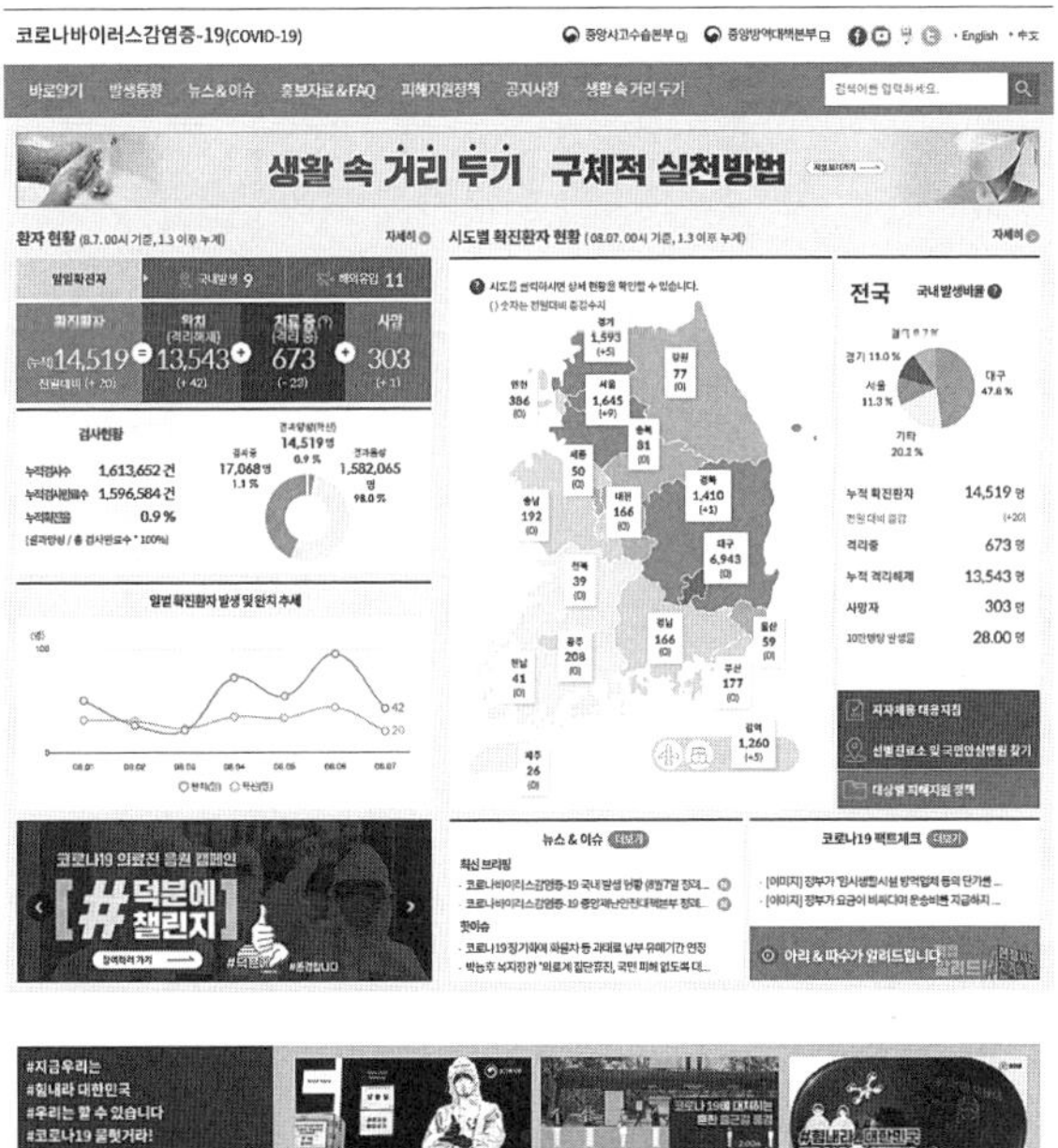

図4　中央防疫対策本部の新型コロナウイルス感染症情報提供サイト

この段階で自らの防疫対策に確信を持っていたのである。

(2)高まる防疫対策へのプライド

韓国がMERSの経験を生かして防疫体制を整えたことは、新型コロナウイルスをコントロールするうえで決定的条件であっただろう。ただ、市民の信頼と理解、そして感染拡大を防止する積極的な行動なくして抑え込みは成功しなかったのかもしれない。当局の統制と指針に理解を示す行動は、毎日二回の記者会見、ホームページでの詳細な情報の提供などによって築かれた信頼に支えられ(**図4**)、中国や欧州のように都市をロックダウンすることなく、一定程度の市民生活を維持することを可能にした。そのために市民は、厳しい隔離生活やプライバシー・人権の侵害に結びつくような移動経路の追跡についても受け入れたのである。

一時期、感染拡大で厳しい生活を余儀なくされた市民は、政府の防疫対策が功を奏し、それが世界的にも評価されたことでプライドを高めたであろう。実際、先述の「新型コロナウイルス感染症に対する国民認識および経験調査」では、およそ八五パーセントがコロナ危機のなかで「国民意識が成熟した」と回答した。都市や国境を閉じるのではなく開放性を保ちながら世界にも先駆けて事態の収拾に向かい、そうした経験が「世界標準」として評価されたことが、国難に直面した状況で勝ち得た共同体験として定着したのである。

それでは、政府の新型コロナウイルス対策と、それに対する信頼に基づいた住民の積極的な協力体制によって成功を収めた「K防疫」の実態について見てみよう。

五、「K防疫」という共同体験

(1)韓国の防疫体制に注目する海外メディア

コロナ危機への初期対応が徹底され感染者数が三十人にとどまっていた頃から、韓国の新型コロナウイルス対策は注目を集めていた。例えば、二月九日に米ABC記者が激賛した仁川国際空港の防疫体制を映した映像がアップロードされ話題となった。ところが新天地教会発のオーバーシュートが発生することで、大邱は「第二の武漢」と呼ばれ、混沌と緊張にまみれた様相が世界中を駆け巡った。韓国の感染者数も一気に跳ね上がり、防疫当局の面子も人々のプライドもずたずたにされた。

当時は、まだ無症状者の感染については正確な情報がなく、症状が発生しても世界的にはせいぜい前日からの疫学調査が一般的であった。ところが韓国の疫学調査は症状が発生する二日前にさかのぼって実施された。大邱で連日感染者が増加する危機的状況下でも、この疫学調査の方法は貫かれた。これが感染者の早期発見に繋がったことで治療が行き届き、致死率を低く抑えることができたといわれている。さらにこうした積極的な検査体制によって、検査件数も急増した。

これらの情報は疾病管理本部によって迅速に公開され、独誌シュピーゲルは「韓国政府は徹底的な透明性を備えて新型コロナウイルス感染症にうまく対処している」と評価した。同誌は、「新型コロナ感染者の移動経路と接触者を詳細に把握し、これを明確に記録している」と指摘したうえ、「スマートフォンを通じて極めて詳細な新型コロナのアラートメッセージを送っている」として、「こうした対処法が全世界の医療者に重要な手がかりを提供するだろう」と報じた(「韓国経済新聞」二〇二〇年三月二日)。

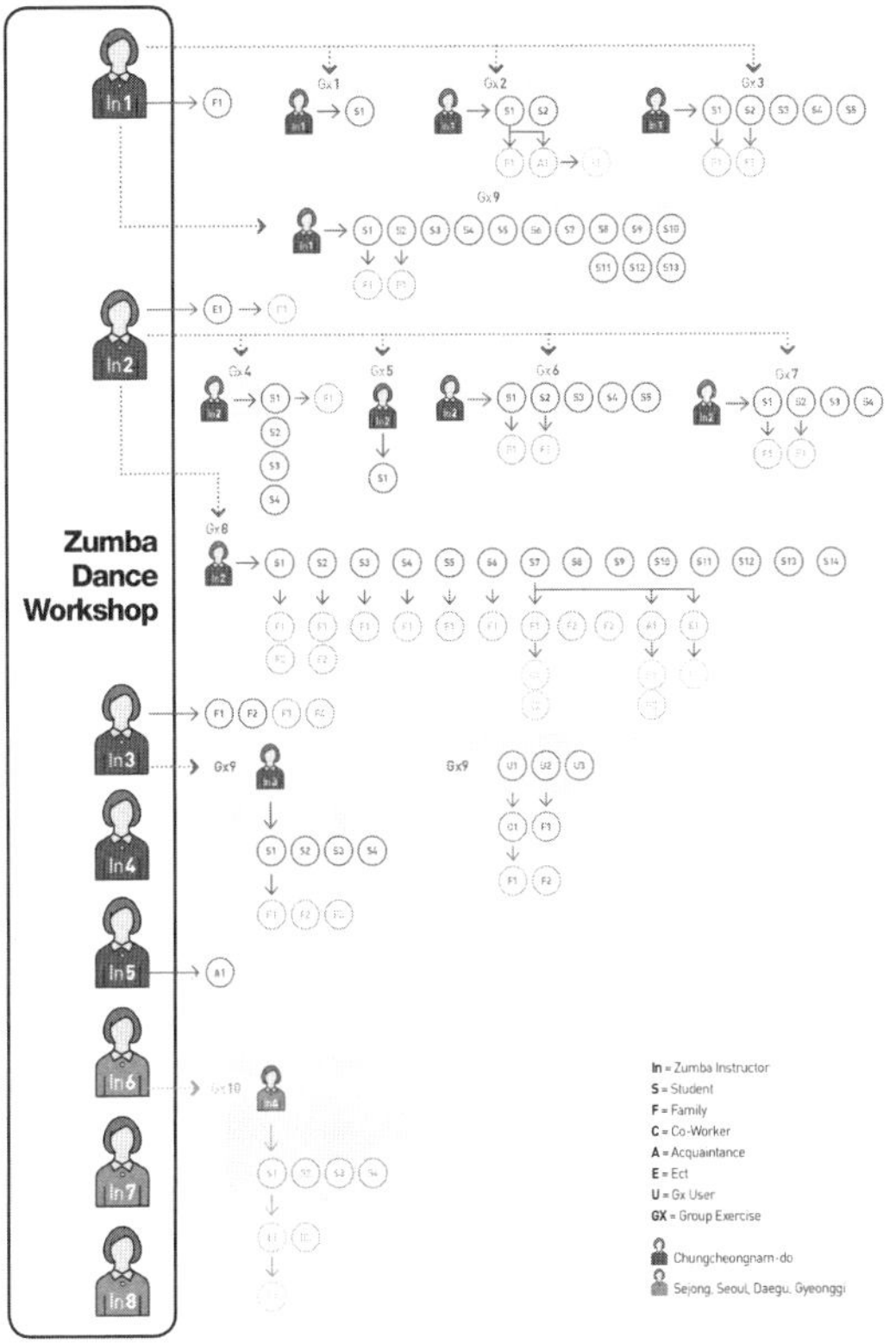

図5　2月24日天安《チョナン》のズンバダンス教室で発生したクラスターの疫学調査図（疾病管理本部『週刊 健康と疾病』13 (13) 736頁）

(2) 社会的信頼が築いた韓国モデル

こうして韓国の感染者数拡大の上昇曲線がフラットになる一方、欧米で感染が拡大すると、韓国の防疫体制にさらなる注目が集まった。PCR検査を大量に実施し診断キットの安定性と信頼度を高めたことで、世界中から購入依頼が殺到した。遺伝子を三つに増幅させることで精度を高めたシーゼンという会社の診断キットなど、三社の商品は米国でFDAの緊急使用承認を得て米国にも提供された。

諸外国では防疫道具も逼迫した。韓国でも一時期マスクの販売所に行列ができたものの、三月九日に数量制限を行い、五部制によって販売する公的マスク制度を導入した。事実上の配給制であったが、これによって供給の安定化を図ったことで余裕が生まれたため、一部のマスクは海外に提供された。マスクが市民に行き届かないどころか、医療現場では防護服すら入手できず、感染者が急増し死亡者が続出するというずさんな医療体制や、マスク着用およびソーシャル・ディスタンシングを徹底しない防疫体制をとる諸外国の様子を目の当たりにした韓国の人々は、自国の防疫対策の真価に目覚めたのである。

四月十五日の総選挙を控え、保守野党や保守メディアでは政府の防疫対策を批判したが、大邱のオーバーシュートはその絶好の機会であった。ところが、その抑え込みに成功することで韓国の防疫体制を称賛する海外メディアの報道が飛び交った。これらの記事は韓国国内でも紹介された。一例を挙げてみよう。

ニューヨーク・タイムズ紙は、「韓国はどのようにして曲線をフラットにしたのか」と題する記事で、「経済をシャットダウンすることなしに、コロナウイルスを封じ込められることを示した」と韓国の成功を評価した（三月二十三日）。記事は、韓国モデルを他国では導入できない理由として、政治の意思と公衆の意思の不在を挙げた。韓国は多元化と大衆迎合のバックラッシュに悩む西洋民主主義国家に比べて社会的信頼が高いことが成功の決め手だと分析したのだ。サイエンス誌も韓国ではコロナウイルスの症例が急減しているとして、「その成功の秘密は何か？」を探り、「韓国は希望の兆しとして、模倣すべきモデル」になると賞賛した（三月十七日）。

（3）「K防疫」モデルの確立

韓国のような大規模な検査能力こそが流行を抑え込む鍵であると評価され、感染者数が四月以降二桁に抑えられると、日本のメディアでも韓国の積極的なＰＣＲ検査を含めた防疫体制にこぞって注目したことは記憶に新しい。日本ではＰＣＲ検査を受けるための条件が厳しく、検査能力を拡大しても検査件数が伸び悩む状況で、ドライブスルー方式などを確立して積極的に検査する韓国の対応に注目が集まったのである。

こうした状況で、先進国に引けを取らず、むしろそれらを上回る成果を収めたことで、韓国は自国こそが「防疫先進国」であると自負を抱くようになった。政府も韓国の防疫体制を「K防疫」として積極的に見直し、体系化を図ることになる。そして政府レベルで、新型コロナ対策として展開した検査・診断（Test）―疫学・追跡（Trace）―隔離・治療（Treat）の3Tの一連の取り組みを「K防疫」モデルとして「世界標準」を目指すことになる。

文在寅大統領は五月十日、就任三年の特別演説を、新型コロナウイルスを封じ込んだ「K防疫」が世界標準になりつつあることを挙げて、「国民が自ら作った偉大な成果です。譲歩して配慮し、連帯して協力した」と称えて締めくくった。市民は脇役ではなく、ソーシャル・ディスタンシングや疫学調査への協力などをとおして防疫対策に積極的に協力した。個人情報の保護や人権に対し一時的に制約を加えることも信頼に基づいたコミュニケーションがあったからこそ受け入れた。

生活治療センターやドライブスルー方式も医療現場の声が反映され、取り入れられたものだ。防疫当局にもマニュアルにない提案を迅速に採択できる柔軟性があった。「開放性・透明性・民主的参加」という三原則が「K防疫」モデルとして結実し、そのノウハウを各国と共有することをソフトパワーとして活用することで、政府と市民の信頼に基づくコミュニケーションが好循環に作用したのである。

六、公益とプライバシーのはざま

(1) 公開される感染者の移動経路

「K防疫」が世界標準として認定されるために乗り越えなければならないのが、位置情報やクレジットカードの使用履歴、監視カメラなどビッグデータを活用する追跡システムへの危惧であろう。ICTを活用した追跡・防疫は、個人情報に敏感に反応する国での導入は簡単ではなく、海外メディアが「K防疫」を評価しながらも疑問を呈したのがプライバシー侵害への懸念である。康京和《カンギョンファ》外交通商部長官（外相）は、英語が堪能なこともあり、韓国の防疫対策に関して海外メディアのインタビューを数多くこなした。その度に感染者の追跡における人権の問題を問いただされた。

疾病管理本部は一月二十四日に確認された二番目の感染者の移動経路が複数であることが判明すると、カード社に感染者の決済情報の提供を求めた。MERS事態への対応として二〇一六年一月に感染病の予防および管理に関する法律が改正され、疾病管理本部は感染者の移動経路を把握するために大統領令に定めた情報を要請できるようになった。以降、疾病管理本部と各カード社はホットラインを構築して非常連絡体制を運営することになる（「国民日報」二月四日）。疫学調査官はさらに携帯電話の位置情報や交通利用カード、監視カメラを活用して、感染者の移動経路を日時と利用店舗名まで公開した（図6）。こうして感染者の詳細な移動経路が公開されると、地図上で移動経路が確認できる大学生が開発した「コロナマップ」などのアプリも登場した。

感染者には番号が付され、その情報の提供も個人が特定されないかたちで行われる。それでも身内には公開された移動経路によってプライバシーが露出することが問題になった。

また、感染者が立ち寄った店舗に打撃を与えることも確かだ。五月にソウルの繁華街・梨泰院《イテウォン》のナイトクラブでクラスターが発生した際も、当局は携帯電話の接続記録を確保して利用客を洗い出したが、それは性的マイノリティのアウティングへとつながり、さらに嫌悪を助長することにもつながった（本書掲載の斉藤・芳賀論文を参照）。ただし、プライバシーや人権を侵害する恐れがあるものの、感染者の移動経路の迅速な公開は感染拡大の不安を解消し、感染拡大を防ぐうえで重要な役割を果たしたことも否めない。

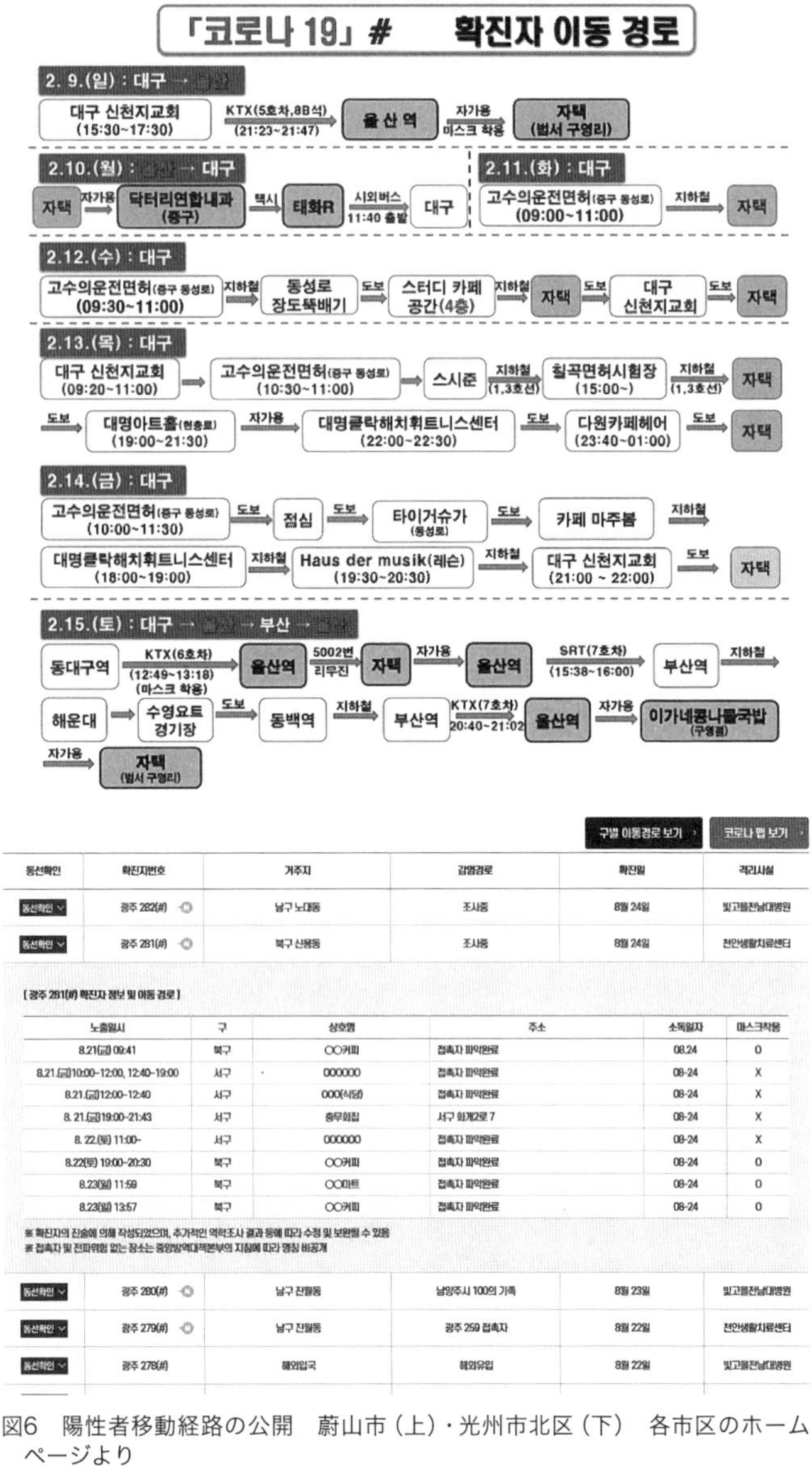

동선확인	확진자번호	거주지	감염경로	확진일	격리시설
동선확인	광주 282(#)	남구 노대동	조사중	8월 24일	빛고을전남대병원
동선확인	광주 281(#)	북구 신용동	조사중	8월 24일	천안생활치료센터

[광주 281(#) 확진자 정보 및 이동 경로]

노출일시	구	상호명	주소	소독일자	마스크착용
8.21(금) 09:41	북구	OO커피	접촉자 파악완료	08.24	0
8.21.(금)10:00-12:00, 12:40-19:00	서구	000000	접촉자 파악완료	08-24	X
8.21.(금)12:00-12:40	서구	000(식당)	접촉자 파악완료	08-24	X
8. 21.(금)19:00-21:43	서구	충무회집	서구 회재2로 7	08-24	X
8. 22.(토) 11:00-	서구	000000	접촉자 파악완료	08-24	X
8.22(토) 19:00-20:30	북구	OO커피	접촉자 파악완료	08-24	0
8.23(일) 11:59	북구	OO마트	접촉자 파악완료	08-24	0
8.23(일) 13:57	북구	OO커피	접촉자 파악완료	08-24	0

※ 확진자의 진술에 의해 작성되었으며, 추가적인 역학조사 결과 등에 따라 수정 및 보완될 수 있음
※ 접촉자 및 전파위험 없는 장소는 중앙방역대책본부의 지침에 따라 명칭 비공개

동선확인	확진자번호	거주지	감염경로	확진일	격리시설
동선확인	광주 280(#)	남구 진월동	남양주시 100의 가족	8월 23일	빛고을전남대병원
동선확인	광주 279(#)	남구 진월동	광주 259 접촉자	8월 22일	천안생활치료센터
동선확인	광주 278(#)	해외입국	해외유입	8월 22일	빛고을전남대병원

図6　陽性者移動経路の公開　蔚山市（上）・光州市北区（下）　各市区のホームページより

(2) ICTを活用した追跡システム

一方、ICTを活用した本格的な追跡システムの構築は、二月十日に中国からの入国者を対象に症状をモニターするアプリの導入から始まった。入国時にダウンロードを義務付けられるこのアプリは、その後、自宅待機の対象者にも適用された。二日間報告がなければ、当該者に電話をかけて追跡確認することになる。

さらに四月に入り、自己隔離中の海外入国者の離脱が目立ちはじめると、その防止策として「安心バンド」(電子追跡バンド)も導入された。この制度は、自宅待機中に無断離脱が発覚した人を対象に、「安心バンド」を着用するか、それとも自己負担で指定の隔離施設に入所するかを選択させるものだ。さらに五月から日常生活と経済・社会活動を営むことのできる生活防疫(生活の中の距離の確保)に突入して、教会やナイトクラブ発の感染者が増加すると、QRコードを利用した電子出入名簿制度を導入するようになった。政府は、これらの対応は危機的で深刻な段階において限定的に運営するものであり、収集した情報は四週間後、自動廃棄すると念を押した。

(3) 強化される市民への監視

こうした韓国の防衛当局の徹底した追跡調査は、安全という価値が圧倒的に支持された初期の段階では、防疫の成功に対する期待感がプライバシー侵害への不安感を上回ったことにより認められた。しかし、新型コロナウイルスの影響が長期化する現在の状況においては見直されなければならない。追跡調査の手法がポストコロナ時代にどのように活用されるのかについて、また、このような調査が日常化するのかどうかについてはまだ判然としていない。

米国に本部を置く国際非営利法制センター(ICNL)は、各国の衛生保健関連の法制度の変化を追跡するデータベースを構築し、それがどのように市民の自由と人権に影響を及ぼしているのかをモニターしている。二〇二〇年七月十七日現在、八八カ国が非常事態を宣言し、表現の自由に影響を及ぼす措置は四一カ国、集会の自由に影響を及ぼす措置は一二〇カ国、プライバシーに影響を及ぼす措置は四一カ国で導入されていることを明らかにしている(**図7**)。衛生保健の危機を盾にして各国で監視を強めているが、それは権威主義的な統治を行う国家に限らない。監視社会の到来は韓国でも他人事ではない。

(4)「強い国家」と「強い市民社会」の組み合わせ

このように防疫に成果を上げた追跡システムが、プライバシーや人権の侵害を無闇に肯定することにつながる危険性も払拭できない。実際、新型コロナウイルスが民主主義に影を落とすことについて論争が行われている。ロサンゼルス・タイムス紙が「なぜ民主主義がパンデミックを生き延びるうえで優位なのか」という記事を掲載したのも（五月二十六日）、コロナ危機克服の成果が権威主義体制に乗っ取られることへの危惧からであろう。

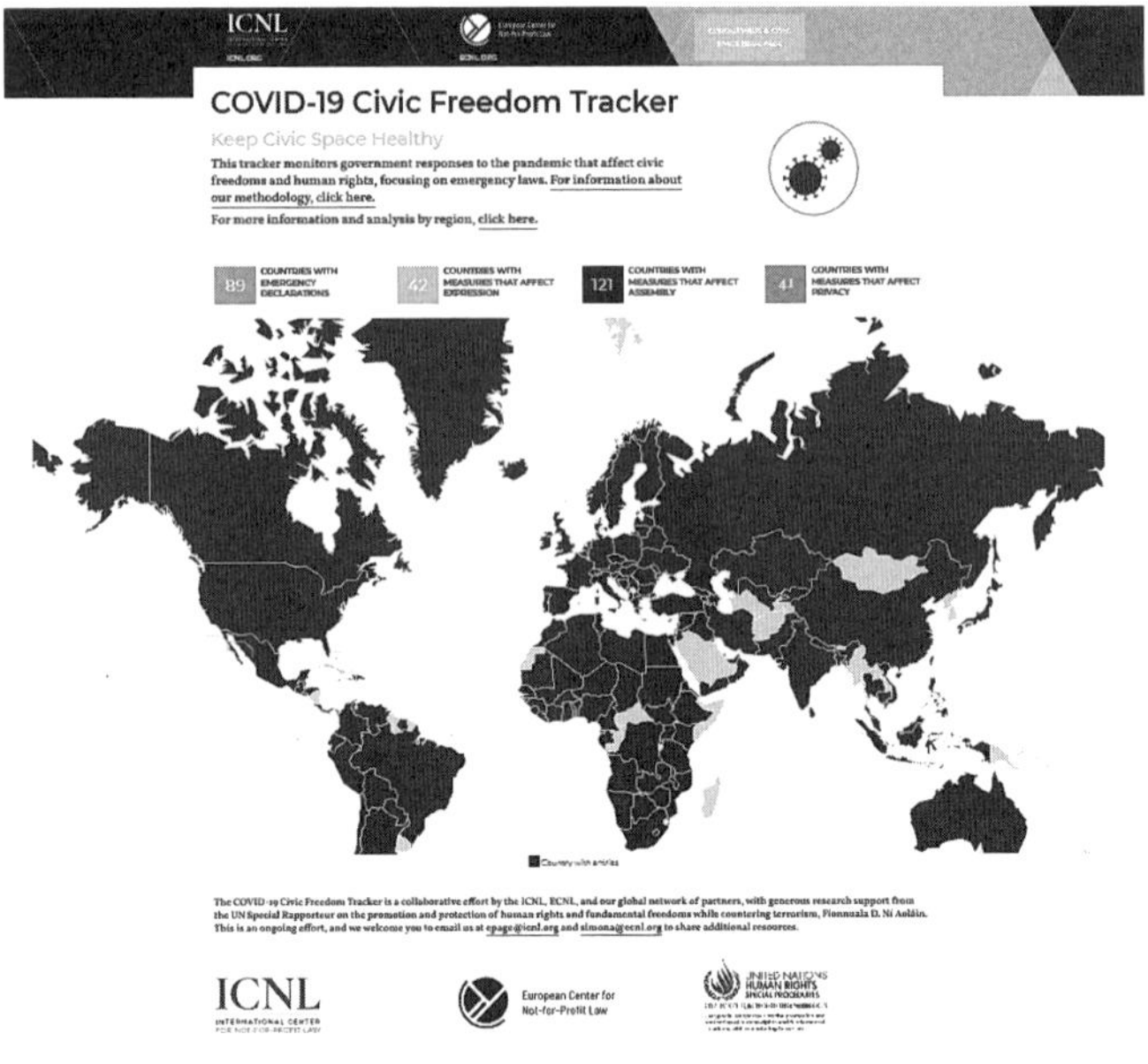

図7　ICNL 新型コロナウイルス感染症　市民の自由の追跡調査

非常時に国家権力のパワーが増大することは避けられないにしても、今のところ、韓国の市民社会にはそうした国家権力を規制する民主主義の力が備わっている。実際、初動の段階で感染者の移動経路を追跡して得られた情報が公開された際、プライバシーを必要以上に露出しないようガイドラインの見直しを求めたのも独立機関の国家人権委員会であった（三月九日「新型コロナウイルス感染者の過度なプライバシー公開関連国家人権委員会委員長声明」）。

中央防疫対策本部は国家人権委員会の声明を受けて「感染者の移動経路等情報公開案内」を作成した。四月十二日の同ガイドラインの第二版では、「感染者が最後の濃厚接触者と接触してから一四日が経過」すると移動経路を非公開とするなど、徐々に公開情報の範囲は必要最小限に制限されていく。

そのことを、**図6**をとおして確認してみよう。上段は蔚山《ウルサン》市のホームページに公開された、二月二十四日に陽性確認した新型コロナウイルス感染者の移動経路の情報の一部である。この感染者が二月九日に大邱新天地教会の礼拝に参加して以降、蔚山から大邱や釜山《プサン》を訪れた移動経路が、利用した交通手段や立ち寄った場所まで、使用時間も含めてきめ細かに記されている。六月三十日に出された中央防疫対策本部のガイドライン第三版により、性別・年齢・国籍・居住地・職場など個人の特定につながる情報の公開も控え、その形態も時間による個人の移動経路ではなく、場所の目録情報として公開するようになった。下段は、八月二十四日に陽性確認した光州《クァンジュ》市北区民の公開情報である。ここでは、感染者が立ち寄った店舗名とその時間帯、消毒日時とマスク着用の如何のみが記されているが、濃厚接触者の存在が認められない場合は店舗名も伏せて業種のみ公開している。利用店舗の住所も、濃厚接触者の把握後には伏せられる。

ポストコロナの時代、人々の行動を制限せざるを得ない災難に効率的に対応するには「強い国家」が効果的であることが立証されるかたちとなった。しかし、それだけでは権威主義的な統制を招来しかねない。民主主義の基盤を掘り崩さないためにも「強い国家」は「強い市民社会」とセットでなければならない。国家と市民のあいだの信頼とけん制を維持しつつ、どのようにバランスを保っていくのかが問われるのである。

おわりに——「信頼に基づくトップダウン式」のコミュニケーション

韓国で新型コロナウイルスの感染者数は、四月下旬には一桁台にまで減り、同三十日は国内感染者ゼロを記録した。新型コロナ感染が沈静化したことを受けて、防疫当局は五月六日より新型コロナウイルス感染症の長期化に備えて感染予防活動を徹底しながらも、生活防疫に転換することを決定した。ところが、感染者数が下火となった大型連休期間中に感染は拡大していた。ソウルの梨泰院のナイトクラブでクラスターが発生していたのだ。その後、感染は全国に拡大し、予定していた小中高等学校の新学期登校はまたしても延期となった。

首都圏を中心とする韓国の「第二波」は、大手Eコマース企業クーパンの物流センターでクラスターが発生したことで緊張に包まれた。生活防疫へと転換した時点で感染者数の増加は想定内だっただろう。首都圏のクラスターは想定外の危機をもたらしたものの、拡散を抑え込むことができた。今後も防疫と日常の調和に向けていたちごっこが続くだろう。ただ、確かなことは、感染が拡大することで再び社会的距離の確保に戻ることを余儀なくされても、「K防疫」のプライドと「高い社会的信頼」をとおして危機を乗り越えていくことへの期待だ。大多数の人々は、疾病管理本部に信頼を寄せており、ともに難局に立ち向かう用意ができているのだ。

この「高い社会的信頼」は、いうまでもなく市民社会が政府および防疫当局を信頼することによってもたらされるが、それはリーダーが市民を信頼しないと生まれない。総選挙を控えて文在寅政権が先制的な防疫体制を展開したのも、疾病管理本部がぶれずに生活防疫を貫くのも、そこに市民への信頼があるからにほかならない。よくも悪くも韓国では「真正性」が政治家の徳目として求められる。「真正性」が、危機のなかで「信頼に基づくトップダウン式」のコミュニケーションの源となり、ポストコロナ時代の国家と市民社会の関係性における指標となりうるのか。韓国は、ポストコロナ時代のその参照項となる。

中国：情報隠蔽から情報公開へ

――ソーシャルメディアの活躍と独自な国民世論の形成

王　冰

おう・ひょう――北海道大学大学院メディア・コミュニケーション研究院助教。専門はソーシャルメディア、インターネットと世論研究。主な著書に『中国市民社会・利益団体――比較の中の中国』（共著、木鐸社、二〇一四年）、『大震災・原発危機下の国際関係』（東洋経済新報社、二〇一五年）、『中国共産党とメディアの権力関係――改革開放期におけるメディアの批判報道の展開』（明石書店、二〇一八年）などがある。

中国は、今回の新型コロナウイルス感染症の発祥地とみなされている。中国のコロナウイルス感染症の発生、拡大及び政府のコロナへの防疫対策をめぐる経緯はどのようなものなのか、また既存メディアとソーシャルメディアのそれぞれの動き及び国民の世論についても考察する。結論においてコロナウイルス感染症をめぐる世論の動きについて、ソーシャルメディアで形成された独自な国民の世論の意義も提示する。

一、中国の新型コロナウイルス感染症の経過

中国におけるコロナウイルス感染症の発端は、二〇一九年十二月一日に武漢市の華南海鮮市場で全国初の感染者が確認されたことである。その後に感染症が武漢市から全国へ広がり、二〇二〇年一月二十日に習近平がコロナ感染の拡大への強力な防止対策を指示したことにより、ようやく全国が感染拡大への防止へと動き出した。すぐに行われたコロナの封じ込めの対策は、一月二十三日の武漢市のロックダウンである。四月八日に武漢市のロックダウンが解除されたことにより、感染拡大への防止の動きはいったん終了した。この間の経緯について以下のようにまとめた。

二、政府による情報隠蔽から情報公開へ

(1) 政府による情報の隠蔽

二〇一九年十二月一日に武漢市で最初の感染者が確認されてから、地元の感染は次第に拡大していった。武漢市の病院

表1　中国の新型コロナウイルス感染症の経過

時間	事件の概要
2019年12月1日	全国初の感染者が出た
12月8日	武漢市衛生健康委員会が全国初の感染者の判明を通告
12月12日	武漢市のある病院が華南海鮮市場（コロナウイルスの発祥地と見なされる）からの感染者を受け入れ
12月24日	武漢市の同済病院が感染者の症状を新型肺炎と診断
12月30日	武漢市の李文亮医師がSNSで自身の病院で「7名のSARS疑似症患者が出た」ことを警告
2020年1月3日	武漢市当局が李文亮などの8名を「デマ流布」という理由で訓戒処分を下す
1月6～17日	武漢市衛生健康委員会が通告の中で「人から人への感染はない」と主張
1月20日	全国衛生健康委員会の専門チームのトップ・鐘南山院士が「コロナウイルスは人から人への感染がある」という見解を示す
1月20日	習近平がコロナウイルスを阻止するよう指示
1月21日以降	全国衛生健康委員会が各地の感染者のデータを毎日公開し始める
1月23日	武漢市のロックダウンが始まる
1月29日	全国の31省が緊急事態の最上位のレベル1を発する
2月7日	李文亮医師がコロナウイルスの感染で亡くなったことに対し、国民の怒りが爆発
2月7日	国家監察委員会は李文亮医師の処分への調査チームを派遣
2月13日	中央政府が湖北省のトップなどを更迭
2月26日	全国の13省が事態の緊急レベルを引き下げ
3月4日	全国の21省が事態の緊急レベルを引き下げ
3月5日	李文亮が最初の警鐘を鳴らした人として政府に表彰
3月10日	習近平が武漢市を視察
3月19日	国家監察委員会は李文亮医師の処分の撤回を発表
4月8日	武漢市のロックダウンが解除

出所：中国の国民の世論を分析するサイト・「知微事見」から引用。https://xgsd.zhiweidata.net/（2020年4月20日閲覧）

は相次いで同じような症状の感染者を受け入れたほか、医師や看護師などの医療従事者の感染も相次いで判明した。この時期はまだ感染症の具体的な病因が見つからず、ただＳＡＲＳと似ている症状の新型肺炎だと診断された。感染症の事態の深刻さをいち早く察知しているのは現場の医療従事者であった。地元の病院に勤める李文亮という医師が、十二月三十日に自身のウィーチャットグループ（中国版のＬＩＮＥ）で「七名のＳＡＲＳ疑似症患者が出た」という事実を披露した[1]（**表1**）。この事実はすぐに病院内部の関係者や知人を通じてソーシャルメディアで拡散された。李医師はのちにコロナ感染症への最初の警鐘を鳴らした人として広く知られた。

しかし、李医師の周囲への注意喚起を、当局は認めなかった。地元の武漢市衛生健康委員会は十二月三十日に発した「原因不明の肺炎に対する適切な治療についての緊急通知」の中で、「いかなる機関及び個人も、許可を得ず治療情報を外部に発信してはならない」と強調したとともに、「人から人への感染はなし」と主張した。[2] 続いて二〇二〇年一月三日に地元の当局は李文亮などの八名の関係者に「デマ流布」という理由で訓戒処分を下した。その後も、武漢市衛生健康委員会は「人から人への感染はなし」と主張し続けた。

(2) 政府による情報公開への転換

二〇二〇年一月二十日になると、政府の態度は大きく転換した。この日、感染症の専門家である鐘南山医師は、テレビ番組の取材で「コロナウイルスは人から人への感染がある」と主張し、権威のある見解を全国に向けて初めて示した。鐘氏はSARSの感染症の防疫活動からすでに世界的に知られる専門家である。また今回のコロナ感染症への防疫体制では、専門家チームのトップとして政府に任命された。彼の発言は中国社会を震撼させた。

同日、習近平は、すぐにコロナウイルスを徹底的に阻止するよう強力な指示を出した。これにより、全国が一気にコロナの防疫活動を実施し始めた。例えば、全国衛生健康委員会は、それまで武漢市衛生健康委員会が公表したデータを転載する形で武漢市の感染状況を公表するのみであった。しかし、一月二十一日以降、同委員会は全国各地の感染者数の状況を自身のホームページで公表し始めた。また最初のコロナの封じ込めの対策として一月二十三日に武漢市のロックダウンを行った。続いて一月二十九日には、全国の三十一省すなわち中国の全域が緊急事態の最上位のレベル1を発した。

当局から訓戒処分を受けた李文亮医師は二月七日にコロナウイルスに感染し、病院で亡くなった。李医師の亡くなる前の闘病の様子について、国民の関心はすでに高まり、特に二月六日に危篤状態になったときから、李医師の回復を祈る無数の投稿や書き込みがソーシャルメディアで出回っていた。亡くなった当日に病院の前で献花する多くの武漢市民が、コロナ感染症への最初の警鐘を鳴らした「英雄」として哀悼の意を示した。それとともに、ネット上では当局による彼への不当な扱いをめぐる民衆の怒りが爆発した。多くのネットユーザーは「健全な社会は一種類の声だけであるべきではない」[3] という李医師の言葉を用いて当局への不満を示した。国民の怒りを警戒する政府は、李医師を「デマの流し者」から「英雄」へと扱うようになった。国家衛生健康委員会は「深い哀悼の意」を表明した。三月五日に政府は李文亮医師を「最初の警鐘を鳴らした人」として表彰した。

三、既存メディアとソーシャルメディアのそれぞれの動き

既存メディアとソーシャルメディアのそれぞれの動きについて、第一段階（二〇一九年十二月一日〜二〇二〇年一月二十日）と第二段階（二〇二〇年一月二十日〜）に分けて考察する。前述のように、二〇二〇年一月二十日に政府の態度は新型コロナウイルスの感染拡大をめぐり、真相の隠蔽から情報公開へと大きく転換した。政府の態度の変化に伴い、中国の既存メディアはその変化の前後で明らかに異なる動きを見せた。

（1）第一段階（二〇一九年十二月一日〜二〇二〇年一月二十日）

既存メディアはまだこの時期にはコロナ感染症をほとんど取り上げていなかった。特にコロナの感染源である武漢市の地元新聞やテレビ局はほぼ報道しなかった。あるいは既存メディアは感染の情報を報道しても当局の通知や告知文などの官製情報を転載するにとどまり、真相を報道することはできなかった。その背景には、近年の習近平政権による既存メディアへの厳格な管理体制があった。

中国の既存メディアは、従来、党と政府の政治的宣伝の道具として機能してきた。改革開放以降、既存メディアの市場化が進んでいるにもかかわらず、その政治的道具としての本質は依然として変わっていない。近年、既存メディアはデジタル技術やインターネット技術を積極的に利用し、デジタルメディアやプラットフォームメディアなどとの融合戦略を推し進めているにもかかわらず、党と政府の管理下に置かれていることは変わらない。「党がメディアを管理する」という新聞報道の原則について、近年習近平は各談話の中で繰り返し強調している。このような厳しいメディア環境の中で、近年中国で発生した大きな公共衛生事件や災害、事故及び社会問題の際に、既存メディアはほとんど報道しないかあるいは官製の情報のみを掲載するのが一般的になっている。例えば、二〇一八年七月に発生したワクチンの生産企業が生産記録を偽造した大規模な「欠陥ワクチンの不祥事」について、事件発覚の最初の段階で、既存メディアは政府の告知文や通知のみを転載し、「官商癒着」や偽造などの違法行為をほとんど報じなかった。(4) 結局、国民の関心を広く集めたのはソーシャルメディアで掲載された事実の披露であった。

一方、ソーシャルメディアでは真相の暴露の動きが目立っていた。例えば、最初に警鐘を鳴らした人として知られる李

文亮医師は、感染流行の初期段階で約一五〇人が参加するウィーチャットグループで「華南海鮮市場で七名がSARSに罹り、我々の病院の救急科に隔離されている」という真実を告げた。すぐにグループに参加していた一人がこの事実を告げるスクリーンショットをインターネットで投稿した。(5)ネットでは多くの人々が拡散し、一時的に「武漢市で不明原因の肺炎が出現」という話題が盛り上がった。

また、政府が感染症の真相をまだ民衆に公開していない段階で、インターネット上では、感染症をめぐる武漢市衛生健康委員会の内部通知が拡散された。この内部通知の内容は「武漢市で大量の原因不明の肺炎患者が出た」というものであった。(6)

なぜ、近年の既存メディアの不振と対照的に、ソーシャルメディアは独自な役割を果たせるのか。前述のように、既存メディアの報道規制がますます厳しくなっている状況の中、真実の報道は困難となっている。その一方、ソーシャルメディアは一般の民衆にとって、情報収集及び情報発信の重要な手段となるため、莫大な人気を博している。例えば、ウェイボー（中国版のツイッター）とウィーチャットは中国の代表的なソーシャルメディアである。ウェイボーは現在、全世界でユーザー数七億人を突破し、月間アクティブユーザーは二〇一八年五月の時点で四億となっている。(7)また、真実の報道を規制する既存メディアへの不信も広がり、既存メディアへの期待が薄くなっていることに対し、一般の人々はソーシャルメディアには大きな期待を寄せている。自身の利益を表出する際に、自らソーシャルメディアを利用し発信する人が増えている。

代表的な例として、二〇一一年に広東省烏坎村で発生した農地の収用をめぐる村民と地元の党・政府の間の大規模な衝突事件、いわゆる「烏坎事件《うかんじけん》」がある。事件の中で抗議の主体である若者が積極的にウェイボー、ミニブログを利用し、映像や情報を発信することが特徴的であった。ソーシャルメディアの利用により、一般の民衆による意見や利益表出の機会が著しく増えていることは事実である。またソーシャルメディアは中国の国民の世論形成に重要な役割を果たしている。このことが政府政策の決定にも影響を及ぼすケースもみられる。前述の二〇一八年の「欠陥ワクチンの不祥事」を最初に暴露したのは、「獸爺」というペンネームを使った一般の市民が自身の運営するウィーチャットアカウントで「ワクチンの王」の見出しの文章を掲載したことである。この文章はワクチン経営者の違法なビジネス手法を批判するとともに、欠陥ワクチンが人々の健康への被害をもたらした事例も生々しく暴露した。これは薬品や食品を巡る品質スキャンダルに長年悩まされてきた国民の怒りを爆発させた。文章はすぐにソーシャルメディアで広く拡散され、ネット上で国民の怒りが噴出した。国民の世論を懸念する中央政府は事件への徹底調査及びワクチンの規制強化という指示を出し、事件はようやく終息した。

(2)第二段階(二〇二〇年一月二十日〜)

二〇二〇年一月二十日以降、習近平がコロナウイルスを阻止せよとの具体的な指示を出してから、既存メディアはコロナについて大々的に報道し始めた。先にも述べたように、一月二十日の夜に国営中国中央テレビの「ニュース1+1」という番組の中で専門家チームのトップ、鐘南山がインタビューで「コロナによる人から人への感染がある」「医療従事者の感染が続出」と主張した。また一月二十七日から同番組は「今日の感染情報の分析」というテーマを定めたほか、専門家の当日の感染状況の分析、対策などの意見が放送され続けた。『人民日報』は一月二十一日から全国の感染者の情報を毎日更新し、続報した。さらに、既存メディアはソーシャルメディアや、端末アプリケーション、動画制作などのプラットフォームを積極的に利用し、多元的なルートを通じて情報を発信している。例えば、中央テレビはウェイボー、ウィーチャット、端末アプリケーション及びミニ動画などのプラットフォームでも感染情報を即時に報道することが目立っていた。

他方、調査報道も行われた。調査報道で有名なネットメディアの一つである「財新」は李文亮医師をめぐり、彼が受けた不当な扱い及び彼の死を問うシリーズの調査報道を掲載した。

さらに、プラットフォームメディアではデジタル技術を利用した情報の提供が目立っていた。テンセントニュース、フェネクスニュースなどのプラットフォームメディアはビッグデータ技術を利用し、全国の感染者数の変化の地図を作成するとともに、各地の感染情報の最新データを即時配信した。またプラットフォームメディアはビッグデータの技術を利用し、デマや虚偽の情報への対応に取り組んでいた。(8)

四、国民の世論の反応

(1)コロナへの国民の関心度

図1は中国の国民の世論を分析する専門のサイト「知微事見」で行われた分析結果によるものである。太い方の線は、二〇一九年十二月から二〇二〇年四月までの国民のコロナへの関心度の変化を示すものである。昨年の十二月から今年の

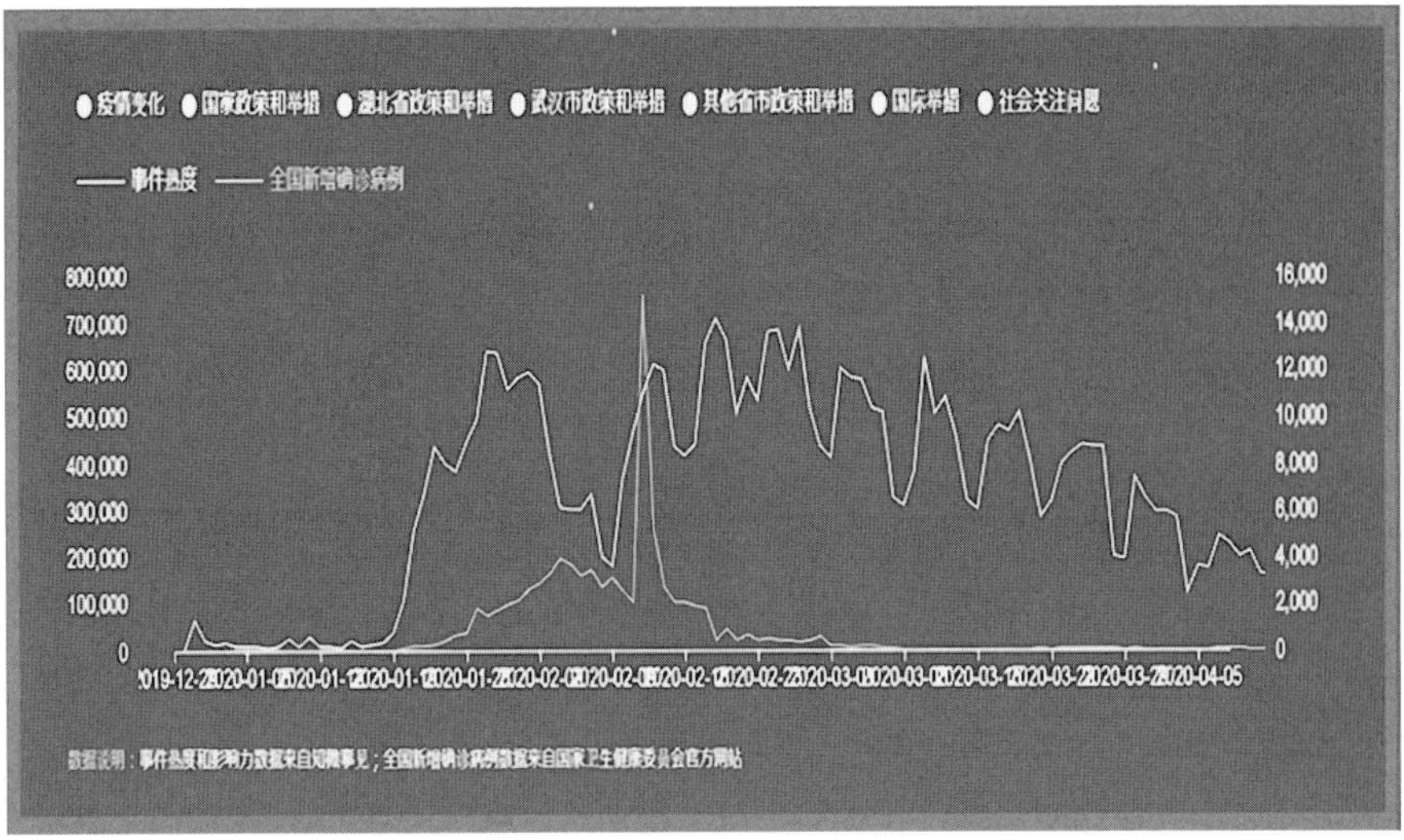

図1　2019年12月～2020年4月の国民の関心度と感染者数の変化
出所：中国の国民の世論を分析するサイト・「知微事見」から引用。xgml.zhiweidata.net/（2020年4月20日閲覧）

一月中旬までの国民の関心度は低かったが、一月下旬から急に上がり、二月になるといったん下がってからまた上がった。そして四月までは国民の関心は続いていた。昨年十二月から今年一月中旬までは政府が真相を隠蔽したことにより、国民が関心を持たなかったことが考えられる。一月二十日に習近平が具体的な防止策を出してから国民の関心は一気に高まった。

一方、細い方の線は全国の感染者数の変化を示すものである。昨年の十二月から今年の一月中旬までは政府が感染の情報を公開しなかったため、感染者数は低い数値で示されている。一月二十日に鐘南山が「コロナウイルスは人から人への感染がある」という見解を示したことにより、政府は毎日感染者数の情報を公開し始めた。これにより、**図1**の中で示されたように二月に感染者数はピークに達した。

(2) 李文亮医師を英雄視する国民の世論

コロナに感染した李文亮医師は二〇二〇年二月七日の未明に病院で亡くなった。先にも述べたように、李医師が危篤状態に陥った前日の二月六日の夜から、七日の朝までに李医師の回復を祈る無数の投稿や書き込みがソーシャルメディアとインターネットで寄せられたが、とりわけウィーチャットの「モーメンツ」（中国語：朋友圏）[9]では李医師の亡くなった直後に、李医師の死を記念する文章の拡散が目立っていた。これは史上未曾有の「全国民による国葬」の現象だと言われる。[10]ネット上では李医師は「民族の英雄」、「警鐘を鳴らした人」、「烈士」などと呼ばれていた。

李医師の死が国民の大きな関心を集めたことは、彼が生前、政府から受けた不当な扱いに対する国民の不満の表れだと言える。ネットでは「李文亮医師はなぜ警鐘を鳴らし続けることができなかったか」、「もし警鐘を鳴らし続けたら、コロナはここまで感染拡大しなかった」などの批判の声が上がった。中には政府が李医師などの八名の関係者に下した訓戒処分を撤回すべきだとの声もたくさんあった。またネットでは政府による李医師の扱いと民衆による彼への「英雄」としての扱いの間に大きな亀裂が生じたため、国民の悲しみや怒りを爆発させたという意見もたくさんあった。[11]

国民の怒りや不満を懸念した政府はすぐに動き出した。李医師が亡くなった当日の午後に中央規律検査委員会はホームページで「国家監察委員会は李文亮医者の処分について専門チームを武漢市に派遣し、全面的な調査を行う」という通知を発表した。[12]中央政府の迅速な対応の背景には、ソーシャルメディアで形成された国民の世論が大きな影響力を発揮していることがあると考えられる。

国民の反応は既存メディアの関心も集めた。『人民日報』、中央テレビ、『環球時報』などの党中央と国家のメディアは相次いで李文亮の賞賛報道を行った。『人民日報』は「李文亮事件を全面的に調査し、正義を人々の心に届け」という記事を掲載し、李文亮の医者としての責任感を賞賛した。中央テレビは李医師の社会への貢献を感謝する意を示した。[13]

三月十九日に、国家監察委員会の専門調査チームは「武漢市公安局が李文亮医師の訓戒処分を撤回し、また訓戒処分を下した関係者の責任を問う」という調査結果を公表した。同日、ウェイボーではこの調査結果の閲覧回数は一・四億回に上った。[14]また李文亮医師への追悼の文章や書き込みはこの日のウェイボーで最も拡散された話題であった。

おわりに――ソーシャルメディアによる独自な国民世論の形成

二〇二〇年三月までに中国のインターネットの利用者数は約九億四〇〇〇万人となり、ネット普及率は六四・五パーセントとなった。[15]多くがウェイボーやウィーチャット、ミニ動画アプリケーションなどのソーシャルメディアを利用する。陳(二〇一六)の指摘によれば、中国のインターネットやソーシャルメディアは、統制されている既存メディアより国民に大きな言論空間を提供し、国民の世論形成に顕著な力を果たしている。
従来は党や政府の機関紙、国家の通信社、テレビ局などの既存メディアが党と政府のイデオロギー的世論誘導役を担い、官製の世論を形成させるのが中心であった。しかし近年、ソーシャルメディアによる民間の世論の形成が官製の世論に大きなチャレンジをもたらしている。現在の中国では既存メディアが形成させた官製の世論と、ソーシャルメディアが形成させた民間の世論という二つの世論の存在が目立っている。

今回の李文亮医師への扱いをめぐり、ソーシャルメディアでは独自な国民世論の形成の動きが顕著であった。また李医師の死後の長い間にも、彼のウェイボーアカウント・@xiaolwlでは無数のネットユーザーが記念や追悼の文を寄せ、彼への感謝や悲しみの気持ちを示していた(16)。国民の独自な世論は政府の態度の転換にも影響を及ぼした。

ソーシャルメディアは中国の一般民衆にとって情報収集と情報発信の重要な手段となっている。また、社会の利益表出のルートが整備されていない中国では、ソーシャルメディアが民衆の利益表出のための重要な場となっている。ソーシャルメディアでの国民の世論は、政府の政策決定や対応に影響を与えるケースがしばしば見られている。しかし、近年、政府はソーシャルメディアに対しての統制も強めている。ソーシャルメディアが一体、どの程度中国の政治や社会に影響を与えられるのかについて、引き続き注目していく必要がある。そのため、今回の新型コロナウイルス感染症だけではなく、中国のソーシャルメディアによる国民世論の形成の動きについて、今後長い目で観察していきたい。

注

(1)「新型肺炎を武漢で真っ先に告発した医師の悲運」(『財新』二〇二〇年二月七日) https://toyokeizai.net/articles/-/329129 (二〇二〇年七月十八日最終閲覧)。
(2) 同前。
(3)『朝日新聞』(社説)「中国とウイルス　情報の自由奪う危うさ」(二〇二〇年二月二十一日) https://www.asahi.com/articles/DA3S14373605.html (二〇二〇年七月十七日最終閲覧)。
(4) 劉傑「『疫苗事件』的三級議程建構」(『新聞研究導刊』二〇一九年) 第一〇巻第一一期、六四頁。
(5) 前掲注1。
(6) 奕軼玫、張雅琦「新冠肺炎疫情報道中的信息呈現与媒体表現」(『新聞戦線』、二〇二〇年二月) (上)、一二頁。
(7)「ユーザー数7億！中国最大のSNS〝微博(ウェイボー)〟とは」https://lxr.co.jp/blog/4211/ (二〇二〇年八月二日最終閲覧)。
(8) 前掲注6。
(9) ウィーチャットは「モーメンツ」(中国語は「朋友圏」) という、相互のつながりがあるユーザー同士のサークル内での発信、もしくは繋がっている個人同士でのダイレクトメッセージのやり取りが主になる。

(10) 「従不是『吹哨人』的李文亮到輿情和公衆期望到輿情和公众期望!-」、http://www.占豪.com/home/index/article/id/18220（二〇二〇年八月二日最終閲覧）。

(11) 「道歉恢復名誉?·或者追認栄誉?·官民輿論場緊急尋求共識」、http://www.ichmw.com/show-7-10324-1.html（二〇二〇年八月二日最終閲覧）。

(12) 「全面調査李文亮事件　譲正義抵達人心」（『人民網』二〇二〇年二月七日）http://yuqing.people.com.cn/n1/2020/0207/c209043-31576501.html(二〇二〇年七月二十三日最終閲覧)。

(13) 「疫情防控期間的輿論情緒引導」（『人民網』二〇二〇年三月二十日）http://yuqing.people.com.cn/n1/2020/0320/c209043-31641677.html(二〇二〇年七月二十三日最終閲覧)。

(14) 「一・四億網民関注李文亮調査結果、輿論呼吁完善応急機制」https://xw.qq.com/cmsid/20200321A0L52U00（二〇二〇年七月二十三日最終閲覧）。

(15) 「中国インターネット人口九億人台に 新型コロナでオンライン教育ユーザー倍増」（『東方新報』二〇二〇年五月十四日）https://www.afpbb.com/articles/-/3282739（二〇二〇年七月三十日最終閲覧）。

(16) 前掲注13。

参考文献

陳雅賽「8・12天津爆発事故における中国ネット世論の形成——新浪微博の分析を通じて」（『社会情報学』第五巻一号、二〇一六年）

西本紫乃「中国インターネット世論の内政・外交への影響」（『外務省調査月報』二〇一一年第四号、二〇一一年）一―二七頁

高維峰「従朋友圏審視重大疫情中的輿情引導与治理」（『電子科技大学学報（社科版）』、第二十二巻第三期、二〇二〇年）

何舟、陳先紅「双重話語空間：公共危機伝播中的中国官方与非官方話語互動模式研究」（『国際新聞界』二〇一〇年第八期、二〇一〇年）

中国における既存メディアとソーシャルメディア共存時代の考察

牛　静

ぎゅう・せい――華中科技大学ジャーナリズム・情報コミュニケーション学院教授、博士課程スーパーバイザー。専門はジャーナリズム、マスコミ倫理。主な著書に『全球媒体倫理規範訳評』（編著、北京：社会科学文献出版社、二〇一八年）、『新媒体伝播倫理研究』（北京：社会科学文献出版社、二〇一九年）などがある。

本稿は、中国の新型コロナウイルス感染症関連の報道について、時代の特徴、報道倫理規範の基準、コロナ関連の情報倫理の問題点とその原因などの方面から論じ、同時にその中で肯定に値する部分についても指摘するものである。筆者は二〇二〇年一月から六月にかけて中国の武漢から米国ニューヨーク州へ赴き、その後河南省へ帰国した。こうして移動したことにより、違った立場からのコロナ関連情報に接することができた。

一、新型コロナがもたらした更に複雑な時代

現在、我々がいるこの時点は三つの特徴で表現することができる。一つめは新型コロナ時代。今や中国大陸の人々の生活は、ほぼ平常の状態に回復している。たとえば筆者が住んでいる都市の通りは多くの車が行き交い、人々が賑やかに往来し、マスクをしている人はほとんどいない。しかし世界を見ると新型コロナの感染は続いており、現在世界の感染者数は一六〇〇万あまり、死亡者数は六十四万に達している。新型コロナが情報需要の変化や社会変革を引き起こしていることは明らかだ。

二つめは逆グローバル化の時代。過去十数年間は、グローバル化の波の中で情報の交換、経済上の往来、価値の共有が発展を続けてきた時代であった。こうした背景のもとに各分野で多くの試みが行われた。しかしコロナの影響を受けた現

表1　ジャーナリストの報道倫理規準

順位	原則	この原則を挙げた国家数（カ国）	シェア
1	情報源の保護	93	69.40%
2	プライバシーの保護	86	64.18%
3	誤りの訂正	84	62.69%
4	正確さ	80	59.70%
5	明確な報道の節度	76	56.72%
6	表現の自由・報道の自由の保障	76	56.72%
7	利益相反の回避	74	55.22%
8	正当な方法で情報を得ること	68	50.75%
9	独立	66	49.25%
10	盗用・剽窃の禁止	62	46.27%

出典：「世界のメディア倫理規範の共通規準と地域性規準」（『新聞記者』10号、2017年）5頁

在、「経済の国内循環」「デカップリング」がホットワードとなり、各国間の往来は減少している。逆グローバル時代の情報発信は、国家間の衝突や敵視を増加させることになるのだろうか？　もしそうならば、それは発信者の責任なのだろうか？

三つめはポスト・トゥルースの時代。情報がより早く、伝わる内容がより多くなっている現在、エモーショナルな観点からの情報が広まりやすくなっている。このような状況下で、真実は本当に重要ではなくなってしまったのだろうか？　観点がこれほどまでに多様化したこの時代に、この社会の視聴者や読者が質の高い情報を必要としているのかどうか？　質の高い情報の基準とは何か？　倫理規準からコロナ下の情報報道を評価する場合に、どのような問題が存在するのか？　などの点である。

二、メディアの倫理規範についての再考

二〇一七年と二〇一八年、筆者は相次いで『世界主要国家のメディア倫理規範（二カ国語版）』（華中科技大学出版社）と『世界のメディア倫理規範翻訳批評』（社会科学文献出版社）を出版した。この二冊では世界の八十近い国家の一三九編のメディア倫理規範を紹介している。これらの倫理規範を翻訳、整理する中で、ジャーナリストが高い水準の倫理要求を提示して規範的な情報発信を行い、公衆のために良好な情報環境を作り上げようとする努力を見て取ることができた。

ジャーナリストはどのような倫理規準を遵守しているのか？　共著論文「世界のメディア倫理規範の共通規準と地域性規準」の中で、筆者たちは一〇〇編あまりの倫理規範について分析を行い、ジャーナリストが共通して認可する主な倫理規準には、**表1**の十種があることを見いだした。

この分析では、ジャーナリストが共通して認可し履行を実践している職業理念には主に真実性、正確さ、全面性、均衡、客観性があり、道徳規準としては主に他人の権益の保護、差別の否定と他人の尊重、情報の真実性の照合、全面的事実の提示、報道の正確さと速やかな訂正、事実と観点の分離、広告と報道の区別、情報源の保護、報道被害の防止などがある。ここで筆者はあることに思い至った。ソーシャルメディアがこれほど盛んな現在、各種情報の発信者はこういった規準を守っているのだろうか？　あるいは、これらの規準はもはやソーシャルメディア時代の情報発信者には適用されることはないのだろうか？　これは考慮に値するテーマである。このテーマのもと、メディア倫理に関する問題を研究することには大きな価値がある。筆者はこのテーマを二点に分けた。

一つは、ジャーナリスト、または既存メディアに従事している関係者が、いかにメディア倫理規範を認知・実践しているか、様々な国のメディア従事者の倫理規範はどのような特徴があるか、またある国家のメディアの構造、政治制度、文化や伝統がその国のメディア従事者の倫理規範の構築にどのような影響を与えているかについて分析するというものである。筆者はこの問いについての答えは、それぞれの国の実際の状況と密接な関係があると考えている。フィールドワークやインタビュー、観察などの方法を用いて、ニュートラルな視点から職業メディアの従事者が認知・実践している倫理規範はどのようなものであるか、またそれがいかにして形成されたかを分析することができる。

もう一つは、ソーシャルメディアが既存メディアの倫理規範に与えた衝撃を考察することができるだろう。ソーシャルメディア運営者の倫理意識はどのようなものでいかに形成されるのか、また既存メディアの従事者とソーシャルメディア運営者の倫理実践にはどのような違いがあるのか。研究者がこれらの問題に答えることは、今日の情報環境を顧み、我々がどう努力すれば更に良好で理性的、かつ善良な社会を作ることができるかを考えることになるだろう。

三、新型コロナ時代の情報倫理の問題点

新型コロナウイルス感染症の流行期間の情報倫理における問題点はどの国にも存在し、その一部は各国間で共通性があり、一部はその国の具体的な国情、メディアの制度や社会風潮と関係がある。中国のコロナ報道で起きた現象の観察に基づき、以下に中国の国情と関連する情報倫理の問題点についてまとめてみる。

(1) 情報の透明性と権益の侵害

中国の新型コロナウイルス予防治療は全人民を動員して行われる。全国及び地方の防疫指揮部を設け、「志を同じくし、同じ船に乗り助け合い、共に難関を乗り切ろう」などのスローガンのもと、全国の人民に行動を呼びかけ「新型コロナ」との闘いで勝利を勝ち取ろうというものである。同時に政治上・組織上の措置をとり、各地・各部門・各単位に対し「新型コロナ」との闘いを最重要事と位置づけ、重大政治任務として完遂するよう強調する。たとえば中国の全ての居民区には公務員の連絡責任者がいて、迅速に各家庭の健康情報を掌握する。

新型コロナの流行期間、国家と各地の衛生健康委員会は毎日ネット上で感染者数・疑似感染者数・治癒人数などのデータを更新した。鉄道・航空などの交通部門はチケットの実名販売制などのビッグデータの強みを生かし、迅速に地方の感染予防機関に感染者の濃厚接触者情報・行き先と分布状況を提供した。地方政府もビッグデータプラットフォームを通して管轄内の人員の移動情報と健康状態をまとめ、流行状況の監視を行った。二〇二〇年六月、筆者は米国から中国に帰国したが、上海に着くとすぐに居住する都市の疾病予防センターから電話があり、いま飛行機から降りたところか、上海に着いたばかりかと聞いてきた。事前にこの疾病予防センターに行程を知らせていたわけではないのに、これらの部門はかくも正確に筆者の情報を把握していたのである。

このような全人民総動員の予防モデルにおいて、地方の全行政機関が予防のプロセスに参画したが、その中でも重要な任務は社会に向けて感染者の情報を知らせることであった。各種メディアを通じて感染者の年齢・性別・居住地・行動ルートなどの個人情報を公開したのである。このプロセスには、個人の権益を侵害する二つの問題が存在した。

①個人情報公開と個人のプライバシーの侵害

通常の状況では、当事者の同意が得られない限りメディアが個人生活などに関わる情報を公開することはできない。公共の利益に関わることであれば、検討の上公表することができる。コロナ発生時には、患者の行動履歴を明らかにする必要があるが、その場合も個人のプライバシーを尊重しなければならない。

たとえば、ネットメディアの「北京頭条」が報じたニュース「北京のデパートで号泣した女性は無症状感染者、隔離期間に何度も警報器を壊して外出」では、北京市疾病予防コントロールセンターの龐星火副主任が前日の無症状感染者の状況を明かしている。「女性、二十四歳、住所は海淀区田村路街道、六月五日に重慶から帰京。十四日に新発地市場に短時間滞在、十五日ＰＣＲ検査陰性、十六日未明に切迫流産のため豊台の幼保健院に転送、同日受診後、車で居住地に戻り隔離」。

このニュースの中で、女性が流産で病院に送られたという詳細は公開する必要があったかどうか？　答えは否であろう。彼女がどこの病院に行ったのかは報道される正当性があるが、流産の事実とウイルス予防治療との関連性は非常に小さい。

このほか、コロナ流行期間は人々が感染者を差別し、感染者の身分や居住地域に一種の敵意を持つということが起こりやすい。そのため感染例を報道する場合は、民族・戸籍・国籍などは公開すべきではない。これらの属性とコロナ感染リスクとの関連はごく限られており、実際の感染防止にはほとんど役に立たないばかりか、容易に人々の特定グループに対する差別を誘発する。たとえば、メディアが日常的に国外からの帰国者の中に何人の感染が確認されたと報じれば、人々は帰国者たちを差別し、「祖国建設の時には不在で、はるばる毒を投じに来るのは早い」[1]と非難するだろう。これは非常に差別的な響きを持つ言葉である。さらに先日、メディアは北京で感染が確認された三名の本籍が全て河南省だったと報道した。本籍地と感染との関連性は非常に小さいが、感染者の本籍について報道すれば容易にその地域への差別を誘発する。

②帰省した人々の個人情報の流出

二〇二〇年一月二十六日夜の周先旺武漢市長の会見によると、この時までに約五〇〇万人が武漢を離れた。彼らの大多数は「年越し帰省」で地元に帰った人たちだ。その後すぐに、帰省した人々を対象にした情報登録・活動コントロール施策が全国各地で展開された。それと同時に、帰省した人々の名簿がソーシャルメディアの友人・同僚グループに次々と拡散し、大量の機密情報が流出する事件が頻発した。

報道によると、武漢からのある帰省者は自分の個人情報がネット上に流出していることに気づいた。氏名・身分証番号・本籍の住所・自宅住所・携帯番号・車のナンバーなどの情報は全て正確で、乗った列車やフライトの情報までもが含まれていた。武漢から帰省したある大学生はＳＮＳのウェイボーに「私たちが何か間違いを犯したのか？」と疑問を投稿した。

私は武漢の大学に通う大学一年生だ。今夜一枚の帰省者の名簿が公開された。名前が公開されるのは我慢できる。でもなぜ個人情報（身分証番号、家の住所、電話番号）まで公開されなければならないのか？　十分に気を配り、外にも出ないようにしているのに。こんなに多くの人の情報が様々なグループ内で拡散されることが本当に理解できない。私たちの個人情報に対する基本的な保障はすべて失われてしまったのか？

この現象は多くの既存メディアに注目され、『新京報』はこう評した。

個人のプライベート情報をみだりに流出・拡散させることは、わが国の関連法規に違反することである。……非常時であるからこそ、知る権利にせよプライバシーの権利にせよ、法律や法規を遵守し、個人の権利に敬意を払わなければならない。

メディアがこの種の事件に注目するにつれて、コロナ流行の後半期にはプライベート情報の流出は減少した。

(2) プラス宣伝ニュース[2]と報道の過ち

プラス宣伝の報道方針は以下である。

鮮明に真理、現実生活の中の進歩的、明るい面、積極的、先進性のある出来事を宣伝することである。同時に反動的、暗い面、消極的、後進的一面を暴露、批判すべきである。(新聞報道が)必ず正確に、一貫して人民群衆に党の基本路線、中国の特色のある社会主義建設理論、党と政府の方針、政策と法規を宣伝しなければならない。

既存メディアは重大な災害が発生するたびに感動的な出来事を報道し、多くの人々が災害救援のために努力しており、我々は団結した民族であると民衆に対して訴えかける。だがこの種の報道では絶えず倫理問題が発生し、議論を引き起こしている。

①プラス宣伝ニュースの中の過ち

メディアがスクープを競い合うのは通常の姿だが、ただ「速さ」だけを追い求めると時に誤りを招く。例えば医療関係者がコロナの防疫の第一線に赴くことを宣伝した次の例では、事実錯誤が発生した。

二〇二〇年二月十六日、「華商漢中」のヘッドラインニュース「子供が生まれて二十日もたたぬうちに、自ら志願し防疫の第一線に」にはこのようにある。

王慧は出産して二十日にもならない双子の息子を寝かしつけた後、夫の雍波が運転する車で洋県から西京医院に戻った。……雍波が家に戻ると、起きたばかりの二人の子供があどけない口ぶりで「どうしてママは行っちゃったの？」と尋ねた。

生まれて二十日も経っていない嬰児が話せる訳がなく、これは明らかにフェイクニュースである。この後編集者は、この記事は実際に取材をしたわけではなく、以前の二つのニュースを組み合わせて作ったもので、詳細に注意していなかったと弁明した。いい話を宣伝しようとしてこの種のフェイクニュースを流すことは、人々のメディアに対する信頼を失墜させる。

②プラス宣伝ニュースの個人に対する思いやりや配慮の欠如

中国のメディアでは、積極的に向上しようとする、健康的で楽観的な、人を奮い立たせ、人に力を与える、希望に満ちた人や出来事が好まれ、それらに「プラス宣伝ニュース」のタグを付ける。

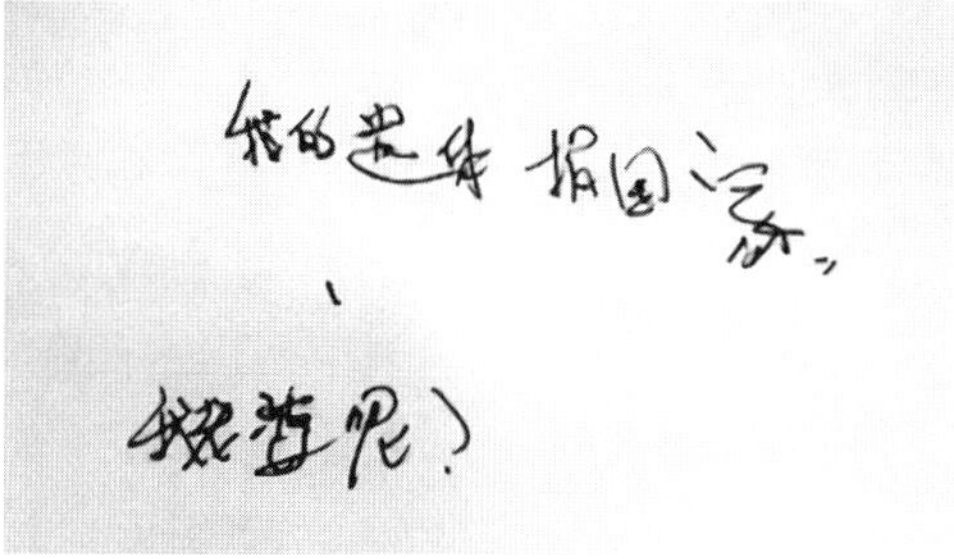

図1　肖賢友の遺書
出典：https://www.sohu.com/a/374186579_419342（2020年8月18日最終閲覧）

このような報道があった。「武漢の趙瑜という看護師は妊娠九カ月、本来なら家で静かに出産を待つ時期だが、厚い防護服とゴーグルを身につけコロナ戦役の第一戦に赴く」「湖北救援の女性看護師、植物状態の夫を置き毅然として第一戦に向かう」「武漢の九〇後女[3]性看護師、流産十日後に第一戦に復帰、体は衰弱し足取りはふらふら」……このようなニュースを「心温まるニュース」という人もいる。コロナの流行が危機的な時期に、自らを省みず第一戦に赴く人々は、皆に希望を持たせ心を温めるからという理由である。

メディアはこのような報道の際には「感動」「女性も男性に劣らない」など賞賛の言葉を多用する。ただしこの種の犠牲を強調し、個人の生命の尊重を軽視する「不自然な温かさ」は、現実には異常に感じられる。もしも犠牲を賞賛し、生命の尊重を軽視するのであれば、人々には反感を持たれるだろう。プラス宣伝ニュースを報じることはメディアの責任ではあるが、報道は個人に対する思いやりや配慮を欠かすべきではない。

③コロナ報道における個人の犠牲の一面的強調

このたぐいの報道の中で、広く論争を巻き起こしたニュースがある。「命の瀬戸際で震えながら書き残した「私の遺体は国に寄付する」」、歪んだ文字の遺書が人々の涙を誘ったというタイトルで、新型コロナ肺炎の重症患者・肖賢友が臨終に際し、力をふりしぼって「私の遺体は国に寄付する」と歪んだ文字を書き残したことを報じたものだ（**図1**）。このニュースでは、遺言の中にあった「妻は？」という文字を見出しと本文では省き、ただ亡くなった人が遺体を寄付すると

図2　ソーシャルメディア上の「華僑は辛いよ」シリーズ
出典：https://new.qq.com/omn/20200318/20200318A0J6ID00.html（2020年8月18日最終閲覧）

いう崇高な行為のみを強調している。報道が対象を一人の英雄に仕立て上げる時、普通の人間としての真実の感情は捨て去られるのだ。こういった個人の犠牲を一面的に強調し、人間性や人情に欠ける報道が本当に私たちを感動させるだろうか？

（3）民族感情とフェイクニュース

ソーシャルメディアの出現は、人々に自分の意見を発信するための手段を与えたが、同時に大量の無責任なフェイクニュースを広く拡散することにもなった。それが民族感情、あるいはチェックが困難な国外の情報に関わるものだとさらに状況は深刻になる。主として現れるのは以下の二つの様式である。

①虚構のストーリーがニュースとしてソーシャルメディア上で拡散

新型コロナウイルスは世界中に蔓延しており、国外の流行状況の情報がソーシャルメディア上で多く見られるが、中には虚構のストーリーがニュースとして拡散されている例がある。普通は人々は比較的容易にフェイクニュースを見分けるが、ソーシャルメディア上の個人の発言として述べられた内容は真偽を見分けるのが難しい。この種の発言は往々にして、中国のコロナ対策がいかに優れているか、他国の対策がいかにひどいものかということを強調している。たとえばソーシャルメディア上に現れた「華僑は辛いよ」シリーズ（**図2**）は、華人の口ぶりで「国外のコロナ流行下の困窮」について述べたもので、そのタイトルの多くは「コロナ流行下の○○国、店は休業、華僑は辛いよ！」というものである。このような報道は実際には中国人に見せるためのものであり、私たちに「我々の民族はすばらしい」という気持ちを抱かせるのが目的である。

二〇二〇年四月には、ソーシャルメディア上に「中国への回帰を望む」シリーズが現れた。これは多くのウィーチャット公式アカウントが「ベトナムはなぜ中国への回帰を望むのか？」「インドのマニプール地方はなぜ中国への回帰を望むのか？」など似たようなタイトルの文章を多数発信したものである。これらの文章は非常に多く閲覧されたが、無視できない問題は、これらの文章に述べられている現象が全てフェイクだったということである。四月十八日までに、ウィーチャットプラットフォームは「中国への回帰を望む」シリーズの規約違反の文章二二七編を削除し、一五三の公式アカウントを停止する措置を行った。

②フェイク情報がソーシャルメディアで拡散

ソーシャルメディア上ではコアの情報がフェイクである文章が大量に、広く拡散されている。それらの特徴は、ある部分は真実だがある部分はフェイクだということで、人々がフェイク情報の部分を見分けることは非常に難しい。

たとえば、筆者は「トランプ曰く：中米間の直行便を回復してはならない。四十万人の留学生は帰国させない」という文章を読んだことがある。文中の時間や人物などの要素はほぼ真実だったので、多くの人がこれを本当のニュースだと思いこんだ。筆者はこの頃国外にいて、基本的に毎日トランプ大統領の発言に注目しており、この文章を見て検証してみた。しかしトランプが四十万人の留学生を政治的手段に使う、あるいはそれに類似する話をしたことはなかったのである。中米間の航空便が激減し、留学生は帰国が難しくなったという意味でこの文章の一部は事実であるが、コアの問題「中国人の帰国難」についての解釈は成立しない。

（4）愛国心と過激な観点

中国のソーシャルメディア上には、愛国主義の心情を売り物に大量のアクセス数を稼ぐ現象が見られ、これによって「すばらしいわが国」の類いの文章が次から次へと生み出される。これらの文章は常に非理性的な言葉を用い、様々な語気で人々の情感を刺激する。たとえば「占豪」という公式アカウントがここ数カ月で発信した文には、米国について「崩壊」が五回、「おかしくなった」が七回、「ついに認めた」が三回、「哀れな」が一回、「うろたえた」が二回、「恐れた」が三回出てくる。……「二〇二〇年、米国は中国語個人メディアにおいて滅亡する」という文章では、この種の現象についてまとめている。すなわち：多くのソーシャルメディア上の文章が米国について論じる時、あることがらについて米国は「座っていられないほど」に「うろたえ」「混乱して」「陥落し」、ついには「各州が独立し」「解体してしまう」というのである。

筆者は、こうした愛国主義の心情を売り物にしてアクセス数を稼ぐような文章を読む人はいないと思っていたのだが、実際にはこの種の多くの文章の閲覧数が十万を超えている。普段から真面目なジャーナリストを見ている人なら、非理性的な言葉に満ち、過激な観点から書かれた文章の内容はフェイク、あるいは誇張されたものだと分かるものだ。しかしこれらの情報は依然として市場に拡散され、多くの人々がこれを信じているのである。

四、コロナの情報倫理の構造的原因

情報倫理の問題の発生はどれも情報発信者と密接な関連があり、情報発信者個人の素養が低く、情報チェック者の倫理意識が高くないことに帰因するということもできる。だがこの一面的な原因だけでは、なぜこの類いの報道倫理の問題が時期を違えて頻繁に出現するのかを説明するのには不十分だ。ある種の報道倫理の問題が頻繁に出現する時には、我々は報道の制度・構造あるいは文化的思想など、より広い角度から原因を探る必要がある。中国のメディア体制や政府の宣伝政策、現在の社会思想に触れずに情報発信者の倫理や素養の問題を論ずるのは本末転倒である。

(1) ニュース宣伝政策：プラス宣伝の報道方針

宣伝という言葉は、それぞれの社会によって違う意味を持つ。西洋では、宣伝とは表現を操作することによって、人々の行動に影響を及ぼすスキルのことを言う（ラスウェル）。宣伝という言葉は常に党派や集団の利益、あるいは偏見と関連付けられ、そのマイナスのニュアンスは一般の人々のステレオタイプイメージとなっている。

中国においては、メディアは「党の喉と舌」として自身の「宣伝」の役割を強調し、宣伝とニュース報道は密接に結びついている。これが中国のメディアの特徴である。メディアは、いかに政府の各種方針や政策を宣伝するか、情報によって人民を説得し影響を与えることができるかを重点的に考慮する。

中国のメディアは往々にしてプラス宣伝を行うことに重点を置く。プラス宣伝を行う時には常に個人がいかに自身を犠牲にしたか、いかに集団の利益を重視し個人の利益を放棄したかを強調するが、この種の報道は多くの倫理論争を巻き起こしている。カントはこう指摘する。

人は目的そのものである。いかなる時もいかなる者も（たとえ神であっても）人をただ道具として利用してはならない。

もし報道が個人を集団の道具と見なし、報道された個人の「権利」と「尊厳」を軽視し、さらには個人の利益を損ないまたは放棄する行為を一種の美徳と見なして推奨するならば、こうした報道は民衆の心からの賛同を得られない。

メディアがプラス宣伝を行うときに注意すべき点は以下の通りである。その一、それが必ず真実であること。プラス宣伝のためにねつ造をしないこと。いったんフェイクニュースが出回ると、視聴者や読者はニュースの内容に影響されたり、説得されたりしなくなる。その二、当事者を尊重し、宣伝のために二次被害を出さないようにすること。当事者に対し尊重と共感の念を持つこと。その三、常識と人間性を尊重すること。報道者は社会における倫理の最低ラインがどこにあるかを理解し、宣伝のためにそのラインを突破したり、あるいは人間性に背く報道を行ってはならない。

(2) 民族主義と愛国主義思想の中の情報発信

祖国を愛すること、民族を愛することは誰もが逃れることができない事実である。ヘルダーはこう指摘する。

各人がその祖国や行動様式、言語、妻や子を愛するのは、それらが世界で最良のものだからではない。それらが彼のものであり、自身を愛することでもあり、そのためなら喜んで何かを差し出すことができるものだからだ。

この事実は私たちのアイデンティティを構築し、それと同時に私たちに心理上の満足を与える。例えば私たちの多くが自身をある国家、あるいは民族の一員であることを誇りに思うのは、非常に素朴な感情である。現実には多くのメディアがこの素朴な愛に迎合し、ニュースの真実性やバランスの取れた観点、全面的な事実などの倫理要素をないがしろにしている。

愛とは思いやり・忠誠・貢献など賞賛に値する多くの本質を含む一種の情感であり、これは道徳の要求とも一致するものである。しかしどんな親密な関係であっても、我々は理性的な判断と再考を行わなければならない。愛はある程度を超えると時に行き過ぎたものになり、道徳上弁護はできなくなる。従って私たちは愛国も理性的な愛であることを望む。それは国家間の平等と相互尊重、相互互恵を掲げ、普遍的な道徳原則との相互受容が完全に可能なものであるべきだ。私たちは報道倫理規範にある「客観・真実・均衡・全面」をもって、愛国の情や民族の情によって刺激された「自国中心論」の発信の衝動を抑制しなければならない。

(3) 法律規範下の情報チェック

ソーシャルメディア上で見ることのできる内容は特定の法律法規や宣伝政策に則ったもので、発信の過程で一定のチェックを受ける。チェックは主に「九つの禁止事項」、すなわち『インターネット情報サービス管理弁法』第十五条の規定に基づいており、インターネット情報サービス提供者は、次の内容を含む情報を制作、複製、公開、拡散してはならない。：憲法に定める基本原則を否定するもの。国の安全を脅かしたり、国家機密を洩漏したり、国家政権を転覆したり、国家統一を破壊したりするもの。国の名誉及び利益を損なうもの。民族間の怨恨や民族差別を煽動し、民族の団結を破壊するもの。国の宗教政策に違反し、邪教及び封建的迷信を鼓吹するもの。根拠のないうわさを広め、社会秩序を乱し、社会の安定を破壊するもの。猥褻な内容、色情的な内容、賭博、暴力、殺人、テロ又は犯罪教唆を広めるもの。他人を侮辱又は誹謗したり、他人の適法な権益を侵害したりするもの。法律、行政法規が禁止するその他の内容を含むもの。しかし、これらの基準は実際かなり曖昧である。

私たちが今ソーシャルメディア上で目にする情報は、どのようなチェックを通って私たちの所まで送られて来たのだろう？　そのチェックにはどこの組織あるいは個人が参画しているのか？　彼らが果たす役割とは？　どのような情報チェックのプロセスが、今日私たちが見ている情報を作り上げているのか？　この方面の研究はまだ少ない。

二〇一九年に『南方週末』に掲載された「済南：新しいメディアコンテンツチェックの都が勃興」で、筆者の疑問はある程度解明された。この記事では、ソーシャルメディアのコンテンツチェックスタッフのグループが紹介されている。彼らは何千何万人という若者たちで、主な特徴は、若く、体力があり、徹夜にも耐えるということである。この職種は応募に際して仕事経験は要求されず、学歴の条件は短大卒。これまで仕事をした経験がなくても、簡単な研修を受ければ勤務できる。

チェック基準が曖昧なため、スタッフは時に政策の基準ラインを把握することができない。スタッフはリスクを避けるため、国や民族を愛し、中国を肯定し賛美する情報はそのまま発信するが、論理的要素に基づき考慮すべきものは少なくなる。あるいは彼らの論理素養の程度によっては、このような要素に思い至ること自体が難しいのかもしれない。

五、コロナ情報報道の肯定すべき部分

これまでは情報倫理の問題点について述べたが、全面性を期すために、ここで中国のコロナの情報倫理において肯定に値する部分を紹介する。主に以下の点である。

(1)ソーシャルメディア上の民衆の監督が情報の倫理を重視させた

プラス宣伝報道の人間性欠如、ソーシャルメディア上での敵視発言拡散などの問題の中で、肯定すべきなのは一部の民衆や研究者がその問題を意識し、いくつかのルートを使ってこれらの問題を指摘したことである。既存メディアとソーシャルメディアが共生する時代に民衆が監督力を発揮し、情報発信の中で発生した問題を指摘し、関連部門の改善を促したことは、今回のコロナ情報報道の中の大きな進歩である。

(2)政府と民衆の力を肯定する一部報道にも価値がある

メディアは我々のために疑似環境を作り出す。もしメディアがひたすら「暗黒面・マイナス面・暴力・衝突など」を報道すれば、民衆の心にはゆがんだ「邪悪な世界」が作られる。長期間にわたってこれらの情報に接していると人々の心は傷つき、生活に対する自信が失われてしまうだろう。メディアの報道がマイナス情報ばかりの時、我々は政府や国家、他人から力を得る必要がある。国家の効率的な動員、政府の迅速な行動、他人の無我の貢献に慰めや自信を見いだすのだ。そのため、コロナの「プラス宣伝報道」にはある程度民衆の情緒を慰撫し、楽観的な精神を支える作用がある。

(3)ポストコロナにおけるメディアの全面的で迅速な報道

コロナ流行の後期、メディアは比較的全面的で迅速な報道を行った。たとえば多くの都市で開かれた記者会見を、メディアは継続的に報道した。『羊城晩報』と『北京日報』は、広州と北京で開かれた「二〇〇回の記者会見」を振り返っている。このほかネットメディアの「財新」、週刊誌の『三聯』・『財経』、新聞の『新京報』・『中国青年報』などの大型メディアも迅速で全面的なコロナ情報を伝えた。「澎湃ニュース」は「コロナの防疫」と題したコラムを設け、感染防止物資の保障・防疫日記・国内外の流行のリアルタイム状況・流行下での教育問題・職場への復帰などについて重点的に報じた。

(4)プロの報道人による監督と問責

コロナ流行の初期、武漢が封鎖される前はメディアはまだ警報を発していなかった。封鎖後、報道人は武漢で取材し、原稿を書いて報じた。これらの質の高いプロの報道は主に二点に集中した。第一に、凄惨な災難の現実を明るみに出すこと。第二に、災難の発生原因を追及することである。

多くの報道が深く印象に残っている。たとえば『三聯生活週刊』は武漢肺炎シリーズ報道特集を開設し、「武漢新型コロナ肺炎：なぜ今まで注意を向けられなかったのか？」「武漢肺炎第一線医師のインタビュー：パンデミックが到来する」「武漢肺炎の重症患者：ベッドを得るのも困難」「「灯台もと暗し」：武漢周辺のコロナ危機」など、当時非常に影響力が大きかった一連の記事を発表した。特に「武漢肺炎の重症患者：ベッドを得るのも困難」の報道を筆者は非常に深刻に受け止めた。この記事は医療資源を巡る混乱と不足、コロナ下の人々が医療を受けたくても受けられない苦しみについて報じており、読み終えた後はとても辛い気持ちになった。

『財経』の「統計外の人々：彼らは「普通肺炎」で亡くなったのか？」は流行が爆発する前、病院のベッド数の不足や診断基準の不統一により、大量の「疑似コロナ患者」が受診難、入院難に陥った問題を主に扱った記事である。「この二カ月、華南海鮮市場付近の福利院で連続死亡」では、華南海鮮市場から数一〇〇メートルしか離れていない武漢市社会福利院で、二〇一九年十二月からの二カ月で少なくとも十九人が死亡したが、福利院内の各機構からは否定されたと報じている。

このほかにも「財新」は「新型コロナウイルスのDNAシーケンシング：警報はいつ鳴らされたのか」「四大ICUの主任がウイルスを詳細解説、最前線からの予防と治療策」などを発表している。『北京青年報』は「訓戒処分を受けた武漢の医師：十一日後に患者から感染し隔離病棟に入院、この間グループ内の発信は切り取られ曲解された」などを発表した。

(5) ソーシャルメディアの速やかなデマへの対応

新しいメディアの時代、技術はデマに「翼」を与えた。流行初期には新型コロナウイルスに対する理解も限られたものだったため、周囲で次々と感染が発生するとパニックに陥ることは避けられず、容易に不正確な情報を信じてしまう。そのためデマを打ち消すことが重要だった。今回のコロナ流行期間、多くのプラットフォームが「丁香先生」「科学普及中国」などのデマ対策を次々と打ち出し、民衆がデマを識別するのを助け、合理的な情報の選択を行うことができるよう導いた。「科学普及中国」は流行期間中にデマ撲滅コラム「コロナデマシュレッダー」でデマを打ち消し続け、撲滅したデマ情報は四〇〇あまりに上った。

(6) 既存メディアの通俗化と科学普及知識の発信

米国から帰国後、筆者は中国の民衆の新型コロナウイルス感染症に関する知識の理解度が相当に深く全面的であると感じた。ウイルスの危険性に対する認識はかなり正確で、高齢者の多くも予防措置についての知識を非常に良く理解していた。これもメディアの科学普及知識の効果的な発信によるものであろう。

たとえば、「人民網」はコラム「科学普及中国」の中で、新型コロナウイルスと「知恵で戦う」という特集を組んだ。「光明網」は動画によって新型コロナウイルスに関する知識を生き生きと伝えた。「中央電視台」のサイトは抗コロナ科学普及授業を開催し、ソーシャルメディアの「クリップ」は科学普及動画「新型コロナウイルスの全て」を発信した。

おわりに

最後に、各国における現象はその国の政治制度、法律制度、文化環境などと密接な関連があるということを指摘しておきたい。共通性のある倫理問題のほかに、各国の情報発信にはそれぞれ特有の問題が存在する。そのため我々がある国の情報報道倫理の問題を分析、理解しようとする際は、その国の制度や環境、社会の雰囲気に基づいて行わなければならない。

どの国のどのメディアにも、それぞれ制度上の優勢と劣勢がある。研究者であれ普通の学生であれ、自分の国に存在する問題を正視して改めるべき部分を見いだし、積極的に他国の長所を取り入れ、自国をさらに生活するにふさわしい、自由な国家にするべく努力していくことが必要である。

注

（1）「祖国建設の時には不在で、はるばる毒を投じに来るのは早い」（原文：「建設祖国你不在，万里投毒你最快」）二〇二〇年三月、ラサ市テレビ局の出演者の言葉をきっかけに、中国のソーシャルメディア上で広まった流行語。欧米から帰国した中国人を揶揄する内容で、賛否両論を巻き起こした。

（2）一九八九年十一月に開かれた新聞工作討論会で党中央宣伝部イデオロギー主管・李瑞環が「プラス宣伝を主とする方針を堅持しなければならない」と題した講話を発表した。

（3）九〇後（原文：九〇后）一九九〇年代生まれの世代を指す。

香港における新型コロナについての一考察
――市民社会の力

伍　嘉誠

ご・かせい――北海道大学大学院文学研究院准教授。専門は文化・宗教社会学、社会運動論。主な論文に「香港におけるキリスト教と社会福祉――その過去、現在、未来」（櫻井義秀編著『現代中国の宗教変動とアジアのキリスト教』北海道大学出版社、二〇一七年）、Ng, Ka Shing. 'Rethinking the Political Participation of Hong Kong Christians', Social Transformations in Chinese Societies. Vol. 13 Issue: 1, 2017、「返還後の香港における「本土運動」とキリスト教」（『日中社会学研究』第二六号、二〇一八年）などがある。

香港は新型コロナウイルスの感染拡大防止に比較的成功した一例であると言われている。一見、政府の対応は評価できる部分があるものの、市民社会の力を抜きにしては感染拡大の抑え込みができない。特にマスク不足問題の解決に対して消極的な香港政府に代わって、民間の有志が積極的に動き出していることは、香港の市民社会の力を強く示している。

はじめに

本稿は、香港における新型コロナウイルス感染症をめぐる状況について考察したものである。まず、香港でのコロナウイルスの感染状況に関する基本的なデータについて簡単に説明する。次に、なぜ香港は比較的にコロナの感染拡大を抑え込むことができたのかについて、「市民社会の力」という視点から考察する。なお、本稿は主に二〇二〇年一月から六月までの情報や資料に基づいた考察であり、出版時における香港の最新状況を反映できない部分があることを、あらかじめご了承いただきたい。

一、香港の感染状況

欧米諸国に比べて、香港、シンガポール、日本、台湾は感染拡大が比較的低い水準で推移している。[1] 時系列的に見ると、香港は一月二十三日に最初の感染者が確認されて以降、感染者数はほとんど毎日十人以下のペースを維持していた。三月上旬に入ると、欧米にいた留学生やビジネスパーソンが続々と香港に戻ってきたことに伴い、海外から持ち込まれるケースが急増した。香港衛生署のデータによると、四月上旬以降、感染者数は再び低水準へと戻り、四月二十六日までの時点で一〇三八人の感染者が確認された。(2) 七月に入ると、香港はコロナの第三波を迎え、一日で最大の一一八人の新規感染者が確認された(七月二十四日の時点まで)。他の国や地域でみられるような大爆発にならないよう、香港政府と市民はさまざまな対策を講じている。

そこで最も関心が向けられるのは、(少なくとも一月から六月まで)なぜ香港は比較的感染を抑え込むことができているのだろうか、という問いである。本稿は、①早い段階からの休校とマスク着用の呼び掛け、②海外から来た人に対する隔離措置、③ボーダーの一部閉鎖、④ソーシャル・ディスタンスを巡る措置の四つの理由を取り上げて説明する。

(1) 早い段階からの休校とマスク着用の呼び掛け

第一に、香港社会は早い段階から休校を実施し、マスク着用を呼び掛けていたことが大きい。一月二十三日に最初の感染者が確認され、二日後の二十五日に政府が「緊急事態」を発出した。それと同時に、春節に入って休みとなっていた幼稚園、小中高校の再開を二月十七日まで延期することを決定した。その後、政府は学校の休校期間をさらに延長した。このようにして、学校でのクラスター発生が防止できたと考えられる。五月五日に政府は、感染状況が落ち着いたことを受け、五月二十七日以降に学校を段階的に再開すると発表した。

マスク着用に関しては、政府は当初、あまり市民に着用を勧めていなかった。その理由は、前年十月にデモ参加者のマスク着用を禁止する「覆面禁止法」を発表したからである。政府が優柔不断である一方、幸いにして医師や大学の研究者が専門家としての役割を果たし、政治的考慮ではなく感染拡大防止の視点から、マスク着用を市民に強く呼びかけた。その後、政府も専門家の意見を受けて、マスクの着用を日常化するよう呼びかけた。

(2) 海外から来た人に対する隔離措置

二月五日に、香港政府は中国本土から来た人に対して、国籍を問わず強制的に「十四日間」の在宅隔離を行うと発表した。また、三月十七日には中国本土、マカオ、台湾を除いたすべての国と地域への最上級の渡航自粛勧告を発表し、不要不急の渡航をやめるよう呼びかけた。三月十九日には、マカオと台湾以外の地域に入国した人に対して、十四日間強制的に自宅隔離を実施する措置を開始した。また、日本のマスメディアでも報道されたように、隔離者が指定の場所にいるかどうかを確認するため、リストバンドデバイスの着用を義務づけた。その際、指定の場所から離れた場合は厳しい罰則を科されることとなる。このように、海外から持ち込まれるケースを抑え込もうとした。

（3）ボーダーの一部閉鎖

一月二十三日に、香港政府は武漢からの航空便を運休とし、二十八日には中国本土との人的移動を制限すると発表した。具体的には、高速鉄道の停止、バス・飛行機の減便や観光ビザの発行中止を行った。三月二十五日以降、香港籍でない人の空路での入国は禁止されており、香港国際空港におけるすべての乗り換えも停止されている。

（4）社会的距離を巡る措置

最後に、ソーシャル・ディスタンスを巡る措置に関して、政府は三月二十三日に飲食店でアルコールの提供を禁じる「禁酒令」を発表した。しかし、政府は「酒に酔うと親密な行為が増えて感染のリスクが高まる」という理由でこの法を導入したが、市民から「これが余計なお世話だ」「他にやるべきことがあるのではないか」などの批判を浴びたため、二十七日に撤回した。代わりに公共の場で五人以上の集まりを禁止する「減少聚集新規定」（通称「限聚令」、以下「集まり禁止法」と呼ぶ）が発表された。それに伴い、レストランは座席を半数に削減し、テーブルとテーブルの間に一・五メートル以上の距離を置くことが義務づけられた。人が集まりやすい施設は閉鎖し、市民に外出を控えるよう求めた。感染者数が低水準で維持されていたため、「集まり禁止法」の人数制限は五月八日から八人、六月十九日から五十人へと緩和した。しかし、七月に入ると第三波が襲来し、感染者数が一〇〇人超える日が続いたため、七月十五日から政府は再び五人以上の集まりを禁止し、そしてレストランの夜六以降の営業を禁止（テイクアウトは可）するなど、厳しい制限をかけた。

二、香港の社会・政治的文脈から考える「成功」の理由

以上の四つの対策は感染拡大に比較的に効果をもたらした。香港政府の迅速な危機対応が感染拡大防止の「成功」につながったという肯定的な評価もあるが[3]、それだけでは全体像の一部しか説明できない。特にマスクをめぐる政策は、香港政府の対応が矛盾していたことで、動きが遅れたことも否定できない。香港のコロナ対策をより総合的に見るためには、香港の社会・政治的文脈の中でより深い原因を探ることも重要である。筆者は少なくとも三つの角度から分析できると考えている。

まず、ＳＡＲＳの教訓という点が大きい。二〇〇三年にＳＡＲＳが爆発した時、最も影響を受けたのは中国本土で、その次が中国に隣接する香港であった。この時の悲惨な経験から学ぶことで、香港市民の衛生・防疫意識が高まったのだろう。人々はＳＡＲＳから、リスクが国境線を越えるということも学んだ。ＳＡＲＳは広州から来た人によって香港に持ち込まれ、爆発したからである。世界から越境してくるリスク、特に地理的に近い中国本土からの脅威に対する香港市民の警戒感は強く、市民は何かあればすぐに対応できるよう心がけていたのだと考えられる。

二つ目は政府に対しての不信感である。香港民意研究所（前身は「香港大学民意研究計劃」）は返還から今日までの世論調査で、香港市民の政府に対する信頼感を尋ねている。全体として、政府を信頼しないという人は徐々に増え続けている。香港政府に対して「信頼しない」と回答した人は、一九九七年七月の時点では約一二パーセントだったが、二〇二〇年三月には約六二パーセントまで大きく上昇した。[4] 特に昨年の逃亡犯条例改正問題以降、政府への不信感は急激に高まっている。また、今回のコロナに関して、市民は政府の対策に対して不満を示している。例えば、香港中文大学・アジア太平洋研究所は三月十九日から二十三日にかけて電話調査を行い、五一八名の香港市民に政府のコロナ対策について意見を聞いている。[5] その結果、政府の対策が「足りない」「とても足りない」と思う人は、七〇パーセントを超えていた。また、政府のパフォーマンスに対して、六〇パーセント以上の人が「やや悪い」「とても悪い」と回答した。以上の調査結果は香港市民の政府に対する不信感、そして政府のコロナ対策に対しての不満を顕著に表している。

このような香港政府に対する強い不信感の中で、自分たちの力でコロナに対応するしかないという意識が香港市民の間で高まることとなった。例えば、民間団体・企業が自発的にマスクを調達・開発する動きや、不要不急の外出自粛などの動きが早い段階から見られた。また、企業は感染拡大防止のため二月上旬から自主的にテレワークを実施し始めた。人事マネジメント・コンサルティング会社であるマーサーが行った調査によると、インタビューに回答した三〇〇以上の企業のうち八八パーセントが二月からテレワークを実施していたとされる。[6] また、海外出張の延期、中国本土渡航歴のある社員の自主隔離の要求、消毒液・マスクの配布などの対策を講じる企業が多かった。短期間でテレワークへと移行できた理由の一つとしては、二〇一九年六月以降の反政府デモによる混乱が広がる中、多くの会社がテレワークを含む柔軟なワーキングスタイルを模索し、導入し始めていたことがあげられる。

最後に、市民社会の力である。植民地時代から現在に至るまで、香港の社会福祉・運動においては、市民団体・民間社会が大きな役割を果たしている。香港市民の生活を支えている教育、医療、福祉などのサービスの多くは、民間組織・宗教福祉団体などのNGOによって提供されており、これまでの香港の民主化運動や政策提案などの社会・政治運動の発展においても、民間団体の役割は不可欠であった。今回のコロナに対しても、市民社会は早い段階から力を発揮していた。例えば、初期に政府がボーダー閉鎖を躊躇したときに、医療関係者がストライキを行い、流行阻止のために中国本土との境界閉鎖を要求した事件があったなど、市民社会が政府の遅れた対応に対して強いプレッシャーをかけている。

香港の市民社会の力はマスクを巡る政府の一連の政策と市民の反応にも見て取れる。一月の時点では、専門家が感染拡大防止のためマスクの着用を呼びかけていたにもかかわらず、香港政府のマスクに関する対応はあまりにも消極的だった。先にも述べたように、二〇一九年六月に始まった反政府デモを押さえるため、政府は十月に「覆面禁止法」を緊急に立法し、集会に参加する際のマスクの着用を厳しく取り締まろうとしていたからである。もし政府がマスクの着用を認め、市民に呼びかけたとしたら、わずか三カ月前に発効したばかりの「覆面禁止法」が事実上無効になり、「デモ」を押さえる手段がなくなってしまうことになる。それは事実上、社会から強く反発を受けたこの覆面禁止法を、政府が自らの手で撤回してしまうことを意味しており、政府の威信をさらに低下させてしまう恐れがあった。このように、政府のコロナ対策が「科学的な判断」に基づいたものではなく、あくまでも「政治的な考慮」であり、政府が自分の威信を保つために市民の健康・命を犠牲しているのではないかということが市民社会で強く批判された。こうして、香港市民は「覆面禁止法」対「感染拡大防止」、そして政府による「白色テロの恐怖」（政府や権力者による反対者への迫害）対「コロナ感染爆発の恐怖」という対立の中に置かれてしまったのである。二つの恐怖が広がる中、SARSを経験した香港市民は政府の「覆面禁止法」に妥協することなく、「コロナ」と戦おうとしていた。違法かどうかにかかわらず、マスクの着用は日常の光景のようになり、そしてマスクの調達・生産にも動き出した。

二月に入ると、政府はやっと専門家の意見を受け入れ、マスクの着用を呼びかけはじめた。ただし、政府は立場が変わったとしても、マスクに関しての措置・政策を打ち出しはしなかった。二月八日の記者会見で、行政長官のキャリー・ラムが「マスクの不足に対して政府にはどのような対策があるのか」と聞かれた際、「政府の倉庫には一二〇〇万のマスクが残っており、後一カ月足りるかと思いますが、最前線の衛生部門の職員に優先的に使用させます。また、マスクを輸入できる民間団体・企業は、ニーズのある人たちに寄付し、またマスクの輸入元を政府に教えてほしい」と述べた。(7) この回答は政府の無能さを露呈し、市民の不満を招いた。その後、二月十日の声明で政府は「当初から様々な経路と方法で世界中にマスクを発注し続けており、政府機関から直接マスク生産会社と連絡したり、海外駐在の機関や関係者を通して物資を探したりしている。政府の日常運営を維持するために、なるべく短い期間内で防疫物資を購入しようとしている」と説明した。(8) 一般市民のマスク不足とそれによる値上げの問題を解決する気はないように見受けられた。実際、香港政府は四月下旬に及んでもなお、市民へのマスク配布や市場におけるマスク・消毒用品の供給確保に対して消極的な姿勢を維持し続け、本来政府が負うべき防疫物資の調達という責任をすべて市民社会に任せてきたのであった。カトリック系の社会福祉団体であるカリタスの調査によると、マスク不足は特に低所得世帯において大きな問題となっており、調査対象者の約五〇パーセントは二週間以内に持っているマスクが尽きると回答していた。(9)

政府に頼れない中、どのように安定したマスクの供給を維持できるのかは、香港社会にとって最も緊急な課題であった。一月から二月にかけて、民間においてマスク調達の役割を大きく担ったのは店の経営者や個人小売業者であった。ドラッグストアの経営者は近くにある韓国、日本をはじめとし、ヨーロッパやインドなどの遠いところも含め、世界各地からマスクを大量に輸入し販売しはじめた。それを可能にしたのは、やはり植民地時代から現在まで香港が貿易港・国際的なハブとして、民間レベルにおいて企業や民間団体が世界各地と頻繁な交流を行うことで形成してきた国際的なネットワークであろう。また、渡航がまだ制限されていなかった時期に、近隣の台湾や日本に行き現地で大量のマスクを購入して香港で高価で転売した人たちもいた。しかし二月以降、世界中で感染状況が悪化したことによって、各地も深刻なマスク不足に直面し、海外からマスクを調達することは困難となった。

では「そもそもなぜ香港は自らでマスクを生産せず、海外から輸入しなければならないのか」という疑問を覚える読者もいるだろう。ここで香港の産業構造について少し説明しておこう。香港は金融業を主な産業とした「国際金融センター」であり、製造業が非常に乏しい。とはいえ、六〇、七〇年代ごろには香港の製造業が発達した時期もあった。八〇年代になると、中国の経済改革によって、多くの工場が中国本土の安い労働市場に引きつけられたことで、香港の製造業は劇的に減少し、その代わりに金融業が飛躍的に発達するという仕方で、産業構造が大きく変化した。現在、香港はマスクを生産するための環境が十分に整っておらず、モノの「輸入志向」が高い社会・産業構造である。したがって、香港はマスクを含む、ほとんどの食品、日用品、電子製品などの生活必須品を中国や海外からの輸入に頼っている。

　海外からマスクを輸入することが難しくなり、地元で生産する工場がないという状況下において、難局を打開しようとする有志も現れた。彼らは、「メイド・イン・ホンコン」のマスクを製造しようと動き出した。例えば、ある映画プロデューサー（鄧さん）は銀行家の友人とマスクの工場を開設した。彼らは十五万香港ドル（約二〇〇万円）でインドのチェンナイからマスク製造機を一台購入し、一日十万枚のマスクを生産できるこのマシンを四月末までにさらに八台に増やそうとしていた。ロイターのインタビューで彼は次のように述べている。

> マスクを探すのに腹が立った。売り切れか、海外からのマスクはあっても非常に高いんだ。マスクを作るのはそんなに難しくないだろう。ただ繊維を縫い合わせるだけだ。なら自分で工場を作ったらどうかと私は思った。[10]

　無料でマスクを配布する「良心的」なドラッグストアはもちろんあるが、一枚十香港ドル（約一四〇円）という高額でマスクを転売する店もあったため、鄧さんは一枚一香港ドル（約十四円）で販売しようとした。[11]「レッセフェール」（自由放任主義）の経済政策を唱えることを誇りとする香港政府がすべてを市場に任せ、マスクの高値転売を禁止しない中、一般市民、特に低所得世帯にとってマスクを買うのは非常に大きな負担であった。鄧さんのマスク工場はだれもが負担できるマスクを提供する上で大きな意義を有していた。

　マスク生産の有志としては、鄺《クウォン》士山さんもよく知られている。彼は化学博士であり、大学で長年教鞭を執っていた。一月上旬にコロナのニュースが香港で広まりはじめた時点で、鄺さんはすでにフェイスブックで自分の専門知識を生かし、消毒の方法やマスクの情報を一般の人に紹介しはじめていた。例えば、市販のマスクにはありとあらゆるメーカーやタイプがあり、一般市民はどれがウイルスから守ってくれるのかをよく分かっていなかった。これに対して、鄺さんは政府よりも早い段階から、インターネットを介して一般人でも分かる説明で防疫に関する誤った情報を指摘し、正しい知識の普及に尽力した。その後、マスク不足の問題が深刻化しつつある中で、一月下旬に彼は香港でマスクの開発を進めることを発表した。[12] 鄺さんは彼の友人と協力し、布マスクにフィルターを挟むという発想に基づいて、様々な研究、実験、検定を行った結果、二〇二〇年二月二十一日に「HK MASK」というDIYマスクを正式に発表した。考案から発表までわずか三週間で、また布マスクもフィルターもすべてメイド・イン・ホンコンであったことから、香港の市民社会の動きは政府より早いと言って過言ではない。

その後、HK MASKは香港だけでなく、日本のメディアやネット上でも話題となった。日本の講談社が発行している『Friday』のデジタル版は、二〇二〇年三月二十五日に「香港の博士が緊急開発！『コロナマスクの作り方、教えます』」という記事を掲載した。そこで鄺さんはこう述べている。

安価で安全なマスクが必要だ。私が発明した自家製マスクの製法はネット上にもアップしてある。必要な人が使ってほしい。[13]

マスクがなかなか入手できない時期の香港、日本では、鄺さんの「HK MASK」が一つの代替案として広く用いられた。香港の政治的不安が続く中、「病気は政治的立場を問わずにかかるものだからね。黄色（デモ派）か藍色（政府派）かを問わず、マスクで香港を助けたい。マスクによって社会に融和してもらいたいよ」と鄺さんは述べている。[14]

鄧さんや鄺さんのような有志のほかに、民間組織による活動も目立っている。一月下旬から、市民団体や宗教団体はマスクの無料配布をはじめ、防疫に関わる情報の普及に努め、防疫意識を向上させる活動を行っている（宗教団体による活動については、本書掲載の拙稿【コラム】「香港におけるコロナと宗教」を参照されたい）。また、昨年の反政府運動がコロナのため一時的に収束したことで、運動に関与していた市民団体・政党がコロナ対策活動に移行したようにも見える。例えば、二月下旬から、香港の政治組織「香港衆志」（デモシスト）が海外から三十五万枚のマスクを輸入し、安価で市民に販売し始めた。しかし、香港衆志が販売したマスクは「非中国製」という表示はあったものの、生産地の情報が書かれていなかったため、香港政府に「商品説明条例」に違反する疑いで没収され、関係者の二人が逮捕された。香港衆志はこれが「政治的弾圧」だと批判している。[15] その後、香港衆志は「国家安全法」が立法されたことにより、活動を続けるのが困難になったため、六月三十日に解散宣言を発表した。一方、親政府の団体、政党は多くの資源を持っているということもあり、時折マスクや消毒用品の配布活動を行っている。

このように、政府がマスク問題をめぐってなかなか機能してこなかった中で、市民社会は自らの力でさまざまな対応策に取り組んでいる。二〇二〇年三月四日の『香港フリープレス』の英文記事「Doing it ourselves: How Hongkongers innovate to tackle coronavirus shortages」（和訳：自分でやろう―香港人はどのように革新してコロナの不足に対応したか）では、香港の市民社会について以下のように評価されている。

［……］通常の責任者（政府）が機能できない状況下で、市民社会は迅速な対応をとるグループとして現れてきた。コロナの爆発は、市民のレジリエンスとサバイバルの手段としての起業家的で革新的な精神を呼び起こした（［　］内筆者）[16]。

今回のコロナ危機において、香港は市民社会のレジリエンスを示したと考えられる。また、香港市民の政府への不信感は、市民社会の発展をさらに促進させる動力になっている。

マスクの対策に消極的だった香港政府は、五月上旬に「CuMask+」という六十回使用できる高機能マスクを配布する計画を発表した。六月六日の締め切りまでに三九三万人の申請があった（香港の人口は約七五〇万）[17]。このマスク計画に関わる費用は約八億香港ドル（約一一〇億円）であるが、マスクの質が懸念されるため、実際に使う人は少ないなど、批判的な意見が多い[18]（この点については、日本の「アベノマスク」にも似ているのでは）。現在、メイド・イン・ホンコンのマスクが続々と販売されており、海外からマスクの輸入やその価格もだんだんと安定するようになってきていることもあり、多くの市民は基本的に市販のマスクを使うことにしているようだ。また、政府のマスクを使わないもう一つの理由に、政府に対する不信感というのもあるだろう。

以上、有志によるマスク工場の開設、市民団体の防疫活動、個人や店のマスク調達など、市民社会レベルのコロナ対策の事例が多数見られることを紹介した。一部は営利目的で行われたものであることは否定できないが、どちらにせよ政府主導ではなく、市民社会の自発的な行動であることが明らかである。本来香港政府が対応すべきことが対応できていない（していない）ため、市民社会の力で対応するしかなかったことは、香港におけるコロナ対策の大きな特徴と言えよう。このように、コロナとの戦いは香港市民の政府に対しての不満・反抗の一面を示すものでもある。

おわりに

「集まり禁止法」のようなソーシャル・ディスタンスをめぐる政策、そして学校や公共施設、そしてボーダーの一部閉鎖などの法的措置から見ると、香港政府は全く機能していないわけではなく、むしろ他の国よりも迅速で効果的だったのかもしれない。ただし、政府がマスクに関わる問題に対して責任のある政府らしい動きを見せずに、市民社会に任せきりであったことは非難すべきことであろう。今回のコロナ危機において、香港の市民社会は強いレジリエンスを示しているが、その背後に政府に対する強い不信感というものが作用していることは忘れてはならない。あえて言えば、香港の市民社会の強さには、もちろん民間組織の長年の努力が不可欠でもあるが、返還後における政府への高い不信感こそが、市民社会をさらに強化するに至った主な原因なのではないかと考えられる。

また、香港における市民の政府への不信感は、マスクをめぐる政策が機能しない中でさらに悪化し、政府と市民との信頼関係の回復への道はさらに固く閉ざされてしまったと言える。一方で、政府によるリスクへの対応が遅れたことによって、民間の有志や市民団体が自らの力で対策せざるを得なくなり、市民社会の力が発揮できる空間が、さらに開かれるようになったとも考えられる。

前述のように、本稿を脱稿した段階の七月下旬に、香港はコロナの第三波を迎えている。政府がボーダーにおける検査体制を緩和し、香港に入境した船員、乗務員などを検査の対象外にしたことは大きな原因としてあげられる。(19) これに対して、政府はソーシャル・ディスタンスに関わる措置をさらに厳しくする可能性が高い。一方、市民はコロナと戦い六カ月が経ち、自粛疲れを迎えている。カラオケや集会によるクラスターも多発し、感染経路不明のケースも増えている。市民社会によるこれまでの努力が無駄にならないよう、市民はマスクの着用、ソーシャル・ディスタンスの確保など、しっかりとコロナ対策を徹底してほしいところである。

最後に、コロナの渦中において、ある社会の強みが見えてくる面もあれば、弱みが見えてくる面もある。今回のコロナとの戦いの中で香港社会が示した市民社会の強さというものは、二〇一四年の「雨傘運動」と二〇一九年の「逃亡犯条例改正案問題をめぐる反対運動」でもよく見られたものである。ポストコロナ時代において、香港の市民社会は次々とくる「戦い」の中で重要な役割を果たし続けていくと筆者は強く信じている。

注

（1） "Johnson under fire as coronavirus enters dangerous phase," *Financial Times*, 3 March 2020, https://www.ft.com/content/c43b9c3e-6470-11ea-a6cd-df28cc3c6a68（二〇二〇年七月二十七日最終閲覧）。

（2） 香港衛生署、https://www.chp.gov.hk/files/pdf/local_situation_covid19_en.pdf（二〇二〇年五月十八日最終閲覧）。

（3） 榎原美樹「「抑制と緩和」は繰り返す～コロナ対策 香港からの警鐘」（『ＮＨＫ Ｗｅｂ特集』、二〇二〇年五月十一日）。https://www3.nhk.or.jp/news/html/20200511/k10012420891000.html（二〇二〇年七月二十一日最終閲覧）。

（4） 香港民意研究所、https://www.pori.hk/pop-poll/hksarg/k001

（5） 「中大香港亞太研究所民調：近八成市民不同程度擔心感染新冠肺炎九成半人支持抵港者隔離14日」（中大香港亞太研究所、二〇二〇年三月三十一日）。https://www.cpr.cuhk.edu.hk/tc/press_detail.php?id=3260（二〇二〇年七月二十七日最終閲覧）。

（6） "Coronavirus Response Survey", *Mercer*, https://www.mercer.com.hk/our-thinking/healthy-people-healthy-business/prevailing-from-covid19.html（二〇二〇年七月二十七日最終閲覧）。

（7） 周禮希、鄧家琪「【武漢肺炎】林鄭：經港澳辦從內地購入1700萬個口罩」（『香港01』、二〇二〇年二月八日）https://www.hk01.com/政情/432018/武漢肺炎-林鄭-經港澳辦從內地購入1700萬個口罩（二〇二〇年七月二十七日最終閲覧）。

（8） 羅家晴「【武漢肺炎】政府澄清無意立法管口罩價格及供應　葉劉：官員唔做」（『香港01』、二〇二〇年二月十日）https://www.hk01.com/政情/432772/武漢肺炎-政府澄清無意立法管口罩價格及供應-葉劉-官員唔做（二〇二〇年七月二十七日最終閲覧）。

（9） 「明愛基層家庭調查：近半受訪者口罩存量不足兩星期　望港府發口罩更勝封關派錢」（『立場新聞』二〇二〇年三月九日）https://www.thestandnews.com/society/明愛基層家庭調查-近半受訪者口罩存量不足兩星期-望港府發口罩更勝封關派錢/（二〇二〇年七月二十一日最終閲覧）。

（10） "Hong Kongers set up face mask factory amid coronavirus panic buying," *Reuters*, 21 Feb 2020, https://jp.reuters.com/article/china-health-hongkong-factory/hong-kongers-set-up-face-mask-factory-amid-coronavirus-panic-buying-idINKBN20F0VT（二〇二〇年七月二十七日最終閲覧）。

（11） 同上。

（12） 甲斐美也子「香港の化学博士が発案、高機能DIYマスク「HK Mask」とは」（『日経BP』、二〇二〇年三月十二日）。https://project.nikkeibp.co.jp/behealth/atcl/column/00011/031000007/（二〇二〇年七月二十七日最終閲覧）。

（13） 「香港の博士が緊急開発！「コロナマスクの作り方、教えます」」（『Friday Digital』、二〇二〇年三月二十五日）https://friday.kodansha.co.jp/article/103421（二〇二〇年七月二十七日最終閲覧）。

（14） 同上。

（15） 麥燕庭「出售口罩合格 香港眾志兩人仍被捕 海關否認政治打壓」（『RFI』二〇二〇年五月二十六日）https://www.rfi.fr/cn/港澳台/20200526-出售口罩合格-香港眾志兩人仍被捕-海關否認政治打壓（二〇二〇年七月二十七日最終閲覧）。

（16） Yanto Chandra, "Doing it ourselves: How Hongkongers innovate to tackle coronavirus shortages," *Hong Kong Free Press*, 4 March 2020, https://hongkongfp.com/2020/03/04/govt-fails-hongkongers-innovate-tackle-coronavirus-shortages/（二〇二〇年七月二十七日最終閲覧）。

（17） 「逾393萬人登記領取抗疫口罩」（『政府新聞網』、二〇二〇年六月八日）。https://www.news.gov.hk/chi/2020/06/20200608/2020

0608_182059_601.html（二〇二〇年七月二十七日最終閲覧）。

（18）「【黑芯口罩】直撃創科局＄8億口罩合約工場 疑晶苑國際生產」（『蘋果新聞』、二〇二〇年五月六日）。https://hk.appledaily.com/local/20200506/ZCX3NJUADMT3T4XUSAGQTUNV4Q/（二〇二〇年七月二十七日最終閲覧）。

（19） Helier Cheung, "Covid-19: Why Hong Kong's 'third wave' is a warning," *BBC News*, 31 July, 2020, https://www.bbc.com/news/world-asia-china-53596299（二〇二〇年七月三十一日最終閲覧）。

東アジアの新型コロナウィルス感染封じ込めにみる検討課題

上水流久彦

かみづる・ひさひこ――県立広島大学地域基盤研究機構教授。専門は社会人類学、東アジア文化論。主な著書に『境域の人類学――八重山・対馬にみる「越境」』（共編著、風響社、二〇一七年）、『東アジアで学ぶ文化人類学』（共編著、昭和堂、二〇一七年）、『帝国日本における越境・断絶・残像』（共編著、風響社、二〇二〇年）などがある。

新型コロナウィルス感染拡大に東アジアの国や地域は一定程度成功した事実は、強権国家だけが感染拡大の封じ込めに適しているものではないこと、むしろ過去の感染症対策の経験の有無が重要であることを明らかにした。また、東アジアと欧米の自他認識等、東アジアをめぐる幾つかの分析すべき課題も浮き彫りにした。

はじめに

筆者は、二〇二〇年四月三十日の「北海道大学緊急座談会（WEBINAR）ポストコロナ時代の東アジア～新しい世界へのコミュニケーション」（以下、当該ウェビナー）にコメンテータとして参加した。本稿は、当該ウェビナーでの日本、中国（中華人民共和国）、台湾（中華民国）、韓国、香港における新型コロナウィルス感染対応に関する報告に対して筆者が行ったコメント(1)を整理し、文章化したものである。なお、本稿の内容は、原則、四月三十日までの状況から検討したものだが、一部は、現在なお刻々と変化する新型コロナウィルスの感染状況や対応とそぐわない点もあり、修正を行った。あらかじめお断りしておく。

一、新型コロナウィルス感染症対策の成否と政治体制

中国の感染の抑え込みが一定程度成功したことから、強権国家こそが感染症にうまく対処でき、ポストコロナ時代には

そのような国家が支持されるのではないかとの懸念が散見される。内田樹は、「新型コロナウィルスが民主主義を殺すかもしれない」とし、[2] 田中信彦は、中国で専制と民主、どちらの対策が有効であるかが議論されていると指摘する。[3]

だが、五つの報告に、政治体制と新型コロナウィルス感染対策の成否に一定の因果関係は見いだすことはできない。政府と市民の関係と新型コロナウィルス感染症対策の成否について、各報告に基づき整理したものが**表1**である。ただし、日本の感染症対応の成否、社会の動向は筆者の理解も加味した。

表1　感染症対策の可否にみる東アジアの状況（筆者作成）

	中国	韓国	台湾	香港	日本
成功度	○	○	○	○	△
民主化	×	○	○	△	○
信頼度	×	○	○	×	△
主体性	×	○	○	○	△

最初に中国について述べると、中国は共産党独裁である。本書掲載の王論文で、官製の与論と市民によるSNS上の世論では異なる認識が形成されたと述べるように、市民の政府への信頼度は高くない。情報の隠蔽への不信感もあった。武漢等、大規模なロックダウンが行われ、市民の主体的対応というよりは、政府の強制力のもと物理的距離がとられた。このような政府と市民との関係の中で、中国は新型コロナウィルス感染対策に成功をおさめた。

中国と同様に政府への信頼度が低いのが香港である。本誌掲載の伍論文・伍コラムでは、信頼度が低いゆえに市民が自助しなければならず、市民が力を発揮し、感染対策に成功したとする。宗教組織やNPO法人等が政府にかわってマスクを集め、配布する等の動きがみられ、市民の主体性があった。民主化の程度で言えば、近年の香港に問題があることは明白である。

政府との関係で、これらの二つの事例と対照的なものが台湾と韓国である。与党に対する支持率は台湾も韓国も高い。いずれも約七割前後あった。[4] 台湾の場合、政府の素早い対応と市民への丁寧な説明が政府への支持率と信頼を高め、成功をおさめた。本書掲載の藤野論文では、専門的知識をもった政治家の丁寧な発信に注目をしているが、その姿勢に市民が共感し、マスク着用等、新型コロナウィルス感染予防に積極的に協力した。

韓国の状況として、本書掲載の玄論文は、韓国政府も情報開示を積極的に行って透明性を確保し、民主的であったことを新型コロナウィルス感染予防の特徴として指摘している。その姿勢を市民も評価し、PCR検査を積極的に受ける動きにつながった。したがって、韓国でも政府を信頼する中で、市民が主体性を発揮し、感染予防対策にあたったと言える。

最後に日本だが、日本は二〇二〇年の四月時点では十分な対応が素早く取られたとは言えず、感染も全国に広がり、緊急事態宣言が全国に発出されていた。春に感染が急速に広がった欧米に比べると、感染の拡大は一定程度抑えられていたと言えるものの、他の東アジア諸国に比べると成功したとは言えないレベルであった。

政府への支持率という点でも台湾や韓国のように高くはなく、四月の共同通信社の調査によれば、四〇・四パーセントであった(5)。韓国や台湾ほど感染が抑えられておらず、かつ経済対策も不十分で、政府の施策への不満も強かった。政府の施策に積極的に呼応して、新型コロナウィルス感染拡大への対策を行う雰囲気はなかった。三月下旬の連休時は、後に「弛み」とされるように人々の間で危機感は薄かった。台湾や韓国の知人は、この状況に「危機意識がない」と驚いていた。日本では、台湾や韓国の人々が政府の施策に呼応して、積極的に感染予防に努めたという主体性は見られなかったと筆者は考える。

ただし、市民の主体性の客観的な評価は難しい。緊急事態宣言下で、政府の外出禁止ではなく、自粛という要請に日本の人々は応えた。そこに何らかの主体性を見ることはできよう。だが、客足が遠のいた飲食業界では、テイクアウトや食事代の前払い制度が、政府や自治体の対策以前に市民の発案で行われたが、その点に比べると感染予防に市民の主体性は見いだしにくい。三月下旬の連休状況には、感染予防では「他人事」と思われる感覚が働いているようであった。政府の施策に「従った」だけなのか、自ら積極的に対応したのか、市民の主体性は、今後、詳細な検討が必要である。

二、政府と市民の関係にみる新型コロナウィルス感染症対策

五つの国と地域の事例が示すように、四月時点で日本を除き、いずれも封じ込め、感染予防には成功したが(当該ウェビナーでは取り上げられなかったが、モンゴル国も国外からの入国禁止策を早期にとり、封じ込めには成功した)、政府への信頼度や政府の在り方は一致しない。この点をまとめたものが図1から図3である。図1は、民主的か強権的かを縦軸に、信頼度の高低を横軸にとったものである。信頼度も高く民主的である第一象限に台湾と韓国がある。これと対照的なのが、第三象限にある中国と香港である。支持率が台湾や韓国ほど高くない日本は、第二象限となる。

図2は、民主的か強権的かを縦軸に、市民の主体性の高低

を横軸にとったものである。韓国と台湾は市民が主体的に関与し、民主的という点で第一象限となる。香港は政府が強権的で市民が主体的であったということから第四象限となる。中国は強権的で、また主体的とはいえないことから第三象限となる。日本は民主的ではあるが、市民の主体性という点では低く、第二象限とした。

図3は、市民の主体性を縦軸に、政府への信頼度を横軸にとったものである。市民の主体性が高く、信頼度が高い韓国、台湾は第一象限となる。市民の主体性が低く、信頼度が低い中国は、韓国や台湾とは対照的に第三象限となる。市民の主体性が高いものの、政府への信頼度が低い香港は第二象限となる。日本は政府への信頼度も主体性も高くないため第二象限と第三象限をまたぐ位置とした。

いずれの図でも、全ての国と地域が同じ象限になることはないという「不一致」さが看取できる。このようにポストコロナの後に強権的な政治体制が封じ込めに適しているという評価は、一面的なことがわかる。ポストコロナ時代に強権国家への支持が広がるとは言えない。

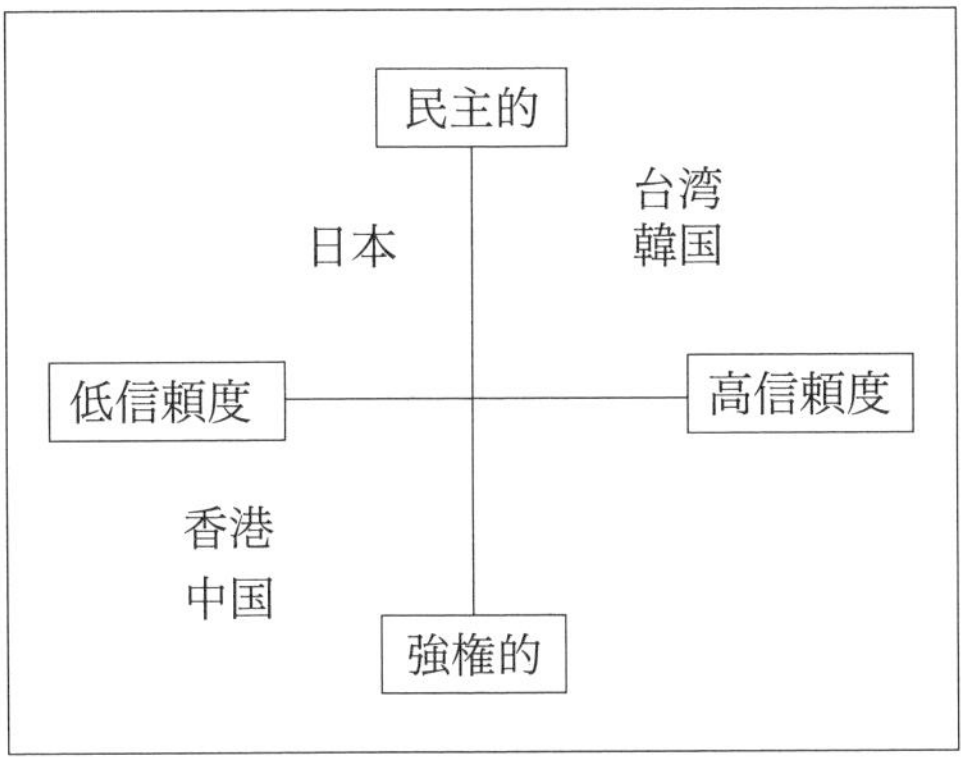

図1　信頼度と民主化にみる東アジア（筆者作成）

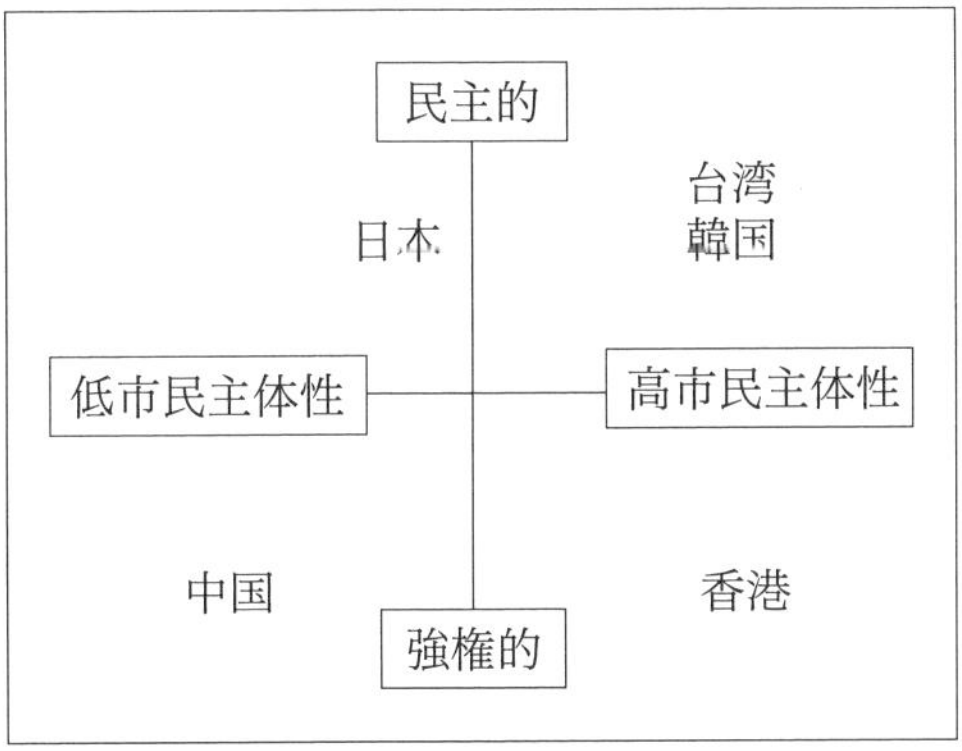

図2　主体性と民主化にみる東アジア（筆者作成）

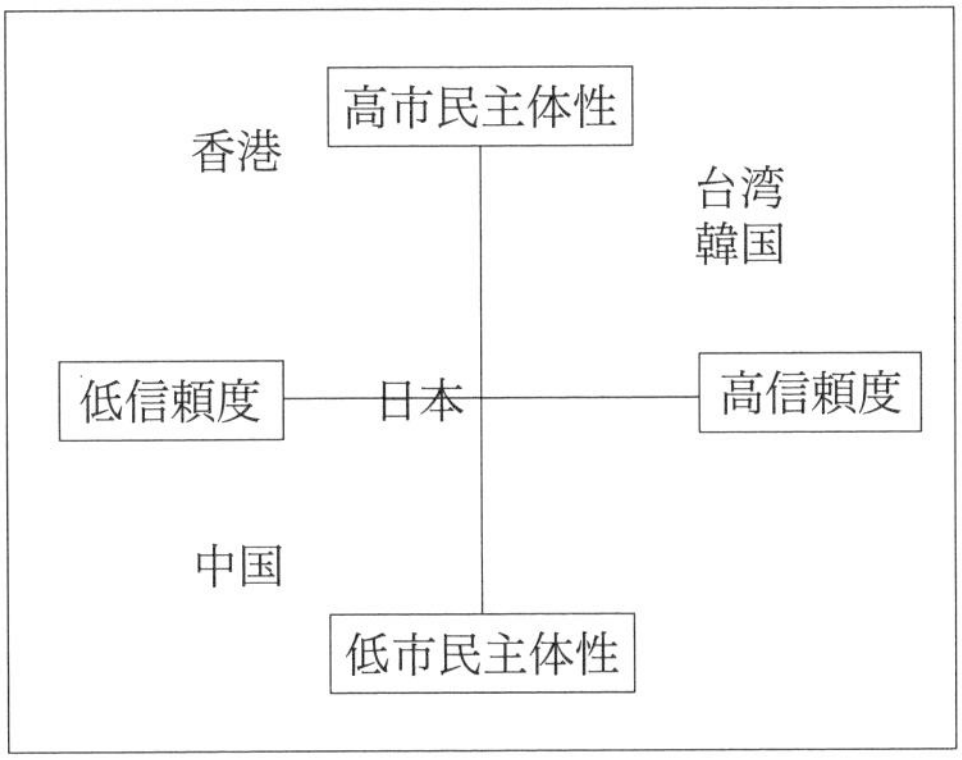

図3　主体性と信頼度にみる東アジア（筆者作成）

三、過去の感染症拡大に学んだ東アジア

では、中国、韓国、台湾、香港では、なぜ封じ込めにある程度、成功したのだろうか。具体的な施策は本誌掲載の各論文に詳しく論じられているが、本稿では成功事例に共通することを一点指摘しておきたい。それは、二〇〇二年に感染が広がったSARS(重症急性呼吸器症候群)と二〇一二年に流行したMERS(中東呼吸器症候群)の経験である。中国、香港、台湾はSARSの時に大きな痛手を負った。今回、中国で感染予防の主柱となった鍾南山は、本書掲載の王論文で指摘されるようにSARSを経験し、対策を行った。香港もSARSを経験し、市民等の記憶に残っている。台湾の場合、蔡英文総統はSARS流行時の大陸委員会(中国との関係を担う機関)の主任(大臣クラス)で、陳建仁前副総統(当時)はその時の衛生福利部長(衛生省大臣)であった。韓国はMERSの体験に基づいて防疫方針を確立しており、今回の対応にあたった。韓国外国語大学校の中村八重副教授との私信に基づけば、MERS流行時にマスク着用がソウルを中心に韓国でも広く浸透したとされる。これらの地域や国で感染症への対応が、過去の経験に基づき意識されていたことがわかる。(6)

一方で、日本はこの二つの感染症の流行で大きな被害がなかった。そのため、感染予防が手薄となったことも否めない。(7)それは、SARSやMERSが広がっていなかった欧米も同様であろう。

四、注目された東アジアの感染症対策

次に東アジアと欧米の自他認識の変容を重要な検討課題として指摘したい。東アジアでは新型コロナウィルス感染症対策が一定程度成功したという認識が人々の間にある。(8)むろん、欧米でも成功事例はある。例えば、ドイツはある程度コロナ感染予防がコントロールされているとは言われる。またロックダウンをとったニュージーランドも抑え込みに成功した。だが、韓国、台湾、日本はロックダウンせずに抑え込んだという点では特異である。特に台湾は現時点でもほぼ抑え込みに成功している数少ない例である。

実際、欧米よりも先に東アジアで感染が広がり、東アジアは、欧米の対応をモデルにすることはできなかった。SARS等の過去の体験に基づき、自己で対処した。一方、欧米では四月時点で感染が爆発的に拡大し、七月時点でもアメリカの感染拡大は続いている。結果、台湾や韓国は、欧米で防疫体制が高い評価を得た。

日本に関して述べれば、四月三十日時点では緊急事態宣言

下にあり、高い評価を日本が得ていたとは、筆者は認識していなかった。ただ、その後、感染者が減り、成功した事例として世界的に注目されるようになった。二〇二〇年六月二十一日付の朝日新聞「知る新型コロナ」vol・3の七面には、日本の感染抑え込みについて、「「強制力ないのに」海外では驚き」とあり、韓国や台湾と同様にロックダウンがなく感染を一定程度抑え込んだ点が海外で評価されるようになった（ただし、本稿執筆時点の七月下旬では、第二波の到来かとされるほど、感染者数が増えたのは周知のとおりである）。

五、東アジアと欧米の関係にみる自他認識

では、新型コロナウィルス感染症対策における東アジアの成功は、既存の東アジアと欧米の自他認識とどうかかわるのだろうか。東アジアと欧米の自他認識の在り方は、大きく二つに類型化できる。ひとつは、欧米は東アジアよりも進んでいるという認識である。その典型例が、サイードのオリエンタリズムである。すなわち、西洋（オクシデント）は、東洋（オリエント）に対して後進的、進歩が無い、非合理的等と表象しつづける中で、自らをそれらと対比的なもの（先進的で進歩し、合理的である）として位置付け、自己のアイデンティティを確保し、西洋の東洋支配を正当化した。一方で、東洋の人々は西洋に対して後進性や非合理性を覚えるようになり、西洋の優越性に基づく支配を東洋の人々が受け入れ可能なものとしてきた。[9] つまり、サイードは、東アジアと欧米の間に、欧米は東アジアよりも進んでいるという認識が双方で内面化されたとする。このような自他認識が現在でも一部見られることは否めまい。

もうひとつは、東アジアと欧米の関係を対等・並存とみるものである。その典型的な理解は、サミュエル・ハンチントンの文明の衝突である。[10] ハンチントンは、世界を中華文明、ヒンドゥー文明、イスラム文明、西欧文明、日本文明、ラテンアメリカ文明、アフリカ文明、東方正教会文明の八大文明に分けた。[11] そして、冷戦終了後の世界の在り方を文明の衝突という観点からとらえるモデルを提示した。これに倣えば、欧米が中国の人権状況を批判し、中国がその西洋の人権概念を批判し、中国には中国独自の人権があると主張する状況は、中華文明と西欧文明の衝突であろう。

対等・並存として、三尾や床呂による複数のグローバリゼーションズという理解もある。一般的にグローバリゼーションは、人やモノ、資本、情報等が国境を越えて行き来するものと理解されているが、三尾らは、これを「大文字のグローバリゼーション」と名付け、その特徴を欧米から他の

地域に広まったこと、その起源を比較的最近に求める傾向にあることとする。それに対して、彼らは「プライマリー・グローバリゼーション」の概念を提示する。グローバリゼーションは、決して近代以降に登場した新奇ものではなく、また西欧を必ずしも起源にするものではないと述べる。(12)

この論に従えば、中華文明もプライマリー・グローバリゼーションのひとつである。歴代の中国王朝を中心とした人やモノ、情報のフローである中華世界があり、東アジア、東南アジア、中央アジア等にそのフローは広く及んだ。漢字や儒教思想等を受容した日本も中華世界の一端にあった。そして、中華世界では、人や富、情報が単に浸透したのみならず、漢字や儒教思想等に代表される中華文明が広がった。この理解は、複数の文化が生活世界の構成要素となっている現代社会を分析するうえで有用で、床呂と三尾は、現代は複数のグローバリゼーションが併存する社会としてとらえる。

六、東アジアの成功の自他認識への影響

これらの東アジアと欧米との関係に新型コロナウィルス感染封じ込めの東アジアの成功体験は如何に関係するのだろうか。この体験に見られる東アジアの西欧への優位性は、文明の衝突やグローバリゼーションズという東アジアと欧米の自他認識において、何らかのインパクトを与えるものではないだろう。なぜなら、「防疫という科学」、まさしく欧米が主導してきた領域においての「成功」だからである。マスク着用の習慣による防疫の成功は、中国社会や日本社会等の勝利ではあっても、中華文明や日本文明の勝利ではない。問題は、むしろ、オリエンタリズムという自他認識を変えうるかという点にある。

例えば、中国は、環球時報によると「マスクのススメ」をヨーロッパに行っている。「マスクは感染予防に役立つ。科学的に確認することも難しくない。アジアではこの分野の経験が非常に豊富だ。米欧の国々は自分たちの文化を過信し、アジアの経験を長くなおざりにしてきた」と述べる。(13) 中国のイタリア等への医療支援も、中国の科学の世界での優越性の誇示とも理解できる。国際社会での優越性の確保は、習近平の「中国夢」(アメリカを超えた世界の超大国となること)の一環であり、「中国夢」は、アヘン戦争、日清戦争で「眠れる獅子」から滑り落ちた中国の地位を挽回するものともいえる。

台湾は、四月十四日付のニューヨークタイムズで「WHO can help?」と書き、Ｔａｉｗａｎという広告を出した。(14) ここにはＷＨＯ(世界保健機関)への台湾の参加を認めないＷＨＯや国際社会への反発があるとともに、「台湾ならできる」

という自信を見出すことができる。筆者が知る台湾の人々の間でも国際社会で誇るべき台湾という認識を持った者も多い。

そして、日本ではマスク着用に新型コロナウィルス感染対策として、自信を持つ人々も多く、欧米もマスクをつけるべきだという意見は、筆者の周囲でもしばしば聞く。(15)

東アジアと欧米との間に横たわるオリエンタリズムは、新型コロナウィルス感染対策の東アジアの成功この一件だけで解消できる代物ではない。だが、テクノロジーの世界で、過去、日本の技術は世界から賞賛され、現在は、世界の在り方をかえる情報技術でも中国はアメリカにとって脅威となっている。欧米が絶対的優位を保ってきた合理性に基づく科学、知の世界で変動が起こっている。加えて、現在は、中国の経済力と軍事力が巨大となり、中国はアメリカと並ぶ超大国と世界で見られている。このような状況に即して考えた場合、今回の新型コロナウィルス感染対策の成否にみる東アジアと欧米の落差は、欧米中心主義の認識を根底的に変えるひとつの契機となりうるのか、今後、注目する価値はあろう。(16)

七、東アジア内部の他者化の不可逆性

最後に東アジア内部における他者化について指摘しておきたい。新型コロナウィルス感染の拡大は欧州を連帯させるのではなく、欧州を分断させた。イタリアで爆発的に感染が広がる中、南ヨーロッパからの支援要請に対して、フランス等は支援をせず、フランスもドイツもその自衛に必死であった(17)（ただし、七月には、ヨーロッパ復興基金の設立が決まった）。

一方で、東アジアでは、従来からあった対立が再確認され、再強化された。例えば、日韓の間ではコロナウィルス感染症対策をめぐって自国の対策を自賛し、相手国の対策を不十分とすることがメディアでも見られた。(18) 台湾では早くから中国からの入国を禁止した。香港でも中国からの入国を禁止すべきだとの意見が市民から強く出ていた。モンゴルを専門とする鹿児島大学尾崎孝宏教授によれば、モンゴル国では以前から「中国から危険なものが来る」という認識があり、今回の新型コロナウィルス感染でもその点が再認識されたという。実際、モンゴル国では早い段階から中国を含め国外からの入国禁止措置を行った。

そして、現在東アジアの各国・各地域は、新型コロナウィルス感染症対策という共有の問題に連帯して対処するどころか、欧米から注目された新型コロナウィルス感染症対策の成功経験を共有することすらできていない。むしろ、相手とは異なる自己として、関係を忌避すべき存在として隣国を見なし、相互に他者化する現象がある。例えば、新型コロナウィ

ルス感染拡大初期、日本では中国で最初に感染が広がったため、中国人を必要以上に警戒する雰囲気が醸成された。

問題は、新型コロナウィルス感染が終息した後も、この他者化が不可逆的なものであるか、である。台湾や香港では、中国での感染拡大を目の当たりにして、中国とは違うという認識が市民の間にも広がった。とくに台湾では台湾人意識が高揚し、台湾独立を支持する人々が、香港問題の影響もあり、増えた。台湾の国立政治大学選挙研究センターの調査では、台湾民衆の自己認識が昨年度に比べて、自己を台湾人と考える人が五八・五から六七パーセントへ大幅に上昇し、台湾人でも中国人でもあるが三四・七↓二七・五パーセントへ大きく減少し、中国人と考える人は三・五↓二・四パーセントへと減った。統一か独立かをめぐっても、現状維持が五七・六から五二・三パーセントへ減少し、独立傾向が二六・九から三五・一パーセントへ大きく上昇した。一方で、統一傾向は八・九から五・八パーセントへと減った。(19)「台湾人意識がとても高まりましたよ」という多くの台湾の人々の語りからは、現時点では台湾人意識の強化は不可逆的に見える。

次に香港と中国との対立である。香港は雨傘運動、逃亡犯条例改正案への反対等も関係し、中国へ反発する人々が増えた。コロナウィルス感染は、その意識を強化した側面がある。だが、本稿を執筆している七月二十日現在の香港の状況に鑑みると、今後の予測はなかなか立ちにくい。周知のように香港では、六月三十日に成立した香港国家安全維持法によって、民主化運動や独立運動は強権的に抑え込まれつつある。同時に香港外への移民が今後ますます増加すると予想され、結果的に親中国派が香港住民の大多数となれば、現在の対立は失われる可能性がある。

日本と韓国との関係に関しては、政府間の対立が大きく作用している。歴史認識や慰安婦等をめぐる日韓の隔たりは大きく、現与党間での対立解消は難しいであろう。政治面以外の民間交流や経済面での連携を考えると、いずれ関係が変わる可能性はある。したがって、不可逆的とまでは言えないが、両国の相手国への国民感情も以前に増して厳しいところがあり、その関係修復は容易ではあるまい。

日本と中国については、二〇二〇年春の習近平の国賓としての来日がなくなった後、政府間関係は香港問題、尖閣諸島等を巡って対立が急速に顕在化するようになった。日本社会でも中国が新型コロナウィルスを世界にまき散らしたという認識が見られる。七月に筆者が参加したコンサートで中国人の演奏家が、「中国人が演奏するにも拘わらず、こんなに多くきてくださって」と発言した。この発言は、いまなお中国や中国人に対して新型コロナウィルス感染について厳しい目が日本社会にあることを痛感させるものである。

コロナ禍の状況下での東アジア内部の他者化が不可逆的な問題であるか否かは、長期的視点で検討に値する課題であり、筆者自身、今後も注視していきたい。

注

（1）個々の詳細な内容については、本書に特集として掲載された森類臣（日本）、王冰（中国）、藤野陽平（台湾）、玄武岩（韓国）、伍嘉誠（香港）の論文を参照いただきたい。当然だが、当該ウェビナーの各自の報告・論文等に対する解釈の責任は、すべて筆者にある。

（2）内田樹「コロナ後の世界」（『月刊日本』二〇二〇年五月号、二〇二〇年）二五頁。

（3）田中信彦「中国に漂い始めた〝戦勝〟気分　民主国家日本との対応策の差が話題に」（https://business.nikkei.com/atcl/seminar/19/00123/00006/?P=1　二〇二〇年四月十五日最終閲覧）。

（4）五月の蔡英文大統領の二期目就任時点で六割から七割の支持率がある（蔡総統、二十日に二期目就任　新型コロナ対策で追い風――支持率七割以上・台湾」（https://www.jiji.com/jc/article?k=2020051800772&g=int　二〇二〇年七月六日最終閲覧）。韓国も五月時点で新型コロナ感染症対策が評価されて七割を超えた。産経新聞「文大統領支持率、一年一〇カ月ぶり七〇パーセント台に　新型コロナ対応評価」（https://www.sankei.com/world/news/200508/wor2005080028-n1.html　二〇二〇年七月六日最終閲覧）。

（5）https://www.realpolitics.jp/research/kyodo.html　（二〇二〇年七月六日最終閲覧）。

（6）本誌掲載の三尾論文には、台湾では感染症がごく最近まで社会で常に問題となっていた事実を指摘しているが、この点も感染症対策における市民の主体的対応という点で重要な要因であったろう。なお、東アジアの感染症と自他認識に関する民族誌としては、フレデリック・ケック『流感世界　パンデミックは神話か』（水声社、二〇一七年）が唯一ともいえる。今後、新型コロナウィルス感染をめぐる詳細な民族誌が望まれる。

（7）二〇〇九年春から約一年間、世界的に感染があった新型インフルエンザが日本でも問題となったが、関西を中心としたものであった。SARSも日本で話題となったが、一般の間では、新型コロナウィルスほどの重大さはなかった。

（8）東アジアで感染がさほど広がらず、死者数が少ない理由は、BCG注射、マスク着用の習慣、東アジアと欧米で広がった新型コロナウィルスそのものの違い（ウィルスの変異）等、様々な理由が論じられているが、現在のところ、確定的なものがないことは、周知のとおりである。

（9）サイード、E．W．『オリエンタリズム』上・下（平凡社、一九九三年）。

（10）サミュエル・ハンチントン『文明の衝突』（集英社、一九九八年）。

（11）いずれの文明に所属しない地域もある。

（12）三尾裕子・床呂郁哉「序論　なぜ「グローバリゼーションズ」なのか」（三尾裕子・床呂郁哉編『グローバリゼーションズ―人類学、歴史学、地域研究の現場から』弘文堂、二〇一二年）一―三〇頁。

（13）二〇二〇年四月十八日付中国新聞セレクト「海外論調」に

おける環球時報記事の紹介による。なお、原文は確認できなかった。新型コロナウィルス感染の対策として科学的に根拠があるとして、マスク着用をWHOが認めるものの、西欧社会で広がっているかは不明である。朝日新聞の論説委員である郷富佐子は、イタリア政府に助言を行ってきた科学技術委員会の報告書に「科学的証拠が限られており、一般人にとってマスクの有効性は明確ではない。だが、その着用を推奨するものである」と記されていることを指摘している（郷富佐子「多事奏論　科学と政治　「わからない」と言う勇気を」（二〇二〇年七月十四日付朝日新聞）。文化的背景から着用について説明するものもある。例えば、欧米人は口元で感情を読み取るため隠すことに抵抗があると東京女子大学の田中章浩教授は解説する（二〇二〇年六月九日付朝日新聞。「欧米人にはマスクの習慣があまりなかった?」に対する氏の回答）。

(14) この広告については、Forbes Japan の https://forbesjapan.com/articles/detail/33964（二〇二〇年七月八日最終閲覧）が参考となる。

(15) マスク着用をめぐっては、日本ではスペイン風邪の時点でその着用が推奨されている（内務省衛生局編『流行性感冒「スペイン風邪」大流行の記録』（平凡社、二〇〇八年）。日本のマスク着用を歴史的に分析するものに Alex Martin "The history behind Japan's love of face masks" (https://www.japantimes.co.jp/news/2020/07/04/national/science-health/japans-history-wearing-masks-coronavirus/　二〇二〇年七月十日最終閲覧）。また、科学と習慣、社会関係の在り方から分析したものに、堀井光俊『マスクと日本人』（秀明出版会、二〇一二年）がある。マスク着用については紙幅の関係から詳細に論じることができないが、科学と文化、そして政治のせめぎ合いを考えるうえで興味深いテーマであり、今後、検討を行っていきたい。

(16) 一方で、東アジアで感染が広がったことから、欧米でアジアの人々への差別が顕在化し、暴力が行われたことも事実である（例えば、二〇二〇年五月二十七日付朝日新聞「アジア系への偏見　危機で表面化」）。したがって、科学の世界で東アジアを評価するという動きだけではない。

(17) 日経ビジネス「「イタリアに心から謝罪」新型コロナで分断危機に直面するＥＵ」(https://business.nikkei.com/atcl/gen/19/00122/050100020/　二〇二〇年六月三十日最終閲覧）。

(18) 日本のメディアでは韓国の対応を評価する場合もあった。韓国外国語大学中村八重副教授によれば、韓国で日本の対応を評価したことはなかった。なお、氏によれば、「三密」という用語が、六月から韓国のメディアでも散見されるようになったという。

(19) この数字は、国立政治大学選挙研究中心の以下のページによる。自己認識は https://esc.nccu.edu.tw/course/news.php?Sn=166#（二〇二〇年七月五日最終閲覧）、統独問題は https://esc.nccu.edu.tw/course/news.php?Sn=167（二〇二〇年七月五日最終閲覧）である。

謝辞　拙稿執筆にあたって、日本文化人類学会植松東アジア研究基金「マスクと東アジア——新型コロナウィルス感染にみる東アジア社会の変容」（研究代表者　上水流久彦）の支援を得た。記して感謝申し上げる。

◎コラム◎

朝鮮民主主義人民共和国における新型コロナ感染症対策

森　類臣

著者略歴は本書掲載の森論文「日本における新型コロナウイルス感染症とマスメディア報道」を参照。

一、「北朝鮮」の新型コロナ感染症対策への関心

日本では、「北朝鮮」関連のニュースが非常に多く報道されている。「北朝鮮」で何か動きがあれば、すぐに速報が報じられる。日本のマスメディアにとっては、それほど「北朝鮮」はニュースバリューがあるということなのだろう。しかし、その内実はどうであろうか。最高指導者及び権力の中枢にいる幹部の動静、核やロケット発射にマスメディアが関心を持つのは筆者も十分理解できるが、のぞき見的なスキャンダラスな話、憶測に憶測を重ねたような報道は、日本の市民にとってニュースバリューがある（つまり、知らなければならない情報である）ようにはとても思えない。この傾向は特にテレビ報道（特に「ワイドショー」）や週刊誌で顕著だ。「北朝鮮」関連ならば、事実確認をしなくても、どんな報道をしても許されるような姿勢である。朝鮮民主主義人民共和国（以下、朝鮮）の社会を探っていく真面目な報道は数えるほどである。

このように考えると、日本のマスメディアは朝鮮の実態に、どれほど関心があるのだろうかという強い疑問が残る。どこか馬鹿にしている姿勢が垣間見え、「偏愛」のようないびつささえ感じるのである。

同国の新型コロナウイルス感染症（以下、COVID-19）対策がどのように行われているのかというテーマもまさにそうだ。韓国や台湾・中国など隣国、そして米国や欧州の状況は定期的に報道するのに比べて、朝鮮に対しては、同国のCOVID-19対策を真面目に追っている報道は数少ない。あったとしても「感染症対策がうまくいっているのは嘘だ」式の報道がほとんどである。もちろん、同国が発信している報道を吟味する姿勢は必

要であろう。しかし、だからといって同国発信の情報を最初から嘘だと決めつけるのは、誠実な姿勢だとは言えない。少なくとも、同国メディアの情報を過小評価せずに丁寧に追い、他国の報道を照合して整理していく姿勢が必要だろう。現時点（八月十三日）に至るまで、同国メディアはほぼ毎日COVID-19関連の情報を発信している。

同国のメディアの情報を丹念に見て、韓国や日本などで報道される情報を部分的に突き合わせていけば、朝鮮のCOVID-19対策の実態がそれなりに浮かび上がってくる。

二、初期段階（二〇二〇年一～二月）
――ウイルス侵入阻止を強調

COVID-19が明らかになった後、朝鮮の動きは早かった。防疫体制の強化に迅速に着手した。これは台湾や韓国とほぼ同時期だ。朝鮮は、中国がCOVID-19の発生源であることをすでに一月中旬には重視していたのであろう、一月二十一日に中国人観光客の受け入れを禁止する措置をとった。朝鮮は近年観光業に力を入れており[1]、その収入源の多くは中国人観光客であったため、同国にとってこれは大きな決断であったと言える。

朝鮮のマスメディアが初めてCOVID-19について報道したのは、管見の限り「中国で新型コロナウイルスによる伝染病、急速に伝播」（一月二十二日『労働新聞』）である。また、二日後の『民主朝鮮』では、「新型コロナウイルス感染症とその予防対策」という記事を掲載した[2]。この記事ではCOVID-19についてその特徴を詳細に説明した後「新型コロナウイルスを事前に防ぐためには、国境・港湾・空港で衛生検疫事業を強化し、他国からこの病気が入らないようにする徹底的な対策を立てなければならない」と主張した。いわゆる「水際対策」の徹底である。

また、朝鮮労働党は、機関紙『労働新聞』（一月二十九日）で、「すべての党組織において新型コロナウイルス感染症の伝染を防ぐための事業は、国家存亡と関連した重大な政治的問題としてとらえ」なければならないという認識を示し、非常防疫体制のもと住民に医学的措置をとらなければならないと強調した。

翌日の一月三十日には国家非常防疫体系を宣布し、COVID-19対策のための非常設中央人民保健医療指導委員会を創設した。国家非常防疫体系は既存の衛生防疫体系を拡大したものである。同日には、韓国経由でCOVID-19が侵入するのを防ぐために南北連絡事務所を一時閉鎖し、三十一日には高麗航空（朝鮮の国営航空会社）の定期便（北京、ウラジオストク）を停止した。

一月に同国メディアで強調されていたのは水際対策を徹底させることにより「我が国にウイルスが入るのを徹底的に防ごう」という姿勢であった。『朝日新聞』（一月三十日）によると、中国から入国する全外国人をホテルで一カ月間隔離したという。

　二月に入ると、住民の生活に対してCOVID-19対策を本格化させた。まず、マスメディアを通して疫学的な見地から強く注意喚起をし、住民の意識改革を促し始めた。例えば、二月六日の朝鮮中央TV「20時報道」[3]では、手洗いをどのようにすべきかについて、平壌《ピョンヤン》医学大学病院の医師の見解を紹介しながら①石鹸を使うこと②水を流しながら手を洗うこと③アルコールで消毒する場合も、一度手を洗った後で使用したほうが効果が高いこと、などを丁寧に説明している。また、各国の取り組みを詳細かつ客観的に報道した。

　学校教育の面では、登校を停止する措置をとり、遠隔授業に舵を切った。日本において、安倍首相が突如全国全ての小学校、中学校、高等学校、特別支援学校に休校要請を行ったのが二月二十七日であり、大学においても遠隔授業（オンライン授業）にようやく舵を切ったのが四月初旬～半ば（大学によって差がある）であることを考えると、朝鮮の対応は早い。

　注目に値するのは、COVID-19に一国で対処する限界性を知り、早めに国連に協力を要請したことである。[4]これは日本ではほとんど知られていないと思われるが、朝鮮が初期段階で国連との連携を模索したことは、COVID-19対策において適切な選択であろう。

三、三月～四月の動向
——住民対応の徹底

　三月に入ると、これまでの人的往来の規制だけでなく輸入物資に対する検査も厳格化し始めた（『労働新聞』三月十二～十三日）。これは、非常設中央人民保健医療指導委員会の指揮によるもので、「他国から入る物資に対する消毒及び取り扱い指導書」に基づいて検査を実施した。

　一般住民生活はどうか。朝鮮中央TVを見る限り、人通りが少なくなっているようだった。つまり、ロックダウンはせずにある程度の日常生活・経済活動は維持しながら、部分的に外出規制はしているようである。朝鮮中央TVを見ると平壌ではマスク供給はされている模様だ。ただ、マスクの種類が一律でないところが興味深かった。つまり、色も形状も様々であるということだ。

　注目に値するのは、同国各道で在朝外国人も含めた「隔離→検査→隔離解除」のプロセスを実行したことである。例えば、『朝鮮中央通信』三月二十日によると、平安南道《ピョンアンナムド》は約一五〇〇人、平安北道《プクト》は約一五〇〇人、江原道は一四三〇人行ったということである。

　四月になると、検査がさらに進むことになる。世界保健機関（WHO）の駐朝鮮代表のコメントでは、「四月二日時点で七〇九人（外国人一一人、国民六九八人）にCOVID-19（新型コロナウイルス感染症）の検査が実施された。感染者の報告はゼロ。隔離の対象者は五〇九人（外国人二人、国民五〇七人）（中略）昨年十二月三十一日以降、二万四八四二人（外国人三八〇人含む）が隔離を解除された」ということである。(5) また、四月には中国から検査キットの提供を受けたことが明らかになった。(6)

四月十一日には朝鮮労働党中央委員会政治局会議が開催されたが、第一議題として「世界的大流行の伝染病に対処し、わが人民の生命安全を保護するための国家的対策をさらに徹底的にうち立てることについて」が取り上げられたことが注目される。ここで金正恩《キムジョンウン》委員長は「ウイルス感染の危険が短期間に解消されるのは不可能であり、したがって、このような環境は我々の闘争と前進にも一定の障害となる条件になり得る」という現実的な認識を示した。これは、朝鮮が進めている国家経済発展五カ年戦略（二〇一六～二〇二〇年）や、重点的に力を入れている観光地整備（元山《ウォンサン》葛麻海岸観光地区など）への影響を示唆したものと考えられる。この会議では、防疫体制の維持、人的往来制限の維持を宣言したが、これによって対策の根本的な変化はないことが示された。

また、朝鮮労働党中央委員会、朝鮮民主主義人民共和国国務委員会、朝鮮民主主義人民共和国内閣による共同決定書「世界的な大流行伝染病に対処し、我々人民の生命安全を保護するための国家的対策をさらに徹底して打ち立てることについて」を採択した。

翌日四月十二日に開催された最高人民会議第十四期第三回会議では、前述の決定書をもとにCOVID-19対策が議論され、遠隔教育法が採択された。

なお、四月後半は「金正恩委員長重篤説」がCNNで報道されて以来、世界がこの真偽に振り回されることになった。

四、転換点（五月～六月）

「金正恩委員長重篤説」は五月二日の朝鮮中央通信の報道で終止符が打たれた。金正恩委員長が五月一日に順川《スンチョン》燐肥料工場の竣工式に出席したことが報じられたからである。推測に過ぎないが、金正恩委員長は姿を現さなかった間、COVID-19の影響から逃れるために平壌から離れていた可能性が高い。

朝鮮は、五月末までにCOVID-19対策がある程度効果を上げていると判断し、六月には対策をとりつつも学校の始業式を行い対面授業を始めた。また、六月七日にCOVID-19拡大以降、初の大規模政治集会が開かれた。これは、金日成《キムイルソン》・金正日《キムジョンイル》主義青年同盟による糾弾大会であり、糾弾の対象は対北ビラ散布を行った脱北者グループと、そのビラ配布への対応が遅れた韓国政府であった。

六月七日には朝鮮労働党中央委員会第七期第十三回政治局会議を開催したが、ここでは第一議題が経済関連の方針確認(7)であり、第二議題が平壌市民の生活保障（住宅建設など）であった。管見の限りCOVID-19に関する言及は見当たらなかった。もちろん、第二議案で触れられた可能性もあるが詳細は不明だ。

五、政策の強化へ（七月〜八月）

朝鮮において初めてCOVID-19の事例が報告されたのは開城《ケソン》市であった。過去に脱北した人物が、軍事境界線を越えて再び朝鮮に戻ったケースがあったが、その人物がCOVID-19の疑いがあるというものであった。これによって、同国は二十四日午後から開城市を封鎖した。

この開城の事例を受けて、朝鮮労働党中央委員会政治局非常拡大会議が招集された。COVID-19対策を一段階強化するための会議であった。金正恩委員長は、これまでの国家非常防疫体系を「最大非常体制」に移行させ、特急警報を発令することを決定した。

また、水際対策の徹底も再度強調した。例えば、南浦《ナンポ》港において防疫に怠惰な態度が散見されるとたしなめる記事を報道したり、金策《キムチェク》水産事業所（咸鏡《ハムギョン》北道金策市）の対策を詳細に報道したりした（『労働新聞』八月一日など）。国境の都市である羅先《ラソン》市と新義州《シニジュ》市においても「鉄道駅でも当該機関と協同して納入物資の取扱いと輸送の手配を疫学的要求に合うように厳格におこなっている」と報道している（『朝鮮中央通信』八月一日）。

朝鮮のマスメディアは現在、米国を含む南北アメリカ、欧州、アジア、アフリカなどでCOVID-19患者の発生数、治療中の人数や死亡者、対策の要点などを比較的客観的に紹介している。

六、朝鮮の対策の根幹

国家が医学分野を掌握して公衆衛生を強化し住民の健康を保証するのは、国家権力を維持し正当性を主張する上で非常に重要である。逆に言えば、近代国家において政治権力は生を管理する。これは、フーコー（M. Foucault）が主張した「生権力／生政治（biopower）」である。現在、世界の国々で政府によって取られている公衆衛生政策・COVID-19対策はこの「生権力／生政治」の観点からも議論されており、このような政府の対策について一部の学者から問題提起され、話題となった（イタリアの哲学者ジョルジョ・アガンベンによる主張とそれへの反論）。

朝鮮のCOVID-19対策もこの「生権力／生政治」という観点から読み解くことが可能だ。特に「人民大衆第一主義」を掲げ、朝鮮労働党員および国家の幹部が住民に滅私奉公することを求める金正恩委員長にとって、住民の安全と健康を確保することは譲れない一線であるに違いない。一方、三村（二〇二〇）は、朝鮮の指導層にとっては「新型コロナウイルス感染症を防ぐことが、国家のイメージを高めるための事業であり、北朝鮮の社会主義体制の「優越性と威力」を世界に宣伝する好機と捉えられている」がゆえに、COVID-19に「「敗北」することは朝鮮労働党と北朝鮮政府の「政治的敗

北」を意味することとなり、絶対に許容できない問題となる」と指摘している。(8)

現在、平壌総合病院の建設が、金正恩委員長の突然の指示で行われたような報道がなされている。しかし、「生権力／生政治」の観点から考えると、COVID-19の脅威にさらされた現在、金正恩委員長を始めとする指導層にとって、平壌総合病院の建設は朝鮮の公衆衛生・医療体系の力を可視化する最も重要な政策であろう。なお、これは朝鮮に限った話ではないが、二〇〇三年のＳＡＲＳ対応の経験が朝鮮のCOVID-19対策に影響していることも付記しておきたい。(9)

注

（1）例えば、同国の最高学府である金日成綜合大学には近年観光学のコースができ、同国の主要な学術ジャーナルである『金日成綜合大学学報』『社会科学院学報』には、二〇一八年くらいから観光をテーマとする論文が増加した。なお、同国と観光について日本語で読める文献については、礒﨑敦仁『北朝鮮と観光』（毎日新聞出版、二〇一九年）がある。

（2）『民主朝鮮』は同国最高人民会議（日本の国会に相当）および内閣の機関紙で、新聞では最も重要な『労働新聞』（朝鮮労働党中央委員会機関紙）の次に重要であるといっても差し支えないだろう。

（3）朝鮮中央ＴＶの代表的なニュース番組は、「17時報道」「20時報道」である。

（4）'North Korea and the international community should join forces to tackle COVID-19, says UN expert', 26 February 2020.
https://www.ohchr.org/EN/NewsEvents/Pages/DisplayNews.aspx?NewsID=25617&LangID=E（二〇二〇年八月十三日最終閲覧）

筆者の知る限り、この情報を日本で最初に知らせたのは、川口智彦准教授（日本大学）である。
URL: http://dprknow.jp/blog-entry-4085.html

なお、川口准教授は同国におけるCOVID-19対策について英語で論考を発表している。URL: http://en.ritsumei.ac.jp/research/ceapc/（二〇二〇年八月十三日最終閲覧）

（5）「ＷＨＯ「北朝鮮、新型コロナウイルス検査で五〇〇人超を隔離　感染者報告はゼロ」」（『Newsweek日本版』二〇二〇年四月八日）https://www.newsweekjapan.jp/stories/world/2020/04/who500.php（二〇二〇年八月十三日最終閲覧）

（6）「中国、北朝鮮に検査キット　新型コロナ」（時事通信、二〇二〇年四月二十七日）https://www.jiji.com/jc/article?k=2020042700865&g=int（二〇二〇年八月十三日最終閲覧）

（7）化学工業と金属工業の二本柱およびC1化学工業（合成炭化水素・人造石油の製造）が議論され、肥料生産能力を最優先課題とすることが決められた。

（8）三村光弘「北朝鮮の新型コロナウイルス感染症への対応」『ERINA REPORT PLUS』No.154（二〇二〇年）一七頁。

（9）朝鮮は、二〇〇三年のＳＡＲＳ流行において次のような対策をとった。
・二〇〇三年四月　防疫体制の徹底強化・厳戒態勢のため、訪朝する韓国側代表団にも検査を要求。
・二〇〇三年四月下旬　中朝国境の出入りを厳格管理。観光客受け入れを制限。

百年前のマスク――「スペイン風邪」瞥見

渡辺浩平

わたなべ・こうへい――北海道大学大学院メディア・コミュニケーション研究院教授。専門はメディア論。主な著書に『吉田満　戦艦大和学徒兵の五十六年』（白水社、二〇一八年）などがある。

今から百年前、「スペイン風邪」が猛威をふるった。第一次世界大戦下においてこの感染症は世界的に流行し、日本でも都市から地方へと猖獗をきわめた。時は明治から元号がかわって数年後、大正期の人々は感染症をどのようにとらえたのか。島村抱月の死、菊池寛の小品文などを通じて、「百年前のマスク」の意味するものを考える。

はじめに

マスクをしないとはばかられる空気がある。地下鉄や商業施設に足をふみいれる時はマスクをするが、人通りの少ない通りでははずしていた。でも、前方から布で口をおおったランナーが自分を大きく迂回すると、悪いことをしているような気持ちになってくるのである。

今から百年前、作家の菊池寛も「ガーゼを沢山詰めたマスク」をしていた。そもそも、外出は極力ひかえたという。いわゆる「スペイン風邪」が猛威をふるっていた頃のことだ[1]。

一九一八年から全世界を席捲したインフルエンザは、スペイン発ではなかったが、同国が第一次世界大戦で中立国であったため、情報が流れ、スペインの名が冠せられるようになった。記録にのこる最初の患者は、一九一八年三月、米国カンザス州の基地に見出される。ことほどさように、大戦で感染が拡大し、西部戦線では患者が続出、連合国、同盟国両軍に甚大な被害をもたらした[2]。

一九一八年から二年ほど続いたインフルエンザの罹患者は、

全世界で四億とも五億ともいわれ、死者はその一割とも試算されている。近代において特筆すべき感染症の世界的流行であった。第一次世界大戦の死者がおよそ一六〇〇万人なので、犠牲者数で言えば、インフルエンザのほうが多いということとなる。

当時の内務省衛生局の資料によれば、日本においては二三八〇万人が感染し、三十九万人あまりが病死したとする。(3)速水融は独自の人口統計学の手法によりその死者を約四十五万と推計する。(4)

関東大震災（一九二三年＝大正十二年）の死者がおよそ十万なので、それをはるかに超えている。しかし、毎年九月一日には関東大震災にちなみ全国で防災訓練がおこなわれるのに、スペイン風邪は歴史の教科書にもさしたる記述はない。

日本においては、感染症予防のマスクもそれを機に普及したという。第一波が日本に到来した翌年一九一九年一月の読売新聞では、「感冒《かぜ》除けのマスク」というタイトルで、「実に格好の悪いものだが」として、マスクをしたニューヨークの清掃労働者の写真を紹介している。(5)当時の日本人にとって、白い布で口をおおった姿は奇異にうつったのだろう。

記事の翌年、福井県の警察署は県下の署を通じて、「呼吸器を所持せるもの」の戸数と人口を調べている。前者が平均六六・五パーセント、後者は三六・七パーセント。三分の一がマスク（呼吸器）を持っていた。(6)言うまでもなくそこでいうマスクは、今回のコロナ禍で政府が配布したものと同じく布製である。ここから、マスクがわずか一年で多くの人が所持するようになったことがうかがえるのである。むろん、福井県がこの数字を報告したということは、同県が普及に尽力し、それなりの率に達していることを誇示するねらいもあったのだろう。

上記の数字は、先に示した衛生局の報告書から引いたものだ。同書には、「流行性感冒（スペイン風邪）」流行の経緯と、同局の予防施策の推移がえがかれている。一世紀前、流行性感冒は当時の社会でどのようにとらえられたのか。今回のコロナ禍、そして、その後を考える一素材として、百年前の感染症を概観しておくことは意味のないことではないだろう。なお私は感染症学をおさめた人間ではないので、この問題をあくまで大正という社会のなかに位置付けて考えてみることとする。資料は主に速水の前掲書と内務省資料、新聞アーカイブ、さらに当時の文芸作品を使用する。

一、複数回に分かれた流行

内務省衛生局によれば、「スペイン風邪」は日本において一九一八年（大正七年）八月頃から流行したという。そこでは、同年五月上旬に南洋より帰還した軍艦を発生源とする説を紹介しているが、源発地は確定できない。速水も先の著書で戦艦による日本への到来と、大相撲の夏場所で力士の感染が増え、当初「角力風邪」と呼ばれた事実をあげている。だが九月以降、気温の下降とともに拡大したインフルエンザは、夏前に先駆けとなったものとは異なり、変異したものだとする。

スペイン風邪は三波に分かれて流行した。第一波が、一九一八年（大正七年）八月から翌年一九一九年（大正八年）七月まで、患者は二一一六万八三九八人、うち死者は二十五万七三六三人。後述するがその第一波で島村抱月が世を去った。

第二波は一九一九年（大正八年）十月から翌年一九二〇年（大正九年）七月までで、感染者は二四一万二〇九七人、死者は十二万七六六六人だ。

第三波は一九二〇年（大正九年）八月から一九二一年（大正一〇年）七月までで、二十二万四一七八人が罹患、死者は三六九八人と第一波、二波と比べれば軽微なものだった。(7)

速水はそれを「前流行」と「後流行」と二つに分ける。前流行は、一九一八年（大正七年）秋から翌年春、後流行は一九一九年（大正八年）暮れから翌年春までである。つまり、衛生局の資料の第一回が「前流行」に、第二回が「後流行」に相当する。そして、前者の死者を二十六万六四七人、後者を一八万六六七三人と推計する。(8)

衛生局の資料では感染者も死亡者数も第一波が多いのだが、死亡率は第一波が一・二二パーセントに対して、第二波は五・二九パーセントで四倍強となる。第二波の死亡率が格段に高い。いずれにしても、インフルエンザの流行は複数回にわたって訪れ、第二波においても、甚大な被害があったことを、どちらの数字も語っているのである。第一波の特徴は以下だ。

其の初発の地は二三の例外を除き多くは交通頻繁なる都市に発し之より放射状に其の周囲村落を侵襲するを常とせり、即ち市内に於ては学校児童の欠席増加し、又工場職工等の欠勤続出し一両日にして数十数百に上り、一般の注意を惹く時に於ては既に病毒は全市に瀰漫し数日ならずして全市民の大半を襲ふを例とせり。(9)

今回のコロナウイルスは、全市民の大半が感染することにはならなかったが、当初の急速な拡大は、大正期のそれと異なるものではない。感染症とは恐ろしいものだと感じさせる文章だ。では第二波はどうだったのか。

各地流行の状を見るに都鄙、交通等の関係により相違あるも、概して前回激しき流行を見ざりし地方は本回は激しき流行を来し、前回に甚しき惨状を呈したる地方は本流行に於ては其の勢比較的微弱なりしが如し(10)

第一波で流行した地域に住む人々が免疫をもった。しかしその伝播は、一、二県をのぞいてほとんど全国で猖獗をきわめた。冒頭引用した菊池寛の言はこの頃のことである。第二波到来への備えの大切さを実感させられる。

二、「はやりかぜ」の予防

流行の拡大とともに、衛生局は調査に乗り出す。被害の激しい地域に職員を派遣し、海外情報を収集した。一九一八年（大正七年）十月二十三日には、全国に警告をだした。しかし、予防啓蒙活動がおこなわれるのは、翌年になってからだ。同局は、一九一九年（大正八年）一月、「流行性感冒《はやりかぜ》予防《よぼう》心得《こころえ》」を発出している。全文ルビ付き、子供でも読める体裁だ。なお以下の引用では、煩雑となるのでルビはとった。

冒頭の項、「はやりかぜはどうして伝染するか」は以下のように説く。「はやりかぜは主に人から人に伝染する病気である。かぜ引いた人が咳や嚏をすると眼にも見えないほど微細な飛沫が三、四尺周囲に吹き飛ばされ夫れを吸ひ込んだ者は此病に罹る」と感染症の基本が説かれている。

次の項、「罹らぬには」では、「一、病人又は病人らしい者、咳する者には近寄ってはならぬ」、「二、沢山の人の集つて居る所に立ち入るな」とし、三は「人の集つて居る場所、電車、汽車などの内では必ず呼吸保護器を掛け」るよう訴えている。

先の読売新聞の記事が一月二十六日。衛生局は海外事情を調べ、「呼吸保護器（マスク）」の使用が予防に効果ありとして、その心得にも記載したのだろう。翌月からは、予防啓発のポスターを配布した。

手当が早ければ直ぐ治る
マスクをかけぬ命知らず！
含嗽せよ朝な夕なに
予防注射で宿のなくなる風の神

宣伝文が絵入りでしるされている。「風の神」とはインフルエンザのこと。当時の科学的知見と海外での取り組みを総合し、予防の啓蒙につとめているのである。

各道府県がおこなった施策も記載されている。そこには、今にも通じる光景が見える。茨城県では、「「マスク」は宿屋、料理屋、飲食店、理髪店、鍼灸按摩術営業等の接客業者は勿論活動写真館、劇場、客席等に於ける観覧人並従業者、公私立学校職員、生徒児童、諸工場、銀行、会社等尚多衆集合する場所に出入する者に関し半ば強制的に「マスク」使用を勧奨したる」[11]。三重県でも「貧民部落の住民に対して公費を以て「マスク」及含嗽剤を調整して無料配布をなしたり」[12]という。

　この機に乗じて、利益をあげようとする商売人が現れるのは、今回のコロナ禍と同様だ。青森県では、「「マスク」の使用励行の結果売上高増加するに伴ひ暴利を貪る如きもの無からしむる為め警察署に命じ之れが取締を為さしめたり」[13]という。インフルエンザの予防啓発の徹底は、内務省が所管する警察のルートがつかわれた。このような高値でのマスク販売の記述は多くはないが、しかし、マスクの「実費販売」という言葉が多々見られるので、この機に乗じて暴利をむさぼる輩がいたことは間違いない。

　また、当初は奇異にみられていたマスクだったが、インフルエンザの流行とともに、需要が伸び、品薄になっていく。さらに、マスクをしないと公共の場所への立ち入りを禁止し、違反したものに罰金を科すといった記述もある。「流行性《はやり》感冒《かぜ》」の予防にむけて、内務省衛生局が道府県の衛生行政や警察という指示命令系統を総動員して、施策を徹底する様子がうかがえるのである。戦前の内務省の権限は、現在の政府より強かった、ということだろう。

三、島村抱月の死

　さて、今回のコロナウイルスの流行でも、有名人の感染は人々の注目をあつめ、時に予防に対する意識を高める結果となった。百年前とて同様だ。スペイン風邪では少なからぬ著名人が亡くなっているが、その中でもことのほか耳目をひいたのが、島村抱月の死であった。

　島村抱月は明治から大正にかけて、文芸、演劇の領域で活躍した文人だ。東京専門学校（早稲田大学）で坪内逍遥に師事して文学研究から出発、逍遥率いる文芸協会で演劇の指導をおこなうが、女優・松井須磨子との恋愛を機に、逍遥のもとを離れて芸術座を結成する。須磨子は芸術座の看板女優となった。

　抱月がスペイン風邪にかかったのは、一九一八年（大正七年）十月二十九日のこと、わずか一週間で他界した。死の前日の十一月四日には容体もよくなり、「気分が好い」と語っていたというから、コロナウイルス同様、スペイン風邪も一日で病状を急変させる凶悪なものだった。芸術座の劇団員は誰も死に目に会えなかった[14]。享年四十八歳。

　抱月の死には数々の余波がつく。翌年一月五日、つまり抱月の死の二カ月後に松井須磨子が縊死するのである。実は、スペイン風邪は先に須磨子がかかり、そこから抱月にうつったものだった。

須磨子は文芸協会演劇研究所の一期生で、ハムレットをはじめ数々の翻訳劇に出演し、新劇女優としての地歩をかためていた。彼女のうたう「カチューシャの歌」は「日本全国津々浦々これを口吟まぬものはないまでに流行った」[15]。今をときめく女優が愛人の後を追って自死したのである。

さらに須磨子は、抱月と同じ墓へ埋葬してほしいと希望をのこしていたが、抱月の妻はみとめない。師であった坪内逍遥は、遺族との間にはいったが、須磨子の遺言はとげられることはなかった。その間、須磨子の遺産の多寡をふくめて、新聞はその詳細を報ずる。抱月、須磨子という有名人の死と二人をめぐるスキャンダラスな報道によって、「スペイン風邪」という尋常なるざる感染症に、人々の関心は向かっていったのだ。

四、文明と世間の手前

冒頭にあげた菊池寛の小品「マスク」は一九二〇年（大正九年）の冬、第二波の流行がたけだけしい時期につづられたものだ。

この文を知ったのは、新聞記事だった。菊池の生地高松の「菊池寛記念館」がウェブサイトに掲載したことを知り（二〇二〇年六月一日朝日新聞）、読んでみたのである。

「マスク」は小品文といった短いものだが、菊池寛のスペイン風邪への恐怖と、大正時代を生きる人々の心持ちの一端が読み取れ、興味深かった。

同文は自らが虚弱であることから説きはじめる。見た目は頑健に見えるが、内臓が人並み以下に脆弱だという。特に、肺と心臓が悪いそうだ。なお、抱月の死因は急性肺炎だった。

医者は菊池に、インフルエンザにかかれば、それはすなわち死を意味すると告げる。予防策がはじまるのである。それがガーゼを幾重にも詰めたマスクであり、うがいであり、外出をせぬことだった。毎日の死者の数を見て一喜一憂する夫を、夫人は臆病と笑う。

三月に入り気温がゆるむと、インフルエンザの脅威も後退し、マスクをとる人が増えるが、菊池はマスクをはなさない。病気を恐れないことを「野蛮人の勇気」として排斥し、自らのそれを「文明人としての勇気」と呼ぶのである。「臆病」という誹りへの反論であろう。

五月になり陽気もよくなった頃、シカゴの野球チームが来日し、日本の大学チームと対戦した。菊池は早大球場（戸塚球場）に帝大戦を見にいく。その日は、よく晴れた日で、遠く目白台が青葉にかくれていたという。マスクはしていなかった。

球場の入口でマスクをした二十代前半の青年と遭遇する。そこで菊池寛はショックを受け、以下のような自己分析をおこなうのだ。「自分が、マスクを付けて居るときは、偶にマスクを付けて居る人に、逢ふことが嬉しかったのに、自分がそれを付けなくなると、マスクを付けて居る人が、不快に見える」、それは自己本位的な心持ちだ。であるとすると、「自分が世間や時候の手前、やり兼ねて居ることを、此の青年は勇敢にやって居る」のであり、その「勇気」に心を動かされたのだ、とするのだ。

平時であれば、マスクをする「勇気」などささいなものだろうが、コロナウイルスの感染拡大に遭遇した今となっては、それはそれで尋常ならざることとも思える。しかし、さほど声を大にして言うことでもないようにも感じられる。ただ、自らの病弱をもち出して（それも本当のことかはわからず文学者の常套する韜晦でもあろうが）、「文明」と「世間の手前」を述べる巧みな筆致に、大正時代を生きる人々の心性を感じたのである。

私は明治大正期の文章に広く接しているわけではないが、ただ、「マスク」を読んで、幾篇かの文章を思い出した。一つは、森鉄三の明治天皇と西郷隆盛をえがいた一篇だ。明治天皇が西郷と馬術の稽古をしていたおり、落馬する。むろん、明治十年以前のことだから、十代の終わりか二十代前半のことだ。その時、思わず「痛い！」と言ったという。西郷は馬上から睦仁を見下ろして、「痛いなどという言葉を、どのような場合にも、男が申してはなりませぬ」と諫めた。その後、明治天皇はその西郷の一言を服膺したという。西園寺公望にもそのことを話していた。[16] 西郷の言葉と明治天皇の記憶に、明治初年の時代精神を感じたのである。体が脆弱であることを、いささか自虐的に語ることで「文学」が成立するという感覚は、明治の要路にはなかったであろう。

もう一つが芥川龍之介の短編「将軍」だ。[17] N将軍（乃木希典）にまつわる記憶が、周囲の人間によって語られる作品だ。最後の章「父と子と」は大正七年（一九一八年）十月という設定で、N閣下を知る中村少将と大学生の子との会話で展開する。青年は、乃木が自刃する前、夫人と写真をとったことに違和感を述べる。父はその言をさえぎるが、青年は反論する。

無論俗人じゃなかったでしょう。至誠の人だった事も想像出来ます。ただその至誠が僕等には、どうもはっきりのみこめないのです。僕等より後の人間には、なおさら通じるとは思われません……。

言うまでもなく菊池寛は「僕等」の側にいる。なかなか微細な感覚の違いで、理解に苦しむ向きもあろうが、一言でいえば、大正という時代が、明治から遠くなってしまったということなのだろう。生方敏郎は、大正になると、とたんに時代が変わったように感じられたという。後述する問題とも関係するので、長めに引く。

大正も二年と進むと、そこは纔かに一年のことだが、何とはなしに世の中が一変したかのような感じが、誰の胸にも響いた。物事が突飛に跳躍して進みつつあるかのようにも、またあらぬ方へそれつつあるかのようにも、華やかになるかのようにも暗くなるかのようにも、自由なようにも同時に危いようにも思われ出した。(18)

実はその描写の後に、芸術座が一世を風靡したくだりがくる。生方は、明治と切れたところに、芸術座の活動をおく。大正に入るや、明治は少しずつ遠ざかってゆき、新たな時代の到来を感じた。そして、明治と遠くはなれた人々が、スペイン風邪とむきあうこととなるのである。

そこに、抱月、須磨子の死があり、そのようなニュースの消費によって、感染症への恐怖が醸成されていった。おそらくは菊池寛も、新聞や知人との会話によって、情報を消費し、「文明人としての勇気」をふるいたたせ、マスクをはなさなかった。同時に、「世間の手前」にも心を動かされていくのだ。

五、時代の切断面

ここからは資料からはなれた主観的な飛躍の話となる。菊池寛が五月晴れの一日、早稲田で野球観戦をした二年四カ月後、大震災が関東をおそった。激震と火事で東京は灰燼と化した。生きのこった人間は、るいるいとした死体を眼にした。震災はあまたの流言蜚語をうみだした。その一つに朝鮮人が井戸に毒を入れた、火を放ったというものがあった。デマによって、多くの人々が自警団や軍、警察によって殺された。犠牲者は朝鮮半島出身者だけではなかった。九月四日には南葛労働組合の幹部や自警団が、警察と軍に殺されている。その後も、アナーキスト大杉栄と伊藤野枝、それに大杉の六歳の甥が、憲兵大尉・甘粕正彦によって殺害されている。

虐殺については多くの人が書きのこしているが、その一人に当時中学三年生だった清水幾太郎がいる。避難先の市川国府台の聯隊で、隊伍をくんでもどってきた兵隊が、洗面所で銃剣の血を洗いながす姿を眼にしている。清水の社会学はその体験が出発点となる。(19)

事件については、少なからぬ調査資料が公刊されているので、ここで多くを語る必要はないだろうし、重たい問題をふくんでいるので、軽々しく述べることのできる内容でもない。しかし、このスペイン風邪の流行とその数年後に起きた関東大震災における社会不安がどのようにつながっているのか、どうしても関心が向いてしまうのである。

抱月、須磨子の死をながめる視点や、菊池の述べる「文明人としての勇気」、さらに「世間の手前」は事件への抑止になりえなかったのか。生方敏郎が描く明治から大正にいたる世相の変化は事件と関係しているのか。加害者側には警察や軍もいたが、主にそれは自警団だった。徴兵制度の実施によって起こった血税一揆や、さらに、日露戦後の日比谷焼き討ち事件のような民衆暴動は明治期にもあったが、それは、関東大震災での自警団の暴力とどのような点が異なり、どこに類似点があるのか。明治初年の血税一揆では、被差別部落民に暴力が向いている。いくつかの疑問がわいてくるのだ。

いささか話が拡散してしまったが、末尾に百年前のマスクが語りかけてくることを簡単に整理しておきたい。元号で時代を区切ることにいかなる意味があるのか疑問を持つ読者もおられるだろうが、改元は、新たな時代が到来したという想念を人々に与える。災害もまた同様である。「新たな」という語が付せられることにより、これまでと異なる時代の誕生を意識する。時に古いことが忘れ去られ、新しい枠組みが生まれたように錯覚することもある。今回のコロナ禍も、実際の変化はさておき、そのような時代の切断面を意識させるものとなろう。だが確かに、新たな××の構成要素には、これまでと異なる思考や習慣がふくまれることとなろうが、しかし、人の暮らしや精神が容易に変わるわけではない。一世紀前の経験からくみとれることは少なからずあるだろう。

注

（1）菊池寛「マスク」（『菊地寛記念館』ウェブサイトhttps://www.city.takamatsu.kagawa.jp（二〇二〇年八月二十六日最終閲覧）［初出：『改造』一九二〇年七月］）。

（2）速水融『日本を襲ったスペイン・インフルエンザ　人類とウイルスの第一次世界戦争』（藤原書店、二〇〇六年）五一頁。

（3）内務省衛生局編『流行性感冒――「スペイン風邪」大流行の記録』（平凡社、二〇〇八年［原著一九二三年刊］）。

（4）速水注2前掲書、二三九頁。

（5）『読売新聞』（一九一九年一月二六日）。

（6）内務省衛生局注3前掲書、二〇九―二一〇頁。

（7）内務省衛生局注3前掲書、一〇四頁。

（8）速水注2前掲書、二三九頁。

（9）内務省衛生局注3前掲書、一〇五頁。

（10）内務省衛生局注3前掲書、一〇七頁。

（11）内務省衛生局注3前掲書、二〇三頁。

(12) 内務省衛生局注3前掲書、二〇四頁。
(13) 内務省衛生局注3前掲書、二〇七頁。
(14) 『読売新聞』（一九一八年十一月六日）。
(15) 生方敏郎「凝視の中心となった女性」（『明治大正見聞史』中央公論、二〇〇五年）。
(16) 森鉄三「大西郷の一言」（『新編明治人物夜話』岩波文庫、二〇〇一年）。
(17) 芥川龍之介「将軍」（『青空文庫』https://www.aozora.gr.jp/（二〇二〇年八月二十六日最終閲覧））。
(18) 生方注15前掲書。
(19) 清水幾太郎「関東大震災は私を変えた」（『流言蜚語』筑摩書房、二〇一一年）。

「自粛」する日本社会
――三十四年分の新聞記事を数えてみる

森山至貴

もりやま・のりたか――早稲田大学文学学術院准教授。専門は社会学、クィア・スタディーズ。主な著書に『ゲイコミュニティの社会学』（勁草書房、二〇一二年）、『LGBTを読みとく――クィア・スタディーズ入門』（ちくま新書、二〇一七年）などがある。

本稿では、三十四年分の朝日新聞の記事から「自粛」という言葉を含むものを抽出し、ほかの単語との共起を含む傾向について検討した。二〇二〇年の「自粛」の氾濫はきわめて特異だが、「ムード」「要請」「配慮」といった言葉との共起に関しては、これまでの傾向と一貫していると考えられる。

はじめに

新型コロナウィルスの猛威に晒されている二〇二〇年の日本社会を象徴する言葉として、「自粛」を挙げることができるだろう。外食、旅行、ロックバンドのコンサートから花火大会に盆踊りまで、大小さまざまなイベントが新型コロナウィルスの感染拡大を防止するために中止や延期となってきた。

他方、「自粛」を市民の自発的な実践と捉えることを疑問視する意見もまた一般的である。たとえば、新型コロナウィルスにかこつけて他者の行動様式を監視・批判する行為（者）を「自粛警察」と名指し、批判する動きがSNS上を中心に活発化している。この動きを反映し、日本語版のWikipediaでは二〇二〇年六月二日に「自粛警察」が立項されている。本稿執筆中の八月十七日現在までの二カ月間に、本項目の記述内容は継続的に数多くの修正がなされていることからも、一定の社会的関心が「自粛警察」という言葉に寄せられていると言ってかまわないだろう。

「自粛」の自発性を疑うもう一つの典型例が、「自粛を要請する」という表現の疑問視である。あくまで自発的なはずの「自粛」を「要請」するのは矛盾ではないか、というわけである（この論点については後述）。SNS上を中心に一時的に流行した「#自粛と給付はセットだろ」という意見表明も、市民の側だけが「義務や犠牲を負う」現象として「自粛」を捉えるからこそ行政にも「義務」を課すべきと考えるゆえのものである。「自粛」は実は「自発的」なものではない、と考えるリアリティが一定程度存在するのである。

ここで気になるのは、「自粛」が二〇二〇年の日本を象徴するキーワードの一つだとして、それが二〇二〇年だけのキーワードなのか、という点である。日本社会が「自粛」するのは、今に始まったことではないのではないか。

そこで本稿では、日本社会の「自粛」の歴史について、ごく基礎的なデータを調べ、整理する。わずか三十年強の日本社会の「自粛」史を、きわめて限定的な資料に基づいて述べるにとどまるが、その中にも存在する興味深い点をいくつか指摘することを、本稿の目的とする。

一、新聞を調べる、言葉を数える

（1）調査の限界としての「自粛」

日本社会の「自粛」史を調べる、という本稿の目的の達成を阻害する最大の要因は、皮肉なことにまさに「自粛」の存在である。図書館を中心とした情報サービスは、新型コロナウィルスの感染拡大を防ぐため、その一部またはすべてを停止している。

しかし、このような調査上の限界を抱えた中でも、新聞記事の分析は可能である。というのも、ある程度の資金力のある高等教育機関に所属していれば、なにがしかの大手新聞の記事検索システムが利用できるからである（ただし、過去の新聞記事へのアクセスの権利が市民に対してこのように限定的にしか保障されていないことは、もちろん問題である）。そこで本稿では、自宅でできる、もっとも簡便な調査としての新聞記事分析をおこなう。もちろん、新聞を社会の正確な写し鏡と考えることには留保が必要だが、それでも言えるところまで言うことには意義があるだろう。

（2）数える、という単純な手法

筆者が利用可能な記事検索システムは読売新聞と朝日新聞のものだが、本稿では基本的に朝日新聞の記事を分析し、補足的に読売新聞も用いる。読売・朝日とも「見出し＋本文」の全文検索は可能だが、朝日新聞のみ「見出し」のみの全文検索が可能だからである（以下断りがなければ分析対象は朝日新聞の記事）。本稿では、ごく基本的なテキストマイニング（特に記事全文内に各語が登場する回数のカウント）をおこなうために、ユーザーローカルの無料テキストマイニングツール（https://textmining.userlocal.jp/）を用いたが、このツールの字数制限の都合上、一年間に掲載された記事の全文をまとめて傾向を分析することができず、ある種の「標本抽出」が必要である。したがって、「自粛」というテーマに関する記事を重点的に抽出するため、見出しに「自粛」という言葉を含む記事を抽出することにした。そのため、この抽出が可能な朝日新聞の記事を主な分析の対象としている（媒体の差異が影響をしていないか確認するために、可能なかぎり読売新聞の記事検索システムを用いての検討もおこなった）。

本稿で用いるのは、数えるというきわめて原始的な手法である。「自粛」を含む記事件数を検索し、続いてその中で「自粛」と共起する別の単語を手当りしだい「自粛」とAND検索し、その数を数えた。その作業から見えてきたものを以下に整理しながら述べていく。なお、読売新聞、朝日新聞ともに比較的最近とそれ以前の間（具体的には昭和と平成の境界付近）で記事検索システムが切り替わっているので、通時的な調査をおこなう本稿では手法の一貫性を確保するため一九八七年以降のみを分析対象とした。なお、二〇二〇年に関しては八月十三日までの記事を分析の対象としている。

二、「自粛」には「山」がある

(1) 突出する二〇二〇年

当然ながら、新聞が「自粛」を話題にするのにはさまざまな場合がある。俳優やアーティストが不倫や違法薬物の使用によって活動を「自粛」することもあれば、政治家が特定の発言の責任をとって献金の受け取りを「自粛」することもある。飲酒や喫煙、性暴力が組織に結びついていると判断された場合、中学校・高等学校・大学などの部活動やサークルが活動を「自粛」することもある。

そのようなさまざまな事情をすべて捨象して単純に数だけを考えた場合、「自粛」はずっと新聞に取り上げられてきたのだろうか。そこで、読売新聞と朝日新聞における「自粛」の語を含む記事件数（見出し＋全文）を一年ごとに調べ、グラフにしてみた（**図表1**）。

グラフからわかるのは、二〇二〇年は突出して「自粛」が含まれる記事が多い、ということである。読売新聞では八八

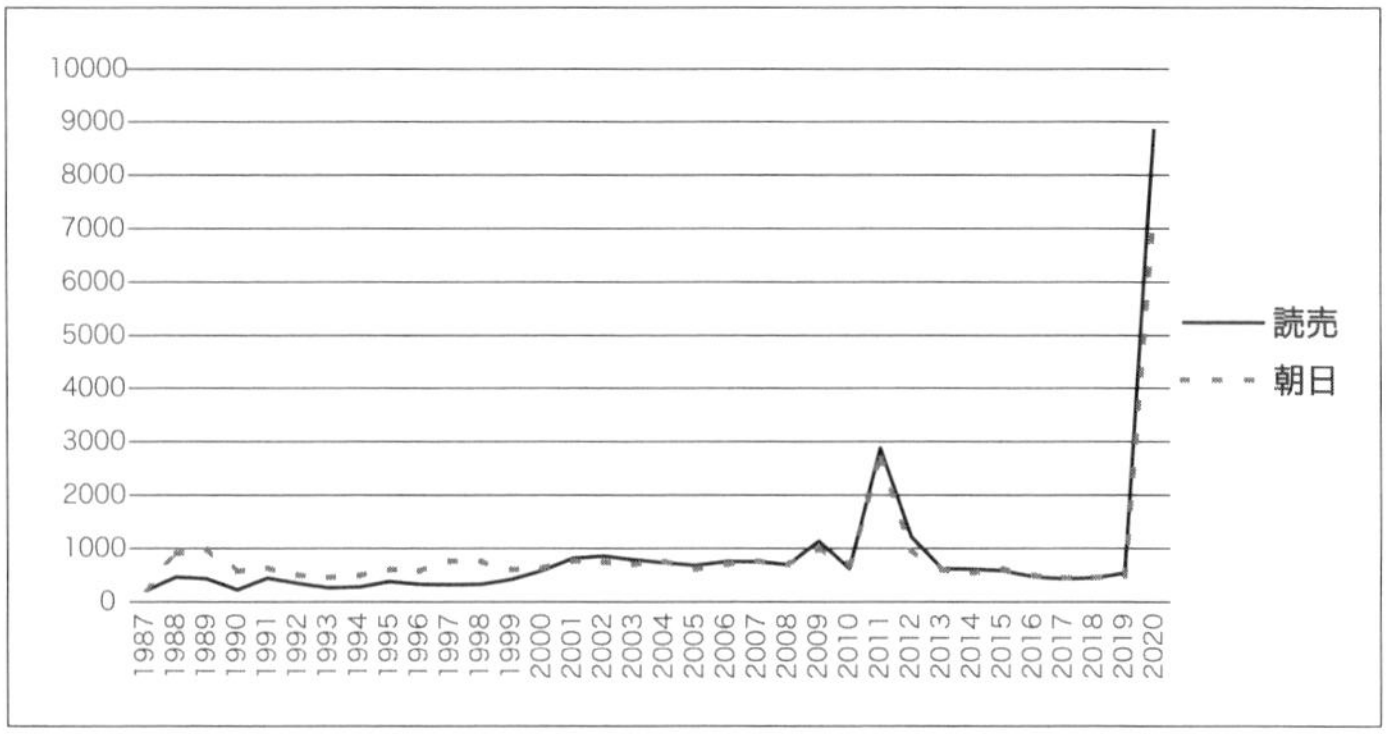

図表1　読売新聞・朝日新聞「自粛」記事件数（1987~2020）

六八件、朝日新聞では七二六一件の記事において「自粛」という言葉が用いられている。すでに述べたようにこの数値は二〇二〇年の八月十三日までの記事に関するものである。一年の三分の二弱の期間において例年をはるかに超える「自粛」の語が登場するということは、二〇二〇年はそれ以前の日本社会とは比較にならないほど「自粛」が話題となった一年であった、といえるだろう。もちろんその理由が新型コロナウィルスにあることは、後述するテキストマイニングからも確認済みである。

(2) 過去のいくつかの「山」

他方、二〇二〇年の影に隠れてしまうが、過去にも「山」がいくつかあるのが確認できる。もっともわかりやすいのは二〇一一年だが、くわえて二〇〇九年、朝日新聞にかぎっては一九八八から一九八九年にかけても「山」と考えることができるだろう。

これらの「山」は偶然できたものではなく、それぞれの時期に起こった重大な出来事と対応している。具体的には、一九八八〜一九八九年は昭和天皇の健康状態悪化と「崩御」、二〇〇九年には新型インフルエンザ、二〇一一年には東日本大震災が起こっている。これらの出来事の影響を調べるため、当該年（一九八八〜一九八九年については、「崩御」の時期を考慮し一九八八年七月から一九八九年六月までの一年とした）の「自粛」が「見出し」に含まれる記事における単語出現回数を前記のテキストマイニングサイトで調べたところ**図表2**の結果となった。それぞれの出来事の影響は明らかだろう。

図表2　「自粛」記事における頻出単語

1988~1989年	2009年	2011年
自粛（523）	自粛（124）	自粛（412）
中止（154）	感染（68）	出荷（110）
天皇陛下（106）	新型インフルエンザ（44）	氏（106）
行事（103）	マスク（37）	東日本大震災（96）
陛下（87）	販売（31）	影響（95）

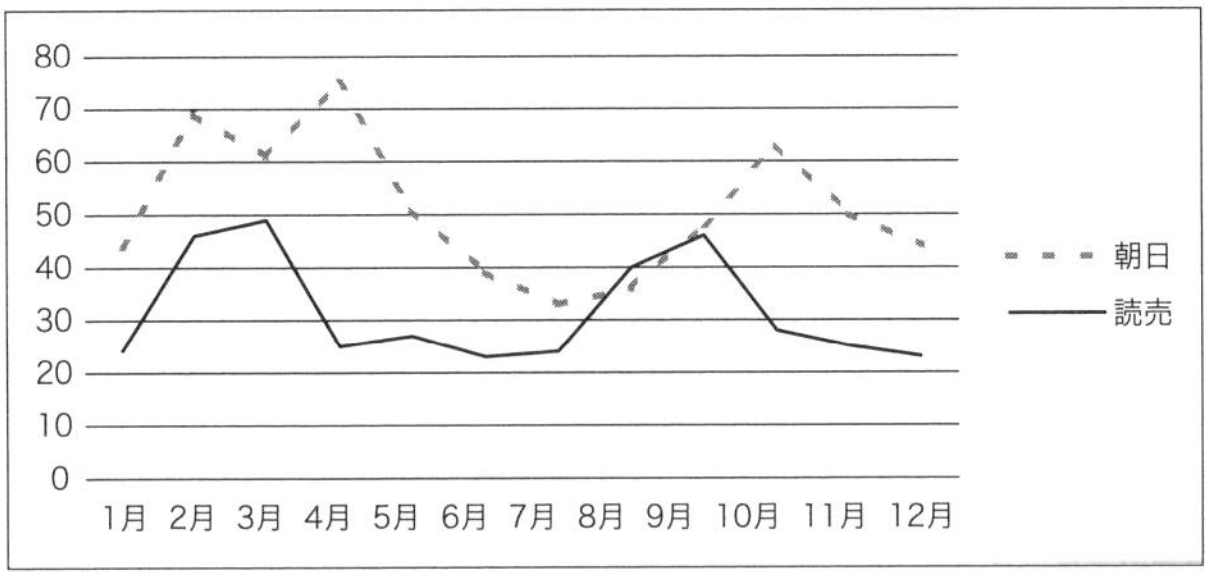

図表3　1995年の「自粛」記事件数月別推移

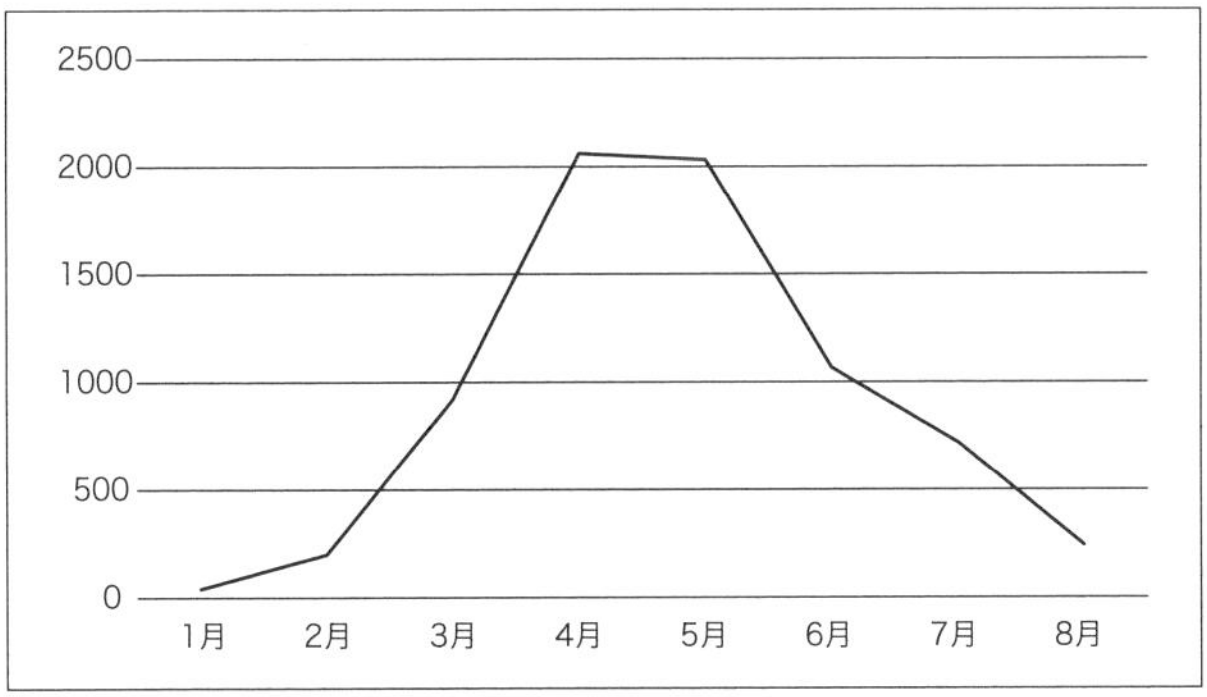

図表4　2020年「自粛」記事件数の月別推移

天皇「崩御」、感染症、震災、という三つの類型に「自粛」流行を整理することができるだろう。二〇〇九年の新型インフルエンザ流行は目下進行中の新型コロナウィルスの問題とも通じる。しかし、二〇一一年の東日本大震災が含まれるにもかかわらず、一九九五年の阪神淡路大震災は「山」を形成する要因とはなっていない。そこで一九九五年について月別で読売新聞と朝日新聞を調べたところ、**図表3**のような結果になった。おそらく、一月十七日に阪神淡路大震災が起こり「自粛」の語が記事にのぼるようになったが、三月二十日の地下鉄サリン事件以降、オウム真理教をめぐる一連の問題へと報道の重点が移行し、結果として「自粛」が記事に現れなくなったと思われる（なお、下半期に見られるもう一つの山は国家公務員の株取引「自粛」に関するものである）。ただし、阪神淡路大震災には「自粛」をめぐって東日本大震災と共通の傾向があると考えられる。この点については後述する。

（3）転換点としての「緊急事態宣言」

二〇二〇年に関して、朝日新聞における「自粛」の語のある記事の月別件数を見ると四、五月が多い（**図表4**）。これは緊急事態宣言の影響だと思われる。[1] そこで、緊急事態宣言が「自粛」を変質させたかを調べるために、見出しに「自粛」のある二〇二〇年の朝日新聞の記事をそれぞれ緊急事態宣言前・中・後に対応した一～三月、四～五月、六～八月に分け、先述のテキストマイニングツールを用いて全文比較を行った。

二文書間の比較を三通りの組み合わせでおこなったところ、もっとも差異が顕著だったのが一～三月と四～五月間である。具体的には、一～三月は「中止」「イベント」「週末」「往来」「開催」、四～五月は「宣言」「休業」「解除」「自治体」「飲食店」「相談」という単語が互いと比較して多い。緊急事態宣言発令によって、コンサートやスポーツの試合など各種興行の「自粛」から、飲食店の営業「自粛」へと、記事内容の焦点が変化していると考えられる。

三、「自粛」の「要請」は矛盾なのか？

(1)「自粛」の「要請」は新しい現象ではない

本稿冒頭で述べた「自粛」を「要請」することについては、検索で抽出されたある記事の中で、国語辞典編纂者の飯間浩明氏が珍しいものではないと述べている。

「自粛要請」という言葉に対する違和感を、ツイッターなどで目にします。「自粛」は「自分で判断して行いを慎む」という意味で、一方の「要請」は「他の人がお願いする」という意味。だから、この二つの言葉を組み合わせるのはおかしい、と。

でも、日本語としては類例が多くある言い方です。「自制を促す」もそうですね。例えば、国際関係では、ある国が別の国に行動を控えるよう求める場合に使われる。最終的には本人自身が判断することでも、その判断を他の人が促したり、要請したりすることはできます。（朝日新聞二〇二〇年四月二十五日朝刊、一三面）

くわえて、「自粛」の「要請」は、二〇二〇年にかぎった現象ではない。引用の直後の部分において、飯間氏は「自粛」の「要請」という語の結びつきは少なくとも一九六一年まで遡ることができると述べている。

(2)「自粛要請」という四字熟語化

実際に記事件数を検索していると、珍しくないだけではなく、感染症と「自粛」の「要請」が特に結びついていることが明らかになる。前述した、特定の出来事と「自粛」が結びつく五つの時期（一九八八年七月～一九八九年六月、一九九五年、二〇〇九年、二〇一一年、二〇二〇年）において、「自粛」に「要請」が結びつく度合いを、（自粛＋要請）／自粛の数

図表5　「自粛」と「要請」の記事内同居

	自粛	自粛＋要請	(自粛＋要請)÷自粛
1988年7月〜1989年6月	1253	134	0.107
1995	613	73	0.119
2009	1007	356	0.353
2011	2686	483	0.180
2020	7261	2904	0.400

図表6　「自粛」の「要請」と「呼びかけ」

	自粛	「自粛を要請」	「自粛を呼びかけ」	『自粛要請』	『自粛呼びかけ』
1988年7月〜1989年6月	1253	7	12	25	2
1995年	613	6	15	9	5
2009年	1007	125	44	95	4
2011年	2686	173	44	116	8
2020年	7261	458	410	1298	33

値によって比較した（**図表5**）。二〇二〇年の数値は二〇〇九年と近似している。感染症への対処の場合、「自粛」は「要請」される。「要請」に語義の近い言葉である「呼びかけ」でも計算を行った結果、同様の傾向が現れたため、日本は感染症を「自粛」「要請」によって乗り切ろうとしてきた、少なくともそのような方法に言及してきた社会である（少なくとも二〇〇九年以降はそうである）と考えることができる。

なお、「要請」と「呼びかけ」に関しては、細かな言葉遣いに関して二〇二〇年に特有の性質を確認することもできる（**図表6**）。「自粛を要請」「自粛を呼びかけ」といった助詞の「を」による連結表現で検索すると、二〇〇九年、二〇一一年では「自粛を要請」が多いが、二〇二〇年は「自粛を呼びかけ」も増加している（一九八八〜一九八九年、一九九五年も後者が多いが、数が少なすぎるため比較は無意味だろう）。他方、助詞の「を」を含まない、名詞化した「自粛要請」という言葉は二〇二〇年に激増している。これらの変化は、そもそも「自粛」という言葉の使用回数が急激に上昇していることの影響が主だと考えられるが、「自粛を呼びかけ（る）」といった比較的柔らかな表現が新たに定着しつつある一方、「自粛」を「要請」する事態の常態化にともない、助詞を省いた「自粛要請」という四字熟語化が進行しているとも判断できる

（ここには、字数を節約したい新聞特有の事情も大きく影響しているだろう）。

四、「自粛ムード」は消えたのか？

（1）「自粛ムード」なき二〇二〇年？

先述の五時点における頻出語の中には、「自粛」の隠れた強制性に関連する単語として「ムード」が存在する。そこで、前節と同じ要領で「自粛」に「ムード」が結びつく度合いを、（自粛＋ムード）／自粛の数値によって比較した（**図表7**）。

図表7　「自粛」と「ムード」

	自粛	自粛＋ムード	（自粛＋ムード）÷自粛
1988年7月～1989年6月	1253	278	0.222
1995年	613	117	0.191
2009年	1007	14	0.014
2011年	2686	758	0.282
2020年	7261	181	0.025

結果、一九八八～一九八九年、一九九五年と二〇一一年には両者が同じ記事に掲載される頻度が、二〇〇九年や二〇二〇年と比べて大幅に高かった。二〇〇九年と二〇二〇年の共通点は、「自粛」の原因が感染症にある点であり、この点が「ムード」という語の使用に影響を与えている可能性は高い。ただし、感染症が「自粛」を促す要因の場合、そこに「自粛せざるを得ない雰囲気」がない、と考えるべきなのか、そのような雰囲気があるにもかかわらず、（それが「正当である」といった判断により）「ムード」という言葉が避けられるのかについては、本稿の調査の範囲内では明らかにすることはできなかった。

五、「自粛」に「基準」はあるのか？

（1）「自粛」と自然科学的「基準」

「自粛」の強制性に関してもう一つ気になる言葉が「基準」である。緊急事態宣言発令下において、飲食店の休業や営業時間短縮は事業者の「自粛」に任せるのではなく基準を示すべき、という議論も存在した。当然基準を設けることは市民の権利の制限につながるので、先述の「#自粛と給付はセットだろ」という議論も沸き起こったが、ここにあるのもまた「自粛」と強制性の連関の一端だろう。

そこで、またもや同様に「自粛」に「基準」が結びつく度合いを、（自粛＋基準）／自粛の数値によって比較した（**図表8**）。ただし、先述の五時点にかぎると、二〇一一年のみ他に比べて一〇ポイント以上高い。そこで、一九八七年以降のすべての年において同様の比率を算出したところ、一〇パーセントを超えるのは二〇〇二年、二〇〇七年、二〇一一～二〇一五年であった（なお最も高いのは二〇一二年の三八パーセント、つづいて二〇一三年の二三パーセント、二〇一一年の二〇パーセントである）。それぞれ、レジオネラ菌の流行、野球の特待生制度、福島第一原発事故に関連しての「基準」に関する記事が多数を占めていた。

おそらく、感染症が原因の「自粛」には「基準」をめぐる議論がともなわず、その他の生命・健康上の問題の場合は、自然科学的な「基準」がともなう、というのが一般的な傾向であると考えられる。したがって、各種事業者の「自粛」に関する基準は、紙面においては思ったほど重要な題材として取り上げられてはいない（もっとも、これが市民の感覚を無視したものになっている可能性はあるだろう）。

図表8　「自粛」と「基準」

	自粛	自粛＋基準	(自粛＋基準)÷自粛
1987	246	23	0.093
1988	895	33	0.037
1989	987	67	0.068
1990	572	40	0.070
1991	638	19	0.030
1992	503	30	0.060
1993	457	25	0.055
1994	491	32	0.065
1995	613	21	0.034
1996	573	28	0.049
1997	768	34	0.044
1998	760	39	0.051
1999	606	42	0.069
2000	630	39	0.062
2001	766	44	0.057
2002	745	81	**0.109**
2003	697	47	0.067
2004	763	59	0.077
2005	605	45	0.074
2006	703	59	0.084
2007	765	77	**0.101**
2008	697	50	0.072
2009	1007	49	0.049
2010	684	28	0.041
2011	2686	554	**0.206**
2012	970	371	**0.382**
2013	607	140	**0.231**
2014	540	102	**0.189**
2015	623	71	**0.114**
2016	493	47	0.095
2017	452	33	0.073
2018	456	44	0.096
2019	487	31	0.064
2020	7261	371	0.051

六、「自粛」は「配慮」なのか？

（1）自発的な「自粛」はありえないのか？

「自粛」の強制性ばかりを題材にしてきたが、例外的に「自粛」の自発性にまだしも関連がありそうな頻出語として、「配慮」が存在する。そこで、前節と同じく（自粛＋配慮）／自粛の数値を比較した（**図表9**）。一〇パーセントを超えたのは一九九五年と二〇一一年であり、震災の年は「自粛」に「配慮」がともないやすい。

他方二〇二〇年は、現在のところ一九八七年以降「配慮」比率が歴代ワースト二位である。[2] ただしこの「配慮なき自粛」を、日本社会が利他性を失った結果と即断することはできない。これほどシビアな状況において自身と他者を守るための行動には、「配慮」という言葉の「自発性ゆえの脆弱さ」がむしろそぐわないから用いられない、という可能性は十分にある。[3]

図表9　「自粛」と「配慮」

	自粛	自粛＋配慮	（自粛＋配慮）÷自粛
1987	246	21	0.085
1988	895	87	0.097
1989	987	60	0.061
1990	572	33	0.058
1991	638	30	0.047
1992	503	36	0.072
1993	457	39	0.085
1994	491	28	0.057
1995	613	71	**0.116**
1996	573	36	0.063
1997	768	54	0.070
1998	760	39	0.051
1999	606	51	0.084
2000	630	26	0.041
2001	766	66	0.086
2002	745	41	0.055
2003	697	28	0.040
2004	763	49	0.064
2005	605	38	0.063
2006	703	54	0.077
2007	765	39	0.051
2008	697	42	0.060
2009	1007	48	0.048
2010	684	47	0.069
2011	2686	315	**0.117**
2012	970	26	0.027
2013	607	24	0.040
2014	540	21	0.039
2015	623	23	0.037
2016	493	23	0.047
2017	452	22	0.047
2018	456	22	0.048
2019	487	26	0.053
2020	7261	226	0.031

おわりに

以上、「自粛」という言葉をめぐってひたすら新聞記事の件数を数える、という作業をおこなってきた。この作業から明らかになった点は次のとおりである。（一）調査をおこなった一九八七年以降において、「自粛」には日本社会における大きな出来事に対応したいくつかの山が存在するが、その中でも二〇二〇年の山はとりわけ高い。（二）二〇二〇年の「自粛」は緊急事態宣言と密接に結びついている。（三）「自粛」を「要請」することは珍しいことではないが、二〇二〇年には両者の結びつき＝四字熟語化は強くなっていると思われる。（四）「自粛ムード」は天皇「崩御」や震災に関連して用いられることが多く、感染症に関するかぎり「自粛ムード」という語はあまり用いられない。（四）自粛に関連して生命・健康にかかわる「基準」が言及されることはあるが、感染症に関しては実はあまり多くない。（五）二つの震災の年ほどには、「自粛」は「配慮」と結び付けられてはいない。

二〇二〇年の「自粛」の特異性は、何よりもその量的な多さにともなうものであるが、他方本稿で取り上げた他の語との共起の傾向は、一九八七年以降大きく変化はない。ただし、「要請」との結びつきのさらなる強化、「配慮」からの「脱却」が新しさの芽である可能性も存在する。本稿の範囲を超えることになるが、おそらく、新型コロナウィルスの次にやってくる出来事によって別の「自粛」の波が起こったとき、新しさの芽に思われるこの傾向が一過性のものだったのか、そうでなかったのかが明らかになるのだろう。本稿は、その時のためのささやかな地ならしの作業であった。

注

（1）緊急事態宣言は、四月七日から東京、神奈川、埼玉、千葉、大阪、兵庫、福岡に発令され、四月十六日に全国に拡大された。五月十四日に北海道・東京・埼玉・千葉・神奈川・大阪・京都・兵庫を除く三九県において解除され、五月二十一日に大阪・京都・兵庫で解除、五月二十五日に残る東京・神奈川・埼玉・千葉・北海道で解除された。

（2）驚くべきは、一九八七年以降のワースト一位が東日本大震災の翌年である二〇一二年だということである。「配慮疲れ」によるポイントの激減ではないと信じたいが、本稿の調査の範囲内ではその要因について結論を出すことはできなかった。

（3）そもそも「自粛」に「配慮」が欠けていると人々が（少なくとも記者が）考えているからこそ「自粛」を含む記事に「配慮」という語が含まれている可能性もある。「自粛」と「配慮」の共起が、「自粛」に「配慮」がともなうことを意味するとはかぎらない。

COVID-19影響下のリモートワークで派生した組織コミュニケーション課題——特に「身体性問題」（DX／RWの穽陥）を超える為に

辻本　篤

本稿は「新型コロナウイルス」（以下「COVID-19」と表記）の社会的蔓延に伴って推進された「リモートワーク」について検証する。この労働形態はIT技術によって社会生活を豊かにしていく「デジタル・トランスフォーメーション」の理念の下でも導入されたが、「組織の生産性低下」も引き起こした。この問題を特に働き手の「身体性問題」の枠組みから論じていく。

はじめに

二〇二〇年四月七日、日本政府の新型コロナウイルス感染症対策本部が、特措法第三二条第一項に基づき緊急事態宣言を発令した。それに伴い日本の社会生活は大きく軌道修正を余儀なくされるようになった。翌月の五月二十五日には、緊急事態解除宣言（全国で解除）がなされたが、政府が「新しい生活様式」を掲げ、またその実践方法を日常生活や働き方に関して示したことにより、COVID-19との共存関係によって新しい生活方法を模索する必要性が示されたことになる。七月に入ると社会的混乱がある程度収束したと感じられるようになった。この時期の日経新聞（七月九日、朝刊、一二面）が発表した調査によると「二〇～三〇代で在宅勤務など実際に出社しない形式の「テレワーク」が進んでおり、満足度も高い」と報告されている。また「在宅勤務をして「良かった」と答えた人は五四・五パーセントと過半数を超えた」とも報告されている。COVID-19の社会的蔓延を受けて、二〇

つじもと・あつし――北海道大学大学院メディア・コミュニケーション研究院教授。専門は「組織学習論」。主な著書・論文に『組織学習の理論と実践』（生産性出版、二〇一四年）、「「HACSモデル」による職業体験型テーマパーク・アクティビティの考察」（西垣通、河島茂夫、西川アサキ、大井奈美編『基礎情報学のヴァイアビリティ――ネオ・サイバネティクスによる開放系と閉鎖系の架橋』（東京大学出版会、二〇一四年）などがある。

二〇年四月頃から、多くの企業がリモートワーク（Remote Work（在宅勤務）、以降「RW」と表記）を本格的に開始し始めた。現時点（二〇二〇年八月下旬）においては、RWを行っていた一部の従業員が、事業所に戻り、通常勤務の状態になりつつあるが、今なお、多くの従業員がRWで業務をこなしている状況が続いている。

本稿は、以降、日経系列の新聞（日本経済新聞、日経産業新聞、日経速報ニュース、日経ニュースアーカイブ、日経MJ（流通新聞）、日経プレスリリース）の、二〇二〇年一月二十九日〜同年七月十七日掲載記事を中心に、「新型コロナウイルス」「リモートワーク」「課題」で記事を検索した結果[1、2]について考察する。RWは、ICT技術を社会経済活動に応用して、人々の生活をより豊かにしていくという理念で推進されつつある「デジタル・トランスフォーメーション（Digital Transformation、以降「DX」と表記）」の理念[3]のもとに進められている。確かに就業上、多くのメリットを生み出したが、同時に解決まで長い時間が想定される多くの課題も生み出した。これは企業現場において労働者の、特に「身体性問題」にも関わることになる。本稿ではこの点に特に注目しながら検討を行ってみたい。

一、COVID-19影響下でのRW

COVID-19影響下のRWに関する記事を読み込んでみると、その「時期」や「業種」、また「職種」にいくつかの特徴が現れていることが分かる。COVID-19の影響下のRWに関する記事が目立ち始めたのは三月上旬からである。特に在宅からRWを実施することにおける様々な問題が提議されるようになった。特に問題となった「業種」は、比較的現場における身体的作業が必要となる業務（現場に自身の身体を持っていかなければ実施できない業務）である。感染防止の為に現場に入れない多くの作業員が発生し、工場などの生産ラインは一定期間停止せざるを得ない状況にも陥った。「一次産業」、「二次産業」の身体的作業が必要となる労働や一部の「三次産業」（現場での作業が必要な業種や職種）は現場での就業に関して、今なお一定程度の制限がかけられている。製造分野、流通業、小売業、飲食業、医療保険介護分野、交通分野で、就労に関する制限が問題視されている傾向にある。「職種」としては、特に組織の間接業務に相当する「営業」「総務」「経理」（財務）「情報システム部門」などは、在宅勤務への移行が比較的進んだことが報告されている。

DX／RWのメリットとして解釈できる記事としては、以下の四点に象徴的に集約されるであろう。

一、「在宅勤務によって家族とのコミュニケーションが深まった」（六月十二日、日本経済新聞、夕刊、一〇面）

二、「満員電車の回避」（六月二十一日、日経速報ニュースアーカイブ）

三、「効率的に業務を推進可能」（五月五日、日本経済新聞、朝刊、一五面）

四、「遠隔会議システム利用の会議では、冗長的時間が削減される傾向に」（五月五日、日本経済新聞、朝刊、一五面）

この四点は、DXが提唱する人々の労働／生活の質を向上させるものと理解できるため、当初、大きな社会的被害を引き起こすCOVID-19の蔓延により、皮肉ではがあるが、DXが推進されていくのが感じられた。ところが、これらのメリットはすべて、何らかの形で、課題点として指摘されるようになったのである。

二、DX／RWが生み出した組織コミュニケーションの課題

RWに関する様々なアンケートでは、共通して「組織の生産性は低下した」という報告が多い。生産性低下の原因として報告された記事を見ると、大枠としては「直接的原因」（特にRWの初期段階で派生する課題）と、「間接的要因」に分類されると考えられる。まず、「直接的原因」と推察される要素を見ていこう。

（1）組織の生産性を低下させた「直接的原因」

生産性を低下させたと推察される直接的原因としては、大きくは以下の四つに象徴的に集約されるであろう。

①「作業場所の確保」（六月十六日、日本経済新聞、朝刊、一五面）

②「自宅PCおよび業務アプリケーションの確保」（東京商工会議所「テレワークの実施状況に関する緊急アンケート」調査（二〇二〇年五月二十九日～六月五日実施）結果より）

③「インターネットの通信速度・データ量問題」（七月八日、日経産業新聞、七面）

④「情報セキュリティ問題」（六月十六日、日本経済新聞、朝刊、一五面）

①は実際に業務を実施する場所であるが、プライベートスペースに作業場所を確保する必要があり個人生活を干渉する場合が多いだろう。②は位置づけが難しいところがある。仕事を自宅に持ち帰って、自身が個人所有するPCで作業を行っている場合も想定されるが、業務命令として公式な形で自宅にて業務を行う場合は、その経費は所属先が負担する

ことが一般的であり、その手続きに時間と手間がかかるのであろう。③は、インターネット回線に関して家庭用と企業が扱う業務用とでは、扱えるデータ量や通信速度において差が出てくることが考えられる。④の問題は、最も深刻である。多くの記事で共通して指摘されていたのは、自宅から所属企業のサーバーにいかに安全にアクセスさせられるか、という問題意識であった。一般的にこのような場合は、所属企業がVPN（Virtual Private Network：仮想専用線）を設置して、各従業員が当該企業のサーバーにインターネット経由でアクセス出来るように、RW環境下の従業員にIDを割り振る形である。このIDとPWを利用して、サーバーにアクセスする形式を採用することが多い。この①〜④の準備に時間がかかることが想定される。これらの要素は組織の生産性を低下させた「直接的原因」（特にRWの初期段階で派生する課題）として想定できるだろう。

(2) 組織の生産性を低下させた「間接的原因」
――特に「身体性問題」を顧みて

次に、生産性を低下させたと推察される「間接的原因」を見ていこう。これは、本稿で最も吟味したい内容である。いわゆる組織メンバー同士が、「職場空間の身体的共有ができない」ことから派生しているだろうと推察される、組織の生産性の低下の原因として、身体性の問題と捉えることができるだろう。

大きくは以下の五つ（A〜E）にその原因の特徴が表れている。まず「A　雑談がしにくい」ということである。Zoomなどの遠隔会議システムを利用して協調的に業務を進める相手とつながっていても、コミュニケーションを行う場合は、明確な目的がある場合に限られる傾向があるという。たとえば記事では「…（筆者省略）…ビデオ会議ツールによる定例ミーティングを除くとメンバー同士が顔を合わせる機会がない。そのままでは雑談のような打ち解けたやり取りがメンバー同士で生まれにくい。気軽なやり取りを交わしてこそ、メンバー同士の信頼やチームの結束が高まる…（筆者省略）…」（三月二十六日、日経産業新聞、二三面）とコメントされている。このコメントにあるように、コミュニケーションにおける気軽なやり取りがなければ、相互間の信頼関係は生まれにくい。これは組織構成員における業務のやり取りにも関わってくる。どういった仕事をどれくらいの量をどのタイミングで特定の人間に依頼していいのか、またダメなのかは、こういった雑談を通じて、相手の意識や労働観に触れなければ分からないことである。「雑談」というインフォーマルなコミュニケーションはその理解を促進している側面が大きい。

次に「B　緊急でない問い掛けがしにくい」という状況である。これは上述したAの要素と通底するものがあるだろう。軽く誰かと話をすることができないのである。記事では、『電話するほどでもない些細なコミュニケーションが取りづらい。若手が勝手に判断してどこかでミスが起きないかと心配する』（傍線は筆者によるもの）（三月四日、日本経済新聞、朝刊、五面）とコメントされている。ちょっとした確認事項であれば、近くの上司や職務経験が高い人間に声をかけることが可能であるが、これも遠隔会議システムを利用していることによって、実践のハードルは高くなっているのではと考えられる。

次に、「C　人の感情、職場全体の「集合的意識／感情」が読み取りにくい」という状況である。在宅勤務をしていて、他の作業者との連携もなく、淡々と作業を進めることを余儀なくされると、精神的な不安や孤独を抱えることが増えてくるという。業務連携する個人の感情や、自身が所属する職場の「集合的意識・感情」が読み取りにくいということは、それだけ自身が集団から切断されたような状態にあるのではと錯覚することも考えられる。たとえば、「面接や会議では「伝わってますよ」と意識的に意思表示をすることが大切だ。複数人数の対面での会議に個人がビデオ通話で参加する際、沈黙する場合は「今どのような状況か」を参加者が説明することも必要だ」（三月十七日、日経産業新聞、二面）というコメントもある。また、「テレワークを実施している人に不安なことを聞いたところ、最多は「相手の気持ちが分かりにくい」で三七パーセントだった」（四月二十三日、日本経済新聞、朝刊、二二面）ともコメントされている。RW作業者が業務を協力的に推進している仲間とつながっているという意識が醸成されるように技術的な工夫が必要とされるだろう。

また、「D　些細な意識調整ができないため、摩擦が起きやすい」という状況もあるようだ。これも、上述したA・B・Cと、コミュニケーション環境としては共通した原因をはらんでいると理解できよう。簡単で些細なコミュニケーションが取りにくいのである。たとえば、「…（筆者省略）…最新のビデオ会議システムは一〇〇人の同時参加も可能だが、五人を超えると活発な意見交換は難しくなる」（三月二十五日、日経産業新聞、二〇面）というコメントがある。対面であれば、かなり細かくコミュニケーションが錯綜する会議も実現するが、遠隔会議システムを利用していると、会議を取り仕切る管理者がコミュニケーションの交通整理をしなければならない。単発の発言が重ねられていくという冗長的なやり取りが繰り返されることが多いだろう。このような状況では、関係者が十分に納得できる議論が難しくなる。

さらに、「E　意図的でない情報収集が難しい」という状況があろう。A～Eの状況において、組織の生産性に関する「身体性問題」が如実に現れるのは、この状況であると考えられる。たとえば記事では、「ビジネス向けのチャットサービスを利用する企業が増えているが、投稿する人が多いと書き込みが埋もれてしまう難点がある。会社にいれば、隣の部署からふと聞こえた声にも反応できるが、対象者を限定したオンライン上の会話ではそうはいかない。今後は複雑な会話に対応できるツールなども必要になってくるだろう」（傍線部は筆者によるもの）（四月二十三日、日経産業新聞、一五面）というコメントも見られた。

これは「大部屋主義」のメリットを享受できていない状況を意味している。大部屋主義とは、同じ職務を担った複数の人間が一箇所に集まり、業務を分担しながら業務を進めることを意味する。担当する業務は複数の人間で分割され、相互に協力し合いながら進めることもあるし、特定の業務を特定の人間に割り振り、担当者は自己完結型で作業を進めることもあろう。業務の割り振りは異なっていても、特定の集団において相互にコミュニケーションを取りながら、密な情報共有がなされるのは、大部屋主義の基本的原理としていいだろう。また他部署の業務の様子も観察可能であるから、その部署との連携業務がある場合は、自身の部署における関連業務の進捗が適切かいなかという判断が可能になることもある。大部屋主義は、業務を観察されるような緊張感があったり、雑音によって集中力がそがれるなどのデメリットもあるが、大枠としては肯定的な効果が強調されることが多い。

これは筆者の個人的な経験であるが、民間企業で働いていたときは、大部屋主義の方針で業務が進められていた。個人的には、大部屋主義はメリットの方が多いと感じた。他部署で業務にあたっていた同僚が上司にこっぴどく叱責を受けていたことがあるが、その業務は筆者と連携関係にあったので、叱責の内容を慎重に考えると、その業務における自身の役割を早急に変更する必要があると理解できた。こういったことが度々起こっていたのである。まさしく「意図的でない情報収集が可能である」という点である。他部署との連携業務がある場合は、この大部屋主義は大きなメリットとして働くと実感した。また何か業務上のミスをした時に、その担当者が注意を受けるが、その担当者が所属する他のメンバーも間接的に注意を受けることになる。注意をした人間は、ある種、その部署全体に対して注意をしている意図もあるので、特定の個人に対しての特定のコミュニケーションを取る手間を省いているという、暗黙の組織的慣習・了解もある。検討を加えた記事には確認できなかったが、特定の状況に反応した同僚の「表情の変化」や「身体的動きやその変化が読み取りにくい」というのも想定できる。これはプロジェクトマネジメントの管理者の視線としては重要である。こういった「意図的に行われない情報収集」は、遠隔会議システムでは実現が難しい。

三、「身体／場」における知識創発

以上をまとめると、組織の生産性を低下させたと推定される「間接的原因」において「業務遂行における調整の妨げ」になっていると想定されるのは、上述したA・B・C・Dが要因として働いているのではないだろうか。また、職場空間の身体的共有ができないことが要因として強く働いていると想定される、いわゆる「【身体／場】による知識創発の妨げ」がEによって引き起こされているのではないかと考えられる。

「【身体／場】による知識創発」に関しては、「組織学習論」という経営組織論の一分野で伝統的に扱われてきた組織現象である。組織学習論とは、一九八〇年代後半から九〇年代前半の米国でその問題意識が生まれた。「組織を構成する個人が獲得した知識がどのように組織的に共有され、定着していくか、また破棄されていくか」という一連の組織における情報処理プロセスを検討するものである。

「【身体／場】による知識創発」の考え方に関しては、野中・紺野による論考が代表的かつ萌芽的研究といえよう。(4) 彼らは、場のダイナミズムが企業組織にどのような影響を与えるかを論じた。特定の組織構成員が共通して認知する「場」（業務現場）が、当該組織構成員の行動を規定し、関係者間で影響を与え合うという論点を提出している。ここで注意しなければならないのは、彼らが定義する「場」がどのような概念によって構成されているかを理解することである。本稿でいう【身体／場】の問題意識から派生する「場」は、あくまでも、当該作業者が他のメンバーと「空間を共有して」作業を進めている状況を前提とする。その意味での「場」の成立であり、そこに当該作業者の「身体」が置かれている。遠隔会議システムを利用して他の作業者と離れた環境で作業を進めることではない。野中・紺野が定義する「場」は、さらに多様な空間構成と理解できる。遠隔会議システムを利用して他の作業者と離れた環境で作業を進めることも含めた「場」の設定も「場」の構成として成立する。「場とは、物理的空間（オフィス、分散した業務空間）、仮想空間、特定の目的を共有している人間関係、あるいはこのような人間同士を共有しているメンタルスペース（共通経験、思い、理想）のいずれでもありうる」としており、[5] このような「場」の設定によって価値ある知識が想像される組織が形成されるとしている。

確かに、野中・紺野が定義するように、業務を進める「場」は、分散した業務空間や、仮想空間、特定の目的を共有している人間を統括するメンタルスペースといった、身体的には「非接触型の場所」も想定可能であろう。そういった場であっても、知識創発が現象として成立することは、我々は経験的に知っている。ただしここでは、職場空間の身体的共有ができないことが知識創発の妨げになっているという仮説のもとに検討を重ねているために、本稿で定義する「場」とは身体的共有がなされる職場空間ということになり、野中・紺野の定義する「場」とは異なる。結果的に、「【身体／場】による知識創発」という概念は異なる意味を持つことになる。

職場空間の身体的共有で成立する知識創発（＝「【身体／場】による知識創発」）に関する実証的研究を見ていこう。これらの事例はいずれも「基礎情報学」[6] という、情報学の根源的意義を探求する専門分野の応用事例である。情報に対する認知的解釈から、その意義や価値の体系を探索するものである。まず、消費財メーカー「P&G」のマーケティング方法に、職場空間の身体的共有で成立する知識創発を見ているものである。[7] 同社の研究開発部門スタッフは、消費者の自宅を実際に訪問して消費者がいかに当社の商品を消費しているのかを詳細に観察する。これは、同社が実践しているマーケティング手法である。たとえば同社の洗濯洗剤に関して現場で調査を行う場合、実際に消費者に洗濯をしてもらい、その際の消費者の表情や身体的変化、つぶやきなど、非言語的情報を研究開発部門スタッフが回収する形を取る。そこには、商品の改良点や新製品開発のヒントが隠れているという。研究開発部門スタッフと消費者が、ある特定の空間を身体的に共有することによって、知識が創発されるのである。

別の事例を見てみよう。この研究では、職業体験型テーマパークである『キッザニア』を対象に、従業員が身を置く職場において、いかに知識が創発されるかを検討している。[8] キッザニアは、三～十五歳の子供を対象にした、楽しみながら社会の仕組が学べる「こどもが主役の街」とされている。[9] 約三分の二の子供サイズに作られた街の中で、大人のように実際に仕事を経験してみることによって、そこから働くことの喜びを得たり、親の仕事への理解や敬意が生まれてくるという。またパーク内で子供に同伴している保護者には、「子供が責任感や達成感を感じながら自立心が養われてきている」という印象を与えているともいわれる。(10) このテーマパークの従業員は、子供（客）や、保護者の表情や身体的変化を読み取りながら業務を進めることになる。パークという「場」の性格的な変化によって、従業員の知識が創発されていると考えられる。

P&Gにおける知識創発の仕組みや、キッザニアにおける従業員の知識創発の背景には、ともに、「職場空間における他者との身体的共有」が確認できる。これらの労務的状況が知識を創発し、組織やチームに有用な情報を提供すると考えられる。

おわりに――「身体性問題」（DX／RWの穽陥）を超えるためには

本稿ではCOVID-19の社会的蔓延に伴い進んだRWに関して検証を行った。この労働形態は、IT技術によって社会生活を豊かにしていくことを理念として掲げる「デジタル・トランスフォーメーション」という考え方も合わせて企業組織等で導入されたが、「組織の生産性低下」の問題も露呈したことを指摘した。この問題には、働き手の「身体性問題」の枠組みから論じていく必要があることも指摘した。ここでは、いわゆる組織メンバー同士が、「職場空間の身体的共有ができない」ことから派生していると推察される組織の生産性の低下の現象について検討した。「雑談がしにくい」「緊急でない問い掛けがしにくい」「個人の感情、職場全体の「集合的意識／感情」が読み取りにくい」「些細な意識調整ができないため、摩擦が起きやすい」「意図的でない情報収集が難しい」といった、ある種の身体的接触に伴うコミュニケーションの阻害であり、職場空間の身体的共有ができないことが要因として強く働いていると想定される。結果的には「【身体／場】による知識創発の妨げ」も引き起こされているのではないかと考えられる。

それでは、このような「身体性問題」（RW／DXの穽陥）を超えるために為すべきことは何だろうか。理想的なのは、物理的に「職場空間の身体的共有」を可能にすることであろう。ただし万全な感染症対策が想定されるのは、今後、年単位の時間がかかると報道されており、またRWのメリット（通勤時間が不要、家族との交流が増えた、など）も報告され、評価されているので、COVID-19の問題が蔓延する前の職場状況を復活させ、上述した「身体性問題」を克服するのは厳しいであろう。

最近は、「職場空間の身体的共有」を疑似創出する工夫も報告されている。たとえば、遠隔システムをつなぎっぱなしにして、「同僚のため息に「どうしたの？」と声をかける」（六月二十三日、日経速報ニュースアーカイブ）といったことも実施されている。また「社員や顧客、部外者も交えて数十人が集まり、大小様々なグループで丸一日かけて自由に議論する「ワイガヤ」」（六月二十三日、日経速報ニュースアーカイブ）というコミュニケーションも進められている。これらはＲＷという物理的に断絶した人間的距離感を少しでも埋める試みであり、本稿の「身体性問題」を解決する大きなヒントになると考えられる。特に後者の「ワイガヤ方式」の集団的コミュニケーションは膨大な時間がかかるが、対面式のコミュニケーションとしては、自動車製造会社のＨＯＮＤＡをはじめ、多くの企業で一定の成果を挙げている。この方式は、一見、「非生産的に感じられる時間の共有」と感じられるが、ある種の信頼関係の構築、意思疎通の促進につながっていると考えられる。この方式をＲＷとして今後実現していくことが建設的であると考える。

注

（1）補助的に毎日新聞電子版（東京版、地方版）、二〇二〇年三月二十四日～四月二十日掲載記事も参照した。

（2）記事を引用する際、「二〇二〇年」は省略した。

（3）「デジタル・トランスフォーメーション」は、二〇〇四年にスウェーデンのウメオ大学のエリック・ストルターマン教授が最初に提唱した概念であるとされている。ＩＴ技術によって「我々の生活を圧倒的に便利にしたり、既存のビジネスの構造を〝ディスラプト（破壊）〟するなど、新しい価値を生み出すイノベーション」と定義される（経済産業省「ＤＸ―＃01 経産省の新たな挑戦、経産省のデジタルトランスフォーメーション」https://www.meti.go.jp/policy/digital_transformation/article01.html（二〇二〇年八月十五日最終閲覧）。

（4）野中郁次郎、紺野登「場の動態と知識創造――ダイナミックな組織知に向けて」（伊丹敬之、西口敏宏、野中郁次郎編著『場のダイナミズムと企業』東洋経済新報社、二〇〇〇年）。

（5）同前、五六頁。

（6）特に、西垣通『基礎情報学――生命から社会へ』（ＮＴＴ出版、二〇〇四年）、及び、西垣通『続 基礎情報学――生命的組織のために』（ＮＴＴ出版、二〇〇八年）を参照されたし。

（7）辻本篤「情報が組織化されるプロセス」石川昭、税所哲郎編著『桁違い効果の経営戦略』（芙蓉書房出版、二〇一一年）一三八―一四一頁。

（8）辻本篤「「ＨＡＣＳモデル」による職業体験型テーマパーク・アクティビティの考察」西垣通、河島茂夫、西川アサキ、大井奈美編『基礎情報学のヴァイアビリティ――ネオ・サイバネティクスによる開放系と閉鎖系の架橋』（東京大学出版会、二〇一四年）九七―一一九頁。

（9）「キッザニアとは」（KidZania Japan ホームページより）http://www.kidzania.jp/（二〇二〇年八月十八日最終閲覧）。

（10）前掲注7辻本論文、一〇八頁。

参考文献

日本経済新聞、日経産業新聞、日経速報ニュース、日経ニュースアーカイブ、日経ＭＪ（流通新聞）、日経プレスリリースの二〇二〇年一月二十九日～同年七月十七日掲載記事（五十八件）

毎日新聞電子版（東京版、地方版）、二〇二〇年三月二十四日～四月二十日掲載記事（二十六件）

経済産業省「ＤＸ－＃01経産省の新たな挑戦、経産省のデジタルトランスフォーメーション」https://www.meti.go.jp/policy/digital_transformation/article01.html（二〇二〇年八月十五日最終閲覧）

台湾山地先住民の村における新型コロナウイルス感染症のインパクト

宮岡真央子

台湾の山地に住む先住民にとり、伝染病は平地から来る脅威である。今日の医療・身体・経済の状態からみても、新型コロナウイルス感染症の脅威は大きい。目下の生活は平穏だが、観光業は一時打撃を受け、一部で祭りが中止され、疫病除け・結界の儀礼も行われた。山地と平地の境界がこれを機に顕在化しつつあるといえるのかもしれない。

みやおか・まおこ——福岡大学人文学部教授。専門は文化人類学・台湾先住民研究。主な論文に「歴史的事件の再解釈と資源化——台湾原住民族パイワンによる「牡丹社事件」をめぐる交渉」（上水流久彦ほか編『境域の人類学——八重山・対馬にみる「越境」』風響社、二〇一七年）、「ツォウの名前の過去と現在——台湾原住民族の固有名回復に関する一考察」（野林厚志・松岡格編『台湾原住民の姓名と身分登録』国立民族学博物館調査報告一四七、二〇一九年）などがある。

はじめに

周知の通り、台湾は、新型コロナウイルス感染症の感染拡大を抑え込んだ世界的な成功例として知られる。二〇二〇年八日十七日時点で、台湾の累計感染者数は四八五人、死者数は七人、全感染者の約八割を海外から入国した際の検疫で確認された例が占める。同日時点で台湾内での感染例は五十五人、四月十三日以降は確認されていない。

状況が落ち着いた五月初めからは、政府の「防疫新生活運動」というスローガンのもと、諸制限が徐々に緩和された。感染予防策の重要性が強調されつつも、国内消費・旅行が推進されている。特に学校が夏休みに入った七月以降、週末ごとに各地で大勢の人出が見られるようになった。まさに台湾は、新たな日常生活にシフトしつつある。ただし、四月までは台湾内での感染例もあり、社会的緊張が高まってもいた。

台湾のなかでも、山地の先住民が居住する村は、平地の都市部とは地理的・歴史的・文化的に多少とも距離がある。ここでいう山地の先住民の村とは、先住民の居住地として区画される五十五の地方自治体のうち、山間部に位置する三十の地方自治体「山地郷」（「郷」は村の意）を指す。これに対して、山地郷を除いた残りの二十五の地方自治体は平野部に位置することから「平地郷」と呼ばれる。山地郷の土地面積の大半は国有林で占められる。

この小文では、その山地の先住民の村に焦点を当て、特に筆者がこれまで継続的に調査研究をしてきたツォウ（Tsou／Cou、鄒族）という民族の事例を中心に取り上げ、新型コロナウイルス感染症と社会との関係について考えるための一材料を提示したい。

以下では、台湾の先住民について概観した後、彼らと感染症との関係を知るために、先行研究における議論や口頭伝承から過去の様相を、近年の統計資料から医療体制と身体・健康の現状および経済状態について確認する。そして、政府による先住民向けの感染防止策と経済支援策を概略する。そのうえで、山地先住民の村における新型コロナウイルス感染症のインパクトがどのようなものとして現れ、進行しているのかについて、具体例を挙げながら二〇二〇年八月中旬までの状況を報告する。そしてこれらを、今後の考察の糧としたい。

一、台湾の先住民概観

(1) 言語と基層文化

台湾の先住諸民族は、かつて平野部も含めた台湾全島に暮らしていた。その言語は、東南アジア島嶼部やオセアニアと同系統のオーストロネシア語族に属する。山地や東部に暮らす諸民族の言語の大半は、話者が高齢化し衰退の傾向にはあるが、今日までである程度は健在である。地域差も考慮すれば、現在十六の民族に四十以上の言語バリエーションがあるとされ、それらに応じた個別の民族語教材が作成されている。(1)

台湾島に居住する先住諸民族に共通の基層文化として、精霊信仰、首狩り慣行、アワやイモ類の焼畑農耕と狩猟に根ざした生活が広くみられた。社会のあり方は非常に多様で、母系社会、父系社会、身分制階層社会など、全く異なる社会構造をもつ集団が隣り合わせの状態で、十九世紀末まで統一的な政治組織を形成することなく、自律的に生活していた。

基層文化のうち、首狩りの慣行は二十世紀初頭に消滅した。焼畑農耕も二十世紀後半に禁じられ、ほとんど行われなくなった。狩猟活動は現存するが、野生動物や森林保護などの観点から制限されている。精霊信仰は、今日までである程度維持されている。

（2）外来勢力との邂逅と国家への編入

十七世紀以降、オランダ人やスペイン人、中国大陸の漢人などが台湾に到来し、先住民と外来勢力との接触が始まる。特に十七世紀後半から西部平野に居住する諸民族は、漢人との接触により次第に清朝の統治下に組み込まれ、生活様式も漢化が進んだ。

十九世紀末、一八九五年に日本が台湾を植民地化すると、山地や東部を含めた台湾島全体と周辺島嶼がすべて植民地体制下に編入される。そして、全面積の過半を占める山地や離島の先住民の土地は国有化され、稲作を中心とした定置農耕化と日本への同化が促された。

一九四五年、台湾の施政権が日本から中国国民党に移されると、それまでは隔離政策が採られていた先住民にも他の国民と同様の教育課程、徴兵制が布かれ、国民国家への統合が進められた。「山地平地化」のスローガンのもと、漢文化への同化、生活様式の近代化が促された。キリスト教が広まったのも戦後である。やがて貨幣経済、商品作物栽培が浸透し、都市への出稼ぎや移住も盛んになった。その過程で、固有の文化や言語の消失の危機が叫ばれるようになる。

（3）「原住民運動」以降

一九八〇年代半ば、台湾の民主化運動と連動し、先住民の権利回復を訴える社会運動「原住民運動」が起こり、一九九〇年代には、憲法改正で先住民が「原住民」（後に「原住民族」）という言葉で明記され、国家はその言語・文化を積極的に保護し発展させる旨の条文が設けられた。今日の台湾の法制度上で「原住民」は先住民としての個人の身分を、「原住民族」は集団的権利を有する主体としての民族集団を指すものとして使い分けられている。民族教育権など先住権の一部が保障され、就業や進学の機会におけるアファーマティブ・アクションも進む。二〇〇五年には、公営の「原住民族テレビ局」が開局した。二〇二〇年七月末現在、政府が公認する先住民の数は約五十七万人（台湾全人口の約二パーセント）、うち都市圏居住の人口が四八パーセントを占める。(2)

（4）先住民ツォウ

政府公認の十六の民族のうちの一つであるツォウは、過去の感染症による記録や伝承が多いことで知られる。現在の人口は約六六〇〇人、ツォウ語を母語とし、主な居住地は嘉義県阿里山郷で、一部は南投県信義郷望美村久美集落にも居住し、各集落は標高四〇〇〜一二〇〇メートルほどの地点に位置する。ツォウ語でパトンクォヌと呼ぶ台湾最高峰の玉山（日本統治期の「新高山」）を発祥地と伝え、父系氏族制をもつ。阿里山郷達邦村にある二つの中心的村落には、クバと呼ばれる男子集会所が今日まで維持されている。隣接するブヌン（Bunun、布農族）の大規模な移動と拡張、十八世紀以降の漢人の開拓前進により領域が縮小化し、人口は減少した（後述）。一九三四年末の人口は、一七三七人と記録される。[3]

ツォウの村が集中する嘉義県阿里山郷の北部に位置する阿里山では、二十世紀初頭から台湾総督府による林業開発が始まり、木材を輸送する高山鉄道も敷設された。伐木事業がピークを過ぎた昭和期には、国立公園化の動きもあった。戦後は、台湾有数の景勝地として内外に知られる。二〇〇〇年代に入ると、阿里山を囲む広範な区域が国指定の風景区とされ、以降、ツォウの村の観光開発も進められている。

二、台湾の先住民と感染症

（1）先行研究における議論

台湾の先住民と感染症との関係について、まず先行研究での議論に触れておく。

先住民が伝染病に関して一定の知識と理解を有してきたことは、早くから指摘されている。伊能嘉矩は、先住民の村に感染者が出た際には、その者を残して村全体が移住する、あるいは隔離した上で罹患歴のある者が看病を担うなどの対処法が採られてきたことを調査から明らかにし、彼らが呪術などの非合理的方法ばかりでなく、ある程度合理的な方法でも病に対処してきたことを指摘した。[4] 台湾総督府警務局理蕃課の調査では、各民族が病気に応じた多様な薬草の知識をもつことが、具体的に明らかにされた。[5]

また、先住民の高山地帯への移住と分散居住についても、伝染病の観点から議論されてきた。温振華によれば、オーストロネシア語族の祖型文化とされる新石器時代初期の大坌坑文化は、約六五〇〇年前に大陸側から台湾西部に入り、平野部各地で遺跡が確認される。それと同系統の文化が約四〇〇〇年から三〇〇〇年前の山間部の先住民居住地に位置する遺跡群でも発見され、その文化集団は現在の先住民の祖先にあたると考えられるという。温はこれについて、平地での生活の脅威であったマラリアを避けるために、平地に居住していた集団の一部が河川沿いに上流へと移動し、高山地帯に居住するようになったものと推定した。[6]

范燕秋は、台湾北東部、宜蘭県に居住するタイヤル（Atayal、泰雅族）を事例とし、彼らの防疫に関わる首狩り慣行や防疫にまつわる禁忌は、病気をも含めた自然環境への適応により形成された独自の文化システムであり、高山地帯での分散居住も経験に依拠した合理的な発展の結果であると論じた。しかし、日本による標高の低い土地への強制移住政策は、彼らに新たな伝染病や風土病、そして近代医療に依存せざるを得ない状況をもたらした。結果的に疾病が、民族の歴史と文化に大きな変容をもたらしたのだと結論した。[7]

以上の先行研究からここで確認しておきたいことは、山地に居住する先住民も、感染症に対してそれぞれの対処法（罹患者の扱い、薬草の利用、宗教的禁忌など）を伝えてきたという点、そしてそれらの伝染病は、外界、とりわけ平地からもたらされる脅威として存在してきたという点、だからこそ先住民は高山地帯に分散して住み続けてきたという点である。

(2) ツォウの過去の人口減、弱体化と感染症

ツォウは、清朝期の漢族との接触で伝染病が流行して人口が減少した過去をもち、清朝期の漢籍にも記載がある。[8] よく知られるのは、サビキという村（現嘉義県阿里山郷山美村）のトスク氏族の男性が、当時ツォウとの交易を特権的に担う役にあった通事の呉鳳という人物を、その横暴ぶりに耐えかねて殺したところ、トスク氏族の間で病気が流行して多くの人が死に、残った人々は他所へ移住した、という伝承である。[9] 呉鳳の名は清朝期の文書にもみられ、十八世紀に実在した人物と考えられている。[10]

これらの口碑を調査した馬淵東一は、ツォウの十八世紀以来の歴史的状況を下記のように概括する。

> （前略）ツォウ族では大凡この二〜三世紀に亘り、次第に領域が縮小したあとを辿り得る。それはとりわけ、西方及び西南方での漢族と平埔族との侵入、東方では南進し来るブヌン族領域拡大によるものであった。この領域縮小と互いに絡み合う事柄として、〝平地からの病気〟特に天然痘、結核、それにインフルエンザなどで、北ツォウ族が多数の人口を失ったことも考慮すべきであろう。[11]

ツォウにとって、平地からもたらされる病気、すなわち天然痘、結核、インフルエンザなどの伝染病は、人口を大幅に減らし社会を弱体化させる脅威として存在してきたのである。

(3) 今日の先住民社会における医療体制と身体・健康

主流社会に包摂され、生活様式の同化と近代化を経験してきた先住民の社会において、医療体制と身体・健康のあり方は、現在どのような状況にあるのかも確認しておきたい。

山地の先住民の村（三十の山地郷）は人口密度が非常に低く交通が不便なこともあり、専門科・専門医を備える病院は皆無で、診療所または公営の衛生所がのべ七十六か所あるに過ぎない（二〇一六年時点）。[12] 土地面積当たりの医療機構数、人口当たりの医師数とも、全国平均値に比してたいへん少ない。そのため多くの村では巡回診療が行われている。平均寿命は全国平均より十歳以上短い（**表1**）。

表1　山地と台湾全体の医療機構数・医師数・平均寿命（2015年）

項　目		山地*	全国平均	備　考
(1)	医療機構数 （毎1千㎢、単位：か所）	6	618	
(2)	医師数 （人口毎1万人、単位：人）	6.89	19.03	山地郷・平地郷を合わせた先住民1万人当たりの平均値は16.15人、平地郷先住民1万人当たりの平均値は19.42人
(3)	平均寿命 （単位：歳）	69.9	80.2	先住民全体の平均寿命は71.9歳、平地郷に戸籍をおく先住民の平均寿命は74.1歳

＊（1）は30の山地郷の平均値、（2）（3）は30の山地郷に戸籍をおく先住民人口における平均値を示す
出典：（1）（2）は衛生福利部『原郷健康不平等改善策略行動計画（2018-2020年）』（PDF版、2018年）11-12頁、（3）は原住民族委員会『104年原住民族人口及健康統計年報』（PDF版、2019年）表1-16、表1-17より筆者作成

表2　先住民と台湾全体の主要死因および標準化死亡率（2015年、毎人口10万人、単位：人）

死因	先住民					全国	
	順位	合計	都市圏	平地	山地	順位	合計
全死因	—	773.7	673.9	716.4	971.7	—	431.5
悪性腫瘍	1	167.5	144.7	165.1	186.1	1	128.0
心臓疾患（高血圧性疾患を除く）	2	90.0	68.5	85.6	106.1	2	48.1
慢性肝疾患・肝硬変	3	57.5	24.8	55.3	101.2	10	13.6
脳血管疾患	4	57.6	67.7	43.7	77.3	3	27.9
事故障害	5	52.8	40.0	56.3	62.7	6	22.8
肺炎	6	41.2	40.0	44.5	42.3	4	24.6
糖尿病	7	38.2	36.2	35.2	53.1	5	24.3
高血圧性疾患	8	38.0	28.0	31.5	48.9	7	14.6
慢性下気道疾患	9	37.7	41.7	31.4	47.5	8	13.2
敗血症	10	19.9	18.5	19.2	24.7	12	8.3

出典：原住民族委員会『104年原住民族人口及健康統計年報』（PDF版、2019年）表2-6、表2-8より筆者作成

先住民の死因として挙げられるのは、多いものから、悪性腫瘍、心臓疾患、慢性肝疾患・肝硬変、脳血管疾患、事故障害などであり、上位十位の死因のいずれの死亡率も全国のそれを大きく上回る（**表2**）。また、悪性腫瘍のなかでも胃がん・肝がん・口腔がんによる死亡率が非先住民に比して顕著に高い。これらの問題は、飲酒、喫煙、ビンロウ噛み（ビンロウはヤシ科の種子で、これに水で練った石灰を挟みコショウ科のキンマの葉で包んだものを嗜好品として噛む）などの生活習慣、B型肝炎やC型肝炎の感染率の高さなどと関わるとみなされている。[13]

先住民の主要な死因には、新型コロナウイルス感染症を重症化させるリスクが高いと指摘さ

表3　山地先住民の非流動労働人口に占める業種（上位3位）の比率と平均月収（2019年）

業種	比率	平均月収*	主要な担い手世代**
農林漁牧業	約24.28%	18,799元（ 67,676円）	60歳以上
宿泊・飲食業	約12.89%	23,634元（ 85,082円）	15～24歳
建設業	約10.97%	30,776元（110,794円）	45～59歳

参考：先住民全体の給与所得者の平均月給：30,056元（108,202円）
　　　台湾全体の給与所得者の平均月給：40,401元（145,444円）
＊1元＝3.6円で換算　＊＊先住民全体の統計値に拠る
出典：原住民族委員会『108年原住民就業状況調査』（PDF版、2019年）表3-3-4、表3-3-18、表4-4-41より筆者作成

れる基礎疾患が複数含まれる。今日の山地先住民村落における医療体制の脆弱さ、また先住民の身体・健康のあり方からみれば、新型コロナウイルス感染症の脅威は、先住民にとってさらに大きいものだといえるだろう。

（4）今日の先住民社会の経済的な強さと弱さ

他方、経済的な観点で見たとき、先住民はコロナ禍での強さと弱さを併せ持っている。

強さとは、山での生業が農業を主にしてきたため、比較的安定した換金作物栽培を行っている地域・世帯では、新型コロナウイルス感染症の経済的影響をそれほど受けずに済むという点である。例えば、嘉義県阿里山郷の高海抜集落に暮らす多くのツォウの人にとって、植林した竹林で収穫するタケノコの売り上げは、一年の収入の主要な部分を占める。ただし、山地の耕地面積はそれほど広くない。市場からの距離も大きく、販路も限られる。そのため、先住民全体で、農業の担い手は減少化・高齢化の傾向にある。

これに対して、近年は若年層を中心に、宿泊・飲食業に従事する人が増えている。これは、先住民の村の観光化にともなって拡大している業種であり、宿泊・飲食業従事者の収入は、農業従事者のそれよりも多い（**表3**）。また、観光業の拡大により、農業においても近年は茶葉やコーヒー豆、雑穀など、村を訪れる観光客に特産品として直接販売できる商品作物の栽培に取り組む傾向も大きい。このように近年先住民の村落で観光業の経済的価値が拡大してきたという点は、コロナ禍での経済的な弱さといえるだろう。

三、政府による先住民に向けたコロナ対策

（1）感染防止策

台湾の政府は、先住民をまず社会的マイノリティの一集団と位置づけて新型コロナウイルス感染症対策を講じた。二〇二〇年一月三十日、行政院長（日本の首相に相当）が閣議後の会見で一連のコロナ対策について説明するなかで、特に社会

的マイノリティについても言及し、要介護の独居老人、ホームレス、外国人労働者、先住民、外国籍住民の感染防止策を強化するよう、関係省庁に地方自治体の監督を指示した。[14]

また三月十一日、先住民政策を司る原住民族委員会の主任(日本の大臣に相当)は、先住民の祭儀について地方自治体に通達を出した。すなわち、対策会議を開催して各村が自発的に行う祭儀やイベントについて把握し、感染状況に応じた開催可否の判断をするよう求めた。また、感染が制御されていない状況下では先住民の祭儀に観光客を受け入れることは適切ではないという見解を示した。そして、祭儀の実施に際しては、各村落や祭儀に参加するために村に戻る人々が適切な感染防止策を講ずることができるよう、中央政府による「新型コロナウイルス感染症対応ガイドライン：公衆集会」の周知を求めた。[15]

さらに、原住民族テレビ局や各村の先住民高齢者向けデイサービス「文化健康ステーション」などを通じ、手洗いやマスク着用などの感染予防策が広報指導されるようになった。同様の広報指導は、山地の巡回診療を担う医療機関などによっても行われている。[16]

(2) 経済支援策

先住民向けのコロナ対策として、原住民族委員会は独自の支援策を複数打ち出した。

まず、二〇二〇年三月十八日に、経済救済策として、先住民向け政府貸付金の利息免除や返済期限延長を発表した。[17] 次いで四月八日には、政府に認証を受けた先住民経営の商店や工房でモバイル決済を行った消費者に対する特典付与の政策が、五月四日には、先住民の農産品や手工芸品を複数の大手インターネット通信販売サイトに出品する補助を行う政策が発表された。[18] これらは、先住民の生産する商品の販売を促進する経済支援策である。また四月二十日には、先住民コミュニティによる村落景観向上の計画に補助金を交付する政策が発表された。これは、村内美化による観光地としての質向上とともに、村内での雇用機会の創出を主眼とする。[19]

以上は先住民に特化した政策だが、この他に一般向けのコロナ対策として、失業対策、経済支援策、文化活動への補助策などもあり、先住民の団体や個人がこれらに申請することも可能である。

四、新型コロナウイルス感染症がもたらしたインパクト

(1) 経済的側面

では実際に、新型コロナウイルス感染症が先住民にもたら

したインパクトはどのようなものであったのだろうか。まず経済的側面として、観光客の大幅な減少により、先住民の観光業も大きな減収となったことが挙げられる。

例えば、先に清朝期の伝染病流行の例で言及したツォウの村、サビキでは、一九九〇年代にエコツーリズムを開始した。清流の魚の鑑賞、食事や買い物、歌舞のステージを提供する「達娜伊谷《タナイク》渓自然生態公園」(以下、タナイク)を住民組織である山美社区発展協会が経営している。タナイクの成功は全国的にも知られ、内外の観光客を引きつけてきた。

二〇〇九年八月に台湾南部を直撃し甚大な被害をもたらしたモーラコット台風によって、阿里山郷全体が大災害に見舞われ、タナイクも壊滅的な被害を受けた。その後徐々にインフラの再建、河川の生態渓回復がはかられ、ようやく再び経営が軌道に乗ったところに、今回のコロナが襲った。タナイクでは、チケット販売、場内整理、ガイド、清掃、舞踊団など、多様な職種で多くの村民が雇用され、かつ土産物販売や食堂経営に従事するのも村民である。コロナ渦の二〇二〇年一～三月、公園の入園者数は前年の同期間に比べて約八割減少したという。とりわけ海外からの観光客が激減したことが打撃となった。山美社区発展協会は、何らかの政府補助金を申請することを検討中だと報じられた。[20]

とはいえ、冒頭にも述べたように、五月以降は国内旅行が解禁となり、とくに夏休みに入ってからは、タナイクの人出も回復しつつあるという。

(2) 文化的側面

文化的な側面では、とりわけ村の祭りに影響が生じたところもあった。

嘉義県阿里山郷達邦村に位置するツォウの二つの中心的村落では、二〇二〇年二月と三月にそれぞれマヤスヴィと呼ばれる首狩りの凱旋に由来する男子集会所での祭りが例年通りに行われた。この祭りは、二〇一一年に政府により「重要民俗」(日本の国指定無形民俗文化財に相当)に指定され、ツォウ文化の象徴として広く知られる。例年見学者や観光客も多数訪れるが、コロナ渦でも、特に対外的に非公開とされることはなかった(先に述べた原住民族委員会から祭儀の開催に関する通達が出されたのは、二つのマヤスヴィが実施された後のことだった)。また、二〇二〇年七月と八月には、氏族ごとにアワの収穫儀礼と共食を行うホメヤヤと呼ばれる農耕祭祀が、やはり例年通りに挙行された。こちらは、例年も対外的には公開せずに行われているものである。

嘉義県内ではこれまで、新型コロナウイルス感染症の感染者は、二〇二〇年三～四月に海外から帰国した人の例が数件

図1　ヨノの枝に結び付けられたフクオ（2020年2月、山美社区発展協会提供）

確認されたのみである。比較的平穏な状況であることも関わり、ツォウの村が、新型コロナウイルス感染症のために祭りを中止したり非公開としたりすることはなかった。[21] しかし、他地域では、祭祀の中止例も報じられている。

例えば、先住民が多く住む南東部の台東県では、毎年夏には村ごとに「豊年祭」などの祭りが次々に行われ、多くの観光客も訪れる。しかし、二〇二〇年の七月から十月にかけて同県で開催が予定される祭りは九十七であるのに対し、中止が決まったのは五十四で、開催件数は例年比で約四割の減少と報じられた。そして、開催予定であっても非公開と決定された祭りは、七十七にのぼるという。[22]

祭りは、都市に出た若い人も村に戻り自分たちの文化を経験する貴重な機会だが、そのような先住民の文化伝承の重要な機会が、今年は多く失われた形となったのである。

（3）文化的な対抗措置

先ほどから何度か例に挙げているツォウの村、サビキでは、新型コロナウイルス感染症の脅威に対して、二〇二〇年二月下旬に、村と平地との境界地——ここにはツォウの人々が神聖視する樹木、ヨノ（赤榕）が植えられている——において、この村に住む複数のシャーマンがともに疫病除け・結界の儀礼を執り行った。そこで子豚を屠って捧げ、フクオと呼ばれる呪具（芙蓉の樹皮を赤く染め細く割いたもの）をヨノの枝に結びつけて結界を張り、疫病や悪霊の侵入を防ぐという内容である（**図1**）。この儀礼をパモムトゥと呼ぶそうだが、この語は村の入り口およびそこを守る神霊そのものをも指す。[23] サビキで前回これと同様の儀礼が行われたのは、二〇〇三年のSARS（重症急性呼吸器症候群）流行時であり、今回は十七年ぶりのことだったという。[24]

その後、これと類似した疫病除け・結界の儀礼が、他の先住民の間でも行われたことが原住民族テレビ局のニュースや各種新聞報道で報じられた。[25] 先住民にとって自社会の存立を脅かす外来の伝染病の流行に際し、それに対抗する文化的な対抗措置として、このような儀礼が各地で同時多発的に行われたことは、興味深い事象といえよう。

おわりに

二〇二〇年八月中旬現在、台湾全体が感染を抑え込んでいることもあり、嘉義県阿里山郷のツォウの村を含め、山地の先住民の村の日常は、さほど変化せず平穏に過ぎているようだ。山地は、平地から物理的な距離があり、そこでの生活は土地に根ざした農業にある程度依拠している。それらの点は、コロナ渦において間違いなく強みになったといえる。

ただし、近年山地の先住民の村で拡大傾向にある観光業は、コロナ渦において一時的にではあれ、直接的な打撃を受けた。また、地域によっては祭祀の中止を余儀なくされるなど、文化的営為も影響を受けた。そしてそれらに対する文化的な対抗措置として、疫病除け・結界の儀礼が各地で行われた。

今回の新型コロナウイルス感染症の出現は、山地先住民の生活が、平地の都市部と密接に関わり、都市住民の経済活動にある程度依存する形で存立していることを、あらためて浮き彫りにしたのだといえよう。

目下の台湾の政府による先住民向けのコロナ対策は、経済・公衆衛生に力点を置いている。そのなかで、先住民社会にも変容がもたらされるのか否か、もたらされるとすればそれはどのような変容なのか、影響の少ない現段階ではまだよくわからない。ただし、観光という経済活動への評価や態度が、今後変化していく可能性はあるかもしれない。

また、本小文では具体的な記述は全くできなかったが、二〇二〇年八月中旬時点では、山ではマスクはほとんど着用されず不要だが、平地に出て行った際にはマスクを着用するなどの使い分けが見られるようだ。例えば、阿里山郷に暮らすツォウの人々は、平地に出かける時のためにマスクを買うのであり、特に平地の病院に通う年配者は、我先にマスクを買おうとする傾向があるという。(26) マスクの着用が、彼らにとって山（自分たちの世界）と平地（外界）との境界を明示化する非常にわかりやすいモノとして、今日、立ち現れているといえるのかもしれない。ただし、これについては現段階では実態を調査することが難しいという点が、最大の課題である。

歴史的にみれば、台湾の山地と平地は、長らく為政者が設けた物理的境界によって区切られ、隔てられていた。戦後の戒厳令下でも、検問所が置かれ、外部の者が入るには入山許可証が必要とされた。戒厳令解除後に山地管制も次第に緩和され、そのような物理的境界は多くの地域でみられなくなった（しかし山地管制の法は今日まで存続する）。また、自家用車が広く普及したことによって、山に住む人々は、時間と体力とガソリン代を費やしさえすれば、山地と平地との間を日常的に自由に行き来できるようになり、また実際に頻繁に行き来するようになり、その状況は当たり前のこととして今日まで続いている。他方、山の先住民の村は、多様な意味で平地とは異なる独自の空間としてあり続けてもいる。今回の新型コロナウイルス感染症の出現により、彼らの意識のなかにある山地と平地との間に横たわる境界のある側面が、以前よりも顕在化したと考えられるのかもしれない。

このような問題意識をもって、今後も事態を注視し、考察を進めていきたい。

注

（1）国立政治大学原住民族研究センターのデジタル書籍ウェブサイト（https://ebook.alcd.tw/、二〇二〇年八月十四日最終閲覧）。

（2）原住民族委員会公表の人口統計資料（https://www.cip.gov.tw/portal/docDetail.html?CID=940F9579765AC6A0&DID=2D9680BFECBE80B6C323A517C869C197、二〇二〇年八月十四日最終閲覧）。

（3）鈴木秀夫『台湾蕃界展望』（理蕃之友発行所、一九三五年）四六頁。引用元の統計には高雄州（現高雄市）の今日のサアロア（Hla'alua、拉阿魯哇族）とカナカナブ（Kanakanavu、卡那卡那富族）に相当する人口も含まれる。ここに記したのは、それを除外した数値である。

（4）伊能嘉矩「台湾土蕃の天然痘に対する防疫的慣行」（『東京人類学会雑誌』二六四号、一九〇八年）。

（5）台湾総督府警務局理蕃課『高砂族調査書 第六編 薬用草根木皮』（台湾総督府警務局理蕃課、一九三八年）。

（6）温振華「論瘧疾与台湾原住民遷居高山之因」（『台湾風物』六三巻四期、二〇一三年）。

（7）范燕秋「疾病・辺縁族群与文明化的身体——以1895-1945宜蘭泰雅族為例」（『台湾史研究』五巻一期、一九九八年）。

（8）温振華「天花在台灣土著社會傳播初探」（『臺灣史研究暨史蹟維護研討會論文集』一九九〇年）三六七頁。

（9）台北帝国大学土俗人種学研究室『台湾高砂族系統所属の研究』（刀江書院、一九三五年）一八六頁。

（10）呉鳳とツォウについては、宮岡真央子「呉鳳をめぐる信仰・政治・記憶」（『台湾原住民研究』一七号、二〇一三年）。

（11）馬淵東一「台湾高砂族の移動及び分布（第一部）」（『民族学研究』一八巻一・二号、一九五四年）一四八頁。

（12）衛生福利部『原郷健康不平等改善策略行動計画（二〇一八—二〇二〇年）』（PDF版、二〇一八年）一一頁。

（13）衛生福利部『原郷健康不平等改善策略行動計画（二〇一八—二〇二〇年）』（PDF版、二〇一八年）八五—八六頁。

（14）行政院ウェブサイト、二〇二〇年一月三十日付ニュースリリース「蘇揆：依疫情發展做好充分準備 落實武漢肺炎各項防疫」（https://www.ey.gov.tw/Page/9277F759E41CCD91/9cc60884-acb3-442b-82c1-25bea0c8569d、二〇二〇年八月十一日最終閲覧）。

（15）原住民族委員会ウェブサイト、二〇二〇年三月二十三日付ニュースリリース「原民会呼籲族人於原住民族歳時祭儀期間做好防疫措施」（https://www.cip.gov.tw/portal/docDetail.html?CID=35AE11873 2EB6BAF&DID=2D9680BFECBE80B67DF7E0F8A0CAB938、二〇二〇年八月十一日最終閲覧）。

（16）例えば、ツォウの村の巡回診療を担う戴徳森医療財団法人嘉義基督教医院部落健康センターは、ツォウ語版の手洗い法ポスターとマスク着用法ビデオを制作し、ＳＮＳのフェイスブック上で運営するコミュニティサイト「阿里山部落大小事——嘉基部落健康中心」で二〇二〇年四月一日と七日に公開している（https://www.facebook.com/permalink.php?story_fbid=5213954921185808&id=2382650737649588、https://www.facebook.com/watch/?v=2217509155735552、二〇二〇年八月十七日最終閲覧）。

（17）原住民族委員会ウェブサイト、二〇二〇年三月十八日付ニュースリリース「原住民族委員會因應嚴重特殊傳染性肺炎紓困方案」（https://www.cip.gov.tw/portal/docDetail.html?CID=DD56092E0C92EC1F&DID=2D9680BFECBE80B6804280C47049EFA2、二〇二〇年八月十七日最終閲覧）。

（18）原住民族委員会ウェブサイト、二〇二〇年四月八日付ニュースリリース「「挺原民，享優惠」自即日起受理原民店家成為原民会「認証店家」」（https://www.cip.gov.tw/portal/docDetail.html?CID=35AE118732EB6BAF&DID=2D9680BFECBE80B67BE79422F831E7B0、二〇二〇年八月十五日最終閲覧）、二〇二〇年五月四日付ニュースリリース「「挺原民・線上GO」線上購物原住民族専区商品徵選中」（https://www.cip.gov.tw/portal/docDetail.html?CID=35AE118732EB6BAF&DID=2D9680BFECBE80B6390DFA493E8B3FE0、二〇二〇年八月十五日最終閲覧）。

（19）原住民族委員会ウェブサイト、二〇二〇年四月二十日付ニュースリリース「第二波紓困措施：部落景観優化」（https://www.cip.gov.tw/portal/docDetail.html?CID=35AE118732EB6BAF&DID=2D9680BFECBE80B69DDCAC3F7A0CB2C4、二〇二〇年八月十五日最終閲覧）。

（20）原住民族テレビ局制作・二〇二〇年四月二十五日放映「LiMA新聞世界 第三二九集【阿里山観光難題】」（https://www.youtube.com/watch?v=EBPWuWfACP4、二〇二〇年八月十一日最終閲覧）。

（21）ツォウの友人・温英傑氏（嘉義県阿里山郷山美村、財団法人原住民族語言研究発展基金会理事長・国立中正大学兼任講師）のご教示による。

（22）原住民族テレビ局制作・二〇二〇年七月二十三日放映「原視新聞【疫情影響歳時祭儀辦理 衝撃文化伝承・保存】」（https://www.youtube.com/watch?v=eFZjAY99gxE、二〇二〇年八月十一日最終閲覧）。

（23）原住民族線上語言詞典のツォウ語辞書による（https://e-dictionary.apc.gov.tw/index.htm、二〇二〇年八月十五日最終閲覧）。

（24）以上、この儀礼についての情報は、山美コミュニティ発展協会のご教示による。同協会がＳＮＳのフェイスブック上で運営するコミュニティサイト「山美村落文化」の二〇二〇年二月二十三日発信の投稿記事でも同様の情報が公開された（https://www.facebook.com/permalink.php?story_fbid=2840362736057494&id=412492612177864、二〇二〇年八月十七日最終閲覧）。

（25）原住民族テレビ局制作・二〇二〇年四月四日放映「原視族語新聞【新冠病毒肆虐全球 原郷運用民族知識祈福抗疫】」（https://www.youtube.com/watch?v=aUPQpOaaOYk、二〇二〇年八月十三日最終閲覧）など。

（26）注21と同様、温英傑氏のご教示による。

付記 本小文執筆にあたり、山美村の温英傑氏、方敏全氏、山美社区発展協会には、貴重な情報のご教示・写真のご提供を賜りました。ここに記し、謝辞といたします。

「距離」と性的マイノリティ——韓国のナイトクラブにおける集団感染から

斉藤巧弥・芳賀　恵

さいとう・たくや——北海道大学大学院メディア・コミュニケーション研究院特任助教。専門はジェンダー、セクシュアリティ。主な論文に「ゲイ雑誌『バディ』は何を目指してきたのか——編者の言説からみるゲイ・アイデンティティの形成」（『年報社会学論集』三一号、二〇一八年）、「恋愛からみるゲイ男性のアイデンティティ——ゲイマンガに描かれる悩みと社会」（『国際広報メディア・観光学ジャーナル』二九号、二〇一九年）などがある。

はが・めぐみ——北海道大学大学院メディア・コミュニケーション研究院学術研究員。専門はメディア、韓国映画。主な論文に「リメイク作品から見る日韓ドラマの「社会性」——『ハケンの品格』（日）と『職場の神』（韓）を題材に」（共著、『越境するメディアと東アジア——リージョナル放送の構築に向けて』勉誠出版、二〇一五年）、「韓国映画の「植民地もの」における脱ナショナリズムの隘路——『軍艦島』の「親日派」表象をめぐって」（共著、『国際広報メディア・観光学ジャーナル』二六号、二〇一八年）などがある。

コロナ禍において「密」の領域へ出向くことは、社会的非難の対象となる。ではそれがマイノリティへの差別と絡み合ったとき、何が見えてくるのであろうか。そもそも「密」とは人々にとってどのような意味を持っているのであろうか。本稿では、性的マイノリティ向けのナイトクラブで生じた集団感染と、それをめぐる差別的報道を取り上げる。そこから見えてくる差別の形態、そして性的マイノリティの置かれている状況を、「距離」をキーワードに考察する。

はじめに

（1）本稿の目的

本稿では、韓国・ソウルの梨泰院《イテウォン》にある性的マイノリティ向けのナイトクラブにおいて発生した新型コロナウイルスへの集団感染を取り上げ、韓国における性的マイノリティとホモフォビア（同性愛嫌悪）について考察する。今年の五月初旬にこの集団感染が発覚してから、メディアにおいては保守陣営やキリスト教系教会から「ゲイ」に対する扇動的・差別的な報道がされ、韓国における性的マイノリティへの差別が前景化された。これらの出来事と反応は、韓国社会と性的マイノリティについて、何を意味しているのであろうか。考察の中で見えてくるのは、性的マイノリティと「距離」の関係性である。

今回取り上げる出来事は性的マイノリティに関するものではあったものの、話題の中心となったのはゲイであった。よって本稿でも、ゲイに焦点を当て考察していく。

（2）韓国の新型コロナウイルス対策の状況

今回取り上げる出来事を見る前にまず、韓国においてどのようなコロナ対策がとられてきたのかを簡単にまとめておきたい。

韓国では二〇二〇年一月に感染者が発生してからすぐに検査キットの開発・生産が開始され、感染予防の手早い対策がとられた。二月初旬の段階でＰＣＲ検査が大量に実施され、ドライブスルー式の検査場も全国に設置された。また、スマートフォンなどの位置情報機能、防犯カメラの情報、クレジットカードの使用履歴などを利用し感染者の移動経路を詳細に特定・公開することで、感染者との接触の有無を個々人が判断できるような対策がとられていった。

二月下旬には一日の感染者数が九〇〇人を超えることもあったが、それでも徹底した防疫対策によって感染者数は減少していき、四月末には一日の感染者数が一桁となることも多くなっていった。欧米の国々のように都市のロックダウンをしていないにもかかわらず、感染者がゼロの日もあった。

三月二十二日から四月十九日の間は「強い社会的距離確保」の期間として、商業施設や公共施設などの運営に制限が設けられたが、四月二十日からは「社会的距離確保」としてその制限が緩和された。そして五月六日からは「生活防疫」（生活の中での距離確保）として、一層の制限緩和が実施された。

この「生活防疫」の段階へと移行したその日に発覚したのが、梨泰院のナイトクラブにおける集団感染であった。

（3）出来事の経緯

五月六日、ソウル近郊の龍仁《ヨンイン》市に住む二十九歳男性の感染が発覚した。彼は五月一日の深夜から二日の未明にかけて、梨泰院の複数のナイトクラブに立ち寄っていたことが公開された。また韓国でも連休だった五月一日から五日には、ショッピングや外食、ソウル近辺の観光地へも訪れていたことが公開された。しかしもっとも注目の的となったのは、彼が訪れたナイトクラブが性的マイノリティ向けのクラブ――「ゲイクラブ」――であった点であった。

キリスト教系の日刊紙である『国民日報』[1]が「梨泰院のゲイクラブに新型コロナ陽性者が訪問」[2]（**図1**）というネット

記事を掲載したことによって、その事実が拡散されることになった。この報道に対して性的マイノリティの団体が「『国民日報』の報道は深刻な人権侵害と扇動の極み」だと批判する声明を発表した(3)ことによって、「ゲイクラブ」という表記は「有名クラブ」へと修正されることになったものの、『国民日報』は同様の扇動的な記事を立て続けに公開していった。

今回主に検討するのは、『国民日報』による一連の記事である。

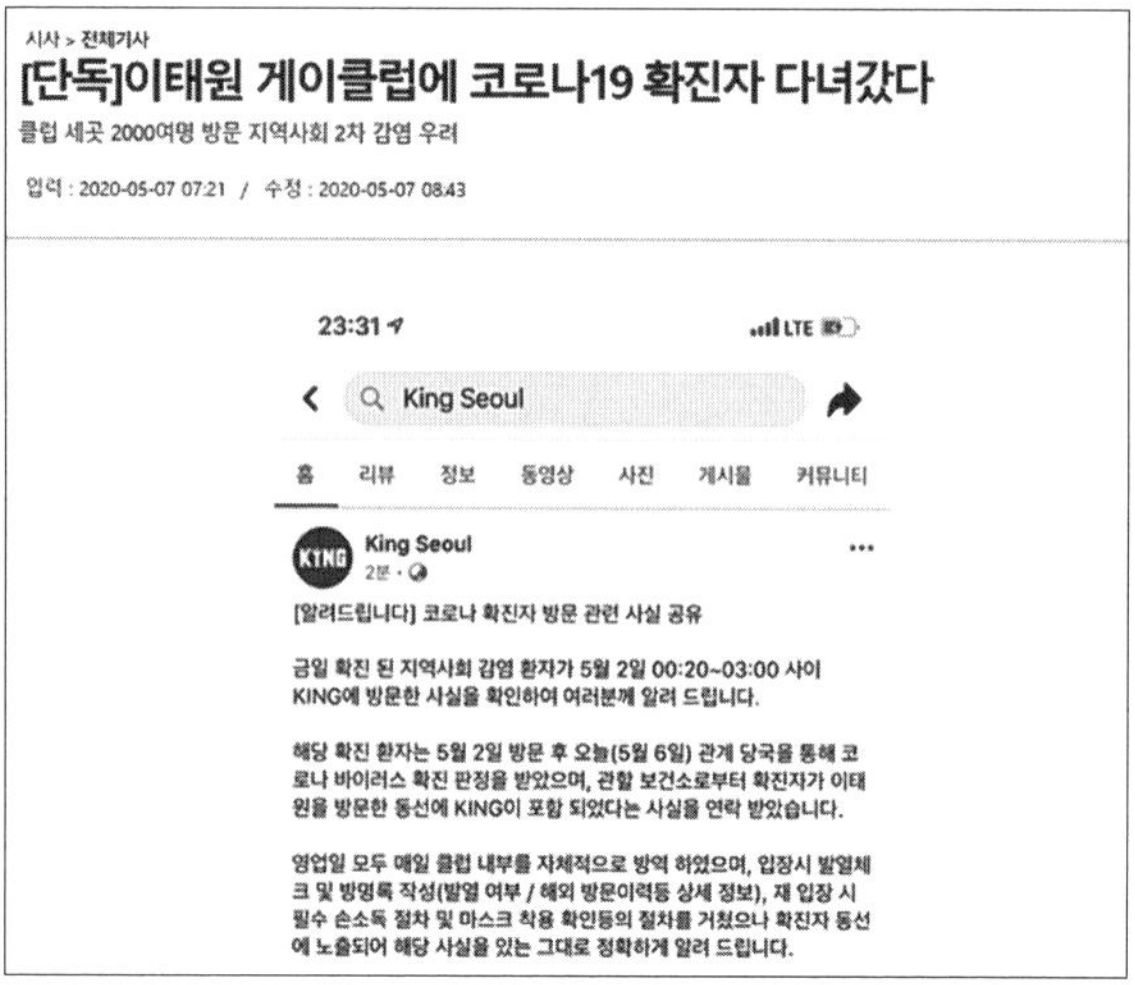
시사 > 전체기사

[단독]이태원 게이클럽에 코로나19 확진자 다녀갔다

클럽 세곳 2000여명 방문 지역사회 2차 감염 우려

입력 : 2020-05-07 07:21 / 수정 : 2020-05-07 08:43

23:31 LTE

King Seoul

홈 리뷰 정보 동영상 사진 게시물 커뮤니티

King Seoul
2분 ·

[알려드립니다] 코로나 확진자 방문 관련 사실 공유

금일 확진 된 지역사회 감염 환자가 5월 2일 00:20~03:00 사이 KING에 방문한 사실을 확인하여 여러분께 알려 드립니다.

해당 확진 환자는 5월 2일 방문 후 오늘(5월 6일) 관계 당국을 통해 코로나 바이러스 확진 판정을 받았으며, 관할 보건소로부터 확진자가 이태원을 방문한 동선에 KING이 포함 되었다는 사실을 연락 받았습니다.

영업일 모두 매일 클럽 내부를 자체적으로 방역 하였으며, 입장시 발열체크 및 방명록 작성(발열 여부 / 해외 방문이력등 상세 정보), 재 입장 시 필수 손소독 절차 및 마스크 착용 확인등의 절차를 거쳤으나 확진자 동선에 노출되어 해당 사실을 있는 그대로 정확하게 알려 드립니다.

図1　『国民日報』が2020年5月8日にネットで公開した記事。その後、タイトルの「ゲイクラブ」が「有名クラブ」に変更された。

図2　ソウル市が5月9日に発令した遊興施設に対する「集合禁止命令」を受け、臨時休業を告知する梨泰院エリアの店（©民衆の声）

（4）感染者の増加と特定の困難

八日の段階で、その男性の知人や同じクラブにいた人の間で十五人の感染が判明した。その後もナイトクラブ関連感染者数は増加し、二十五日には計二三七人となった。この中には、ナイトクラブにいた人からの二次感染、三次感染も含まれている。五月九日には市が遊興施設に「集合禁示命令」を発令し、市内全域のクラブなどが臨時休業するに至った（図2）。

感染が拡大した要因の一つに、利用客がクラブ入店時に提供した連絡先の多くが虚偽のものであったことが指摘されている。四月三十日から五月五日の間にクラブが作成した利用客名簿には五五一七人の連絡先情報が提供されていたが、そのうちの二〇〇〇件が虚偽であり、連絡が取れなかった。このクラブが性的マイノリティ向けのクラブであったため、個人が特定されうる情報を提供することに抵抗を示す人が多かったことが背景にあると言われている。連絡の取れない約二〇〇〇人の連絡先を使用されたクレジットカード情報などから特定すると同時に、ソウルでは十一日から匿名検査を開始することで、クラブ利用客に検査を受けやすくするための対策を取り始めた。

性的マイノリティであることを公表している韓国では数少ないタレントも、ナイトクラブの利用者に検査を受けることを促す文章をSNSに掲載した。トランスジェンダーのハリスは十二日に自身のインスタグラムに「自分一人ぐらいと考えず、みんなのために診断検査を必ず受けてください！」と、またゲイのホン・ソクチョンは「〈アウティング〉に対する心配が大きいということは誰よりもよく知っている。しかし、今は何よりも本人と家族、そして社会の健康と安全が優先」と投稿した。(4)

一、考察の前提と目的

(1) 平時のホモフォビアの前景化

今回の出来事にはいくつもの論点があると思われるが、本稿ではこの出来事を手がかりに二つの点について考察をしていく。一つは、ホモフォビア（homophobia）の形態である。ホモフォビアとは日本語では「同性愛嫌悪」や「同性愛差別」と訳される用語である。

論を進めるにあたって留意しておきたいのは、新型コロナウイルスというもの自体は確かに新しいものではあるが、この集団感染は韓国社会とゲイの関係性を新しく作り替えたのではなく、すでに根強くあったホモフォビアを前景化したということだ。よって本稿は、韓国社会におけるホモフォビアについて何か新しいことを示すというよりは、今回の出来事に顕著であったホモフォビアの形を改めて紹介することになる。その際、今回の差別が女性同性愛者やトランスジェンダーに向けられたものではなく、男性同性愛者に向けられたものであることに注意したい。

(2)「当事者」の経験

二点目として、ホモフォビックな社会に生きる性的マイノリティの経験について考察する。しかし実際のところ、この出来事に性的マイノリティ当事者はほぼ不在である。メディアやネット上での差別的な書き込みに対して性的マイノリティの当事者団体が声を上げはしたものの、そのクラブを利用していた人々が声を上げたりしているわけではない。その意味で、当事者は不在なのである（今回の出来事のきっかけとなった感染者の男性も、自身のセクシュアリティについて自ら語ってはいない。彼個人がゲイであったかどうか本稿では判断をくださないし、それ自体重要ではない）。だがそれでもあえて、彼ら・彼女らの経験について論じたいと思う。

その理由は、ホモフォビアについて批判を加えたとしても、今回話題となったクラブが性的マイノリティ向けのクラブであるという事実は残ること、そこには確かに多くの性的マイノリティがいたという想定は拭えないこと、利用客は〈自制心のない人〉や〈気の緩んだ人〉だというスティグマが残ってしまうことにある。『国民日報』は、ゲイ自身が今回のクラブ利用者を批判するSNSの投稿を紹介し、批判がゲイの間にも生じているものであると見せつけ[5]、自分たちの立場を擁護する姿勢もあらわしていた。このような〈ゲイによるゲイ叩き〉を見せつけることは、クラブ利用者への非難を正当なこととして提示する働きをしてしまう。

(3)「密」が持つ意味合い

「ステイ・ホーム」や「ソーシャル・ディスタンス」が呼びかけられ、人との距離を保たなければいけない社会となってしまった中でも、行動変容が困難な人がいることは幾度も指摘されている[6]。例えば、介護職は利用者と接触しないということ自体が不可能な職種だ。また虐待やDVを受けている人にとって、家にいることは危険そのものである。こうした視点から、ナイトクラブを利用していたであろう性的マイノリティについても論じることはできないだろうか。なぜならば、「密」という状況は彼ら・彼女らにとって特別な意味合いを持っていると私は考えるからである。そしてその意味合いは、彼ら・彼女らが置かれている社会的状況から生まれるため、ナイトクラブに行っていた個人を非難することはまったくもって的外れだと思うのだ。「病んだ人たちが謝らなければいけない[7]」のではなく、人々をナイトクラブに〈駆り立てる〉のは何かを考えなければいけないのではないか。

「密」はなにも性的マイノリティにとってのみ特別な意味を持っているわけではなく、多くの人にとってもさまざまな意味合いを持つものである。ホモフォビアの形態を見つつ性的マイノリティにとっての「密」の意味合いを見ることによって、このパンデミックに関わる多くの事象を見るためのひとつの視点を提示したい。

二、韓国における性的マイノリティの現状

ここから具体的に今回の出来事について見ていくが、そもそも韓国における性的マイノリティはいかなる状況に置かれているのであろうか。

(1) 昨今の出来事

経済協力開発機構（OECD）の『Society at a Glance 2019』[8]によれば、二〇〇一年から二〇一四年までの期間の加盟国三十六カ国（発刊時の加盟国。現在は三十七カ国）において、同性愛に対する寛容度は韓国は下から四番目の三十二位であった。一から十の尺度で表される寛容度は、アイスランドで最も高い八・三であるのに対し、韓国は二・八であった（平均は五・一、日本は四・八）。多くの先進国と比べて極めて低い寛容度であることがわかる。

トランスジェンダーに関しては今年一月、軍隊に服務中の男性が性別適合手術を受けたことによって除隊させられるという出来事があった。性器の切除は「服務できない事由」に相当する心身障害であると判断され、女軍への転役は認められず、除籍された。また二月には、トランス女性の女子大学入学に対する反対活動があった。性別適合手術を受け住民登録においても女性となったトランス女性が女子大に合格したものの、在学生からの強い反発を受けて、彼女は入学を放棄することになった。

(2) キリスト教における差別

性的マイノリティへの差別をもっとも強く表しているのが、キリスト教系（特にプロテスタント）の教会である。例えば二〇一六年には「基督教大韓監理会」が処罰対象となる牧師の教会規則を改正したが、そこには「飲酒、喫煙、麻薬法違反と賭博および同性愛に賛成したり同調する行為をした時」、「不適切な結婚または、不適切な性関係（同性間の性関係と結婚を含む）をしたり姦淫をした時」という文言が含まれていた。[9]また、二〇一七年度にはいくつものプロテスタント系教会で反同性愛に向けた活動が決議されている。例えば「大韓イエス教長老会・合同」は、同性愛者およびその擁護者の教団神学校への入学禁止や、性的マイノリティによるパレードなどのイベントへの反対集会に一五〇〇万ウォン（約一三五万円）を使うことを決議している。[10]

キリスト教系の教会によるホモフォビアは、宗教の領域においてのみ生じていると捉えることはできない。なぜならそれは、社会における異性愛規範とホモフォビアの存在なくして成り立たないからである。

三、保守派は何を恐れていたのか

(1) ゲイクラブ、睡眠部屋、酒ポンゲ

今回の出来事をめぐる『国民日報』の報道の中で、槍玉に挙げられたものが三つあった。ひとつは感染が生じた「ゲイクラブ」であるが、他にも、「睡眠部屋」(通称「チムバン」)という場所が取り上げられた。睡眠部屋とは「匿名の男性同士が会い性行為をするところ」であり、五月九日の記事で、「ソウル江南の〈ブラック睡眠部屋〉で新型コロナウイルス感染症の陽性者が出た」[11]と報道した(「ブラック」は店名)。また芸能ゴシップサイトのディスパッチニュースは五月十日、金融・証券ニュースを扱うマネートゥディは五月十二日に、それぞれ睡眠部屋の体験記事を掲載した。[12]

もうひとつ取り上げられたのが、「酒ポンゲ」と呼ばれる集まりである。[13]『国民日報』によると、それは「密閉された空間で数十人の同性愛者が酒を飲みながら性的趣向に合う相手を探す集まり」であり「キスゲームなど性的接触があり、年齢や身体条件などが自分の趣向に合うと思えば性的関係を結ぶこともある」と紹介されている。[14]

これらの領域は、ゲイが即興的に出会って性交渉をもつことを意味する「クルージング」の場として報道されることからも、[15] そこには明らかに、〈異常な性行動〉をするゲイをゴシップ的に取り上げる姿勢がある。だが『国民日報』に言わせるのであれば、これらの領域を取り上げるのは、いずれも「密」の空間であり、感染拡大の危険性があるからということになる。

(2) ホモソーシャル

この「密」の領域に焦点が当てられたという点から、ホモフォビアについて考えてみたい。つまり、〈異常な性行動〉というイメージのみならず、ゲイが身を寄せ合い、距離を置かず、「密」になっているというイメージがホモフォビアを喚起しているということについて考えたい。ここで参考になるのは、ホモソーシャルという言葉である。ホモソーシャルとは、アメリカの理論家であるイヴ・K・セジウィック[16]によって提唱された概念であり、女性嫌悪と同性愛嫌悪によって維持される男性集団・男社会のことを意味する。

この概念が重要なのは、男社会における、ある両義性を指摘するからである。その両義性とは、女性が参入を許されない男社会は、たとえそこに異性愛の規範があろうと、男性だけによって成り立っている限りにおいて、同性愛的に〈見えてしまう／なってしまう〉ということ、だからこそ強い統制が入るということだ。女性二人が親密な友人関係を築いてい

たとしても、周囲はその二人を「友達」としか見なさない一方で、男性二人の場合だとそこに「怪しさ」を感じるという意識がわかりやすい例だろう。だからこそ、ホモソーシャルな集団がホモセクシュアルになってしまわないよう、さまざまな実践が日常的に行われるのである。

(3)ホモソーシャルにおける統制

例えば、男性同士が女性についての下ネタを積極的に話したり、「ホモ」を嘲笑するネタを話すのは、自分たちが異性愛者であることを常に互いに確認し合う行為なのである。そしてこの統制として代表的なものの一つが、軍隊における同性愛の禁止である。

軍隊とはまさにホモソーシャルな空間である。それは単に男性優位な集団であるという意味においてだけではなく、男女の領域が物理的に分離されていることによって、本当に男性しかいない領域であり、成員間の親密かつ強い精神的な結びつきもイメージされるからだ。その他の領域よりも同性愛的に〈見えてしまう／なってしまう〉領域では、それを制度的に禁止しなければいけない。韓国では軍の刑法で同性愛は禁止されており、有罪となれば懲役二年を科される可能性もある。二〇一七年には同性愛者向けの出会いサイトにおとりのプロフィールを載せるなどして四十から五十人が同性愛者だと特定され、二十人以上が起訴されている。[17] このように、男性だけの領域が同性愛的に〈見えてしまう／なってしまう〉ことに対する嫌悪の強い社会では、それを犯罪化することによって禁止しなければいけない。

この視点から睡眠部屋や酒ポンゲについて考えると、そこは同性愛の禁止が失敗し、同性愛に〈なってしまった〉領域と捉えられていると言えるのだ。だからこそ、そこへの〈興味〉が止むことはないのだ。物理的・精神的に男性同士が密接するイメージは、同性愛的に〈見えてしまう／なってしまう〉という意識を増幅させ、ホモフォビアを喚起する。

四、ゲイにとって「密」とは何か

(1)性的マイノリティと家族

ではそもそも、ゲイクラブ、睡眠部屋、酒ポンゲといった領域は、ゲイにとっていかなる領域なのだろうか。このコロナ禍において、「密」な空間であるこれらの領域に彼らが〈行かなければならなかった〉のはなぜだろうか。彼らのコミュニティやつながり、という点から考えたい。

性的マイノリティが生まれ落ちる家族は、男女からなる異性愛の家族である。もちろん同性婚の認められている国々では昨今状況は変わりつつあるものの、少なくとも韓国において、性的マイノリティが同性カップルの家族に生まれ落ちることはない。こうした状況では、特に子供時代においては、自分の性的指向が大多数の人々と違うことに気付いたり、あるいは性自認に違和感を抱いたりしたとしても、自分と同じ人を知らずに生きていくことは珍しいことではない。仮に、自分と同じ人がいるということを本やネットの情報から得たとしても、そうした人々と出会うためには、自らその機会を求めなければいけない。つまり、性的マイノリティが、本当に安心できる家族を経験せずに成長したり、自分の居場所となるコミュニティやつながりを持たずに成長していくことは、珍しいことではない。

(2) 安全な場におけるアイデンティティの確認

こうした状況に置かれている性的マイノリティ、特に今回の出来事に関して言うのであればゲイにとって、ゲイクラブ、睡眠部屋、酒ポンゲといった場所は、まずひとつに、自らのアイデンティティを確認し、承認してもらうための場として機能する。これらの領域が重要なのは、〈異性愛者の目〉から距離のある安全な場となるからである。現代においては、インターネットなどのテクノロジーが発達しており、それを介して他の当事者と知り合うことはできる。そしてリアルの世界のカフェやレストラン、居酒屋で会うこともできる。あるいは大学の当事者サークルもあるだろう。しかし知人や家族、職場の同僚などと出くわす可能性や、誰かに見られているのではないかという心配を払拭することは難しい。その反面、ゲイクラブ、睡眠部屋、酒ポンゲという領域は、ゲイによる排他的な空間であるために、普段であれば取り除くことが難しい心配を抱かずにいられるのである。特に睡眠部屋や酒ポンゲといった、ゲイクラブよりも排他的にゲイによって成り立つ空間は、より一層の安心感を利用者に与えることができるのである。自らのセクシュアリティをひた隠しにする必要はなく、また睡眠部屋や酒ポンゲにおいては場合によっては実際に性行為を経験することによって、自らの性的指向を確認するための場となるのだ。

(3) コミュニケーションと情動によるつながり

そしてこれら三つの領域は、彼らがつながりを感じるための場としても機能するのである。「家族」や「コミュニティ」という言葉から想起されるイメージと、ナイトクラブ、睡眠部屋、酒ポンゲの性的なイメージは、多くの人にとって非常に乖離しているかもしれない。だが確かにこれらは、つながりの領域なのである。ひとつの理由として、『国民日報』も「酒ポンゲは狭い空間で飲食しながら会話をする」(18)と報じていたように、これらの場では言語を介したコミュニケーションも生じるからだ。アメリカにおける類似した施設においても、そこでの出会いが親密な友人関係へと進展することがあるというのは、歴史的証言からも裏付けられている。外の世界から隔離されたゲイだけの領域であるという特徴は、コミュニティが存在するという感覚を利用者の間に醸成する。[19]

二つ目の理由は、そこで言葉を介したコミュニケーションがなくとも、人々の間には情動的なつながりが生じているからである。それは〈自分と同じ人がここにたくさんいる〉という感覚であり、自分の欲望をひた隠しにする必要のない安心感であり、物理的に身を寄せ合うことによって生じる疑似的なパートナーシップや恋愛関係である。仮に〈外の世界〉においてそのつながりが継続せず、睡眠部屋などにおけるそれがどれほど刹那的であったとしても、確かにその瞬間、彼らはつながりを経験するのである。

こうして外の世界から切り離された空間で物理的に他の男性と身を寄せ合うということは、生まれながらに孤立を経験しやすい彼らにとって、特別な意味合いを持つのである。

(4) 距離の両義性

しかし、このコロナ禍においてなぜわざわざこうした領域に行かなければいけないのか、という批判もあるかもしれない。

哲学者のスラヴォイ・ジジェクは、このコロナ禍における「距離」の両義性について触れている。他の人々との接触を避け距離を置くというのは、一見すると私たちを分断あるいは孤立させるかのように思われる。しかしジジェクによると、「接触を避けるという現在の措置はまた、わたしたちをたしかに結びつけるものでもある」というのだ。なぜならば、「身体的に距離を取ることとは、自分もウイルス保持者かもしれない以上、他者への敬意を示すことにほかならない」[20]からである。言い換えるのであれば、距離を取ることは相手を思いやる気持ちであるため、人々との信頼関係を作ったり、あるいはそれを確認する行動になるからと言えるだろう。確かにそうかもしれないが、ことさら性的マイノリティとなると、必ずしもそうとは言えないのではないだろうか。

(5) 性的マイノリティにとっての距離と時間

ジジェクの指摘に疑問を感じる理由は二つある。ひとつは、この両義性が保たれるのは、〈私たちは結びついている〉という確証がある時のみだけだと思われるからである。ジジェクが例として挙げていたのは、彼の息子がジジェクとの距離を置こうとする態度であったが、まさに家族という信頼が保障された関係性だからこそ、距離の両義性が保たれるのではないだろうか。反対に、結びつきを感じたことのない他人と距離を置くときに、同様の結びつきは喚起されるのであろうか。そもそも社会で差別を受ける性的マイノリティにとっては、当事者同士のつながり自体を日常的に感じることが困難になりうるし、信頼できる他者がいるという感覚も乏しくなることは珍しくないだろう。

二つ目の理由は、ジジェクの指摘は未来志向である点にある。距離の両義性を指摘する前提には、このパンデミックが近い将来におさまること、おさまった後にも今ある結びつきがずっと維持されていくことが想定されている。言い換えるのであれば、距離を置くという行動は、長期的な未来を見据えた行動であるということだ。しかし、性的マイノリティは同様にして長期的な未来を見据えて生活をすることができるのだろうか。性的マイノリティの中には、〈いま〉をいかに生きるのかに必死にならざるを得ない人もいる。自分のセクシュアリティが非難の対象となる社会で、長期的な人生計画を描けるだろうか。自分のセクシュアリティが露呈してしまった場合、物理的・心理的に暴力を振るわれうる社会の中で、希望を持って未来を思い描けるだろうか。〈いま〉を生きることに必死とならざるを得ない性的マイノリティが多くいる現状では、未知の未来ばかりを優先させ今現在の行動を抑制することは、致命的になりうるのだ。

ゲイクラブ、睡眠部屋、酒ポンゲに〈行かなければならなかった〉のは、普段から、そしてコロナ禍においてより一層、「私」という存在が危ぶまれ、承認されにくくなった彼らが、それを追い求めるためであったと考えることは、十分に可能である。こうした想像を働かせることなく単純にクラブなどの利用者を非難することに、意味はない。

おわりに——距離とマイノリティ

本稿では、「ゲイクラブ」における集団感染を事例に、ホモフォビアの形と性的マイノリティの置かれている現状について考察をした。これら両者において、「距離」がキーワードであった。

今回の出来事で保守派はゲイクラブ・睡眠部屋・酒ポンゲという領域を槍玉に上げたが、それは単にそこがウイルスの感染が生じやすい「密」な空間であったからではなく、ゲイが集団をなしている領域であったからである可能性にも触れた。差別をする人の頭の中では、ゲイが「個人」でいることを想像するのと、「集団」や「群れ」でいることを想像するときに喚起されるイメージはどのように違い、どのように嫌悪や差別の形態に影響を及ぼすのであろうか。差別をする人が、ゲイという「彼ら」が韓国社会という「私」の中——ゼロ距離――にいることを意識した時と、外国という遠距離にいることを意識した時はどうか。物理的・心理的なさまざまな距離が差別に及ぼす影響、これ自体は特段新しい視点ではないが、改めて距離という視点からマイノリティと差別の関係を捉えることの意義は失われていない。

また性的マイノリティにとっても、これまで特段意識してこなかった距離というものを常に意識しながら生を営むことは、今後いかなる影響をもたらすのだろうか。ジジェクが言うように、彼ら・彼女らにとっても距離が本当に両義的なものとなっていくのであろうか。クラブに行くことを多くの当事者が自粛することによって、身体を寄せ合うことによるつながりを超える、精神的なつながりが形成されていくのであろうか。新型コロナウイルスの状況自体の見通しがつかない中、性的マイノリティとコロナの関係性が今後新たな局面を迎える可能性も十分にあり得るだろう。

最後に付け加えておきたいのは、本稿で論じた性的マイノリティと距離の関係性は、他の人々にとっても同様のことが言えるということである。例えば日本でもクラブハウスが感染の温床となると非難の対象となったが、現在においてクラブハウスが持つ社会的意味を無視した上でそれを批判することは、まったくもって無意味である。また、高齢者が日中にカラオケに行くことが感染拡大の一因だったこと、「夜の街」で感染が拡大していると非難されたこと、これらも同様である。密閉・密集・密接の空間がウイルスの温床となることは紛れもない事実であるが、そうした空間が人々にとってどのような意味を持っているのかをしっかり考えることを促すのに、少しでも本稿が寄与できれば幸いである。

注

（1）汝矣島《ヨイド》純福音教会により「民族の福音化と世界宣教」を目的に一九八八年十二月に創刊された日刊紙。

（2）『国民日報』（二〇二〇年五月七日）。http://news.kmib.co.kr/article/view.asp?arcid=0014552714（二〇二〇年八月二十八日最終閲覧）

（3）「マイノリティ嫌悪報道に満ちた〈国民日報〉人権侵害の事態を止めねば」（『プレシアン』二〇二〇年五月八日）。https://www.pressian.com/pages/articles/2020050814445572187（二〇二〇年八月二十八日最終閲覧）

（4）「〈匿名保護可能〉、ホン・ソクチョンに続きハリスも新型コロナ検査促す」（『スポーツ京郷』二〇二〇年五月十三日）。http://sports.khan.co.kr/entertainment/sk_index.html?art_id=202005130930003&sec_id=540101&pt=nv（二〇二〇年八月二十八日最終閲覧）

（5）「梨泰院クラブ訪問者が新型コロナ陽性、同性愛者たちの考えは？」（『国民日報』二〇二〇年五月八日）。http://news.kmib.co.kr/article/view.asp?arcid=0014558245（二〇二〇年八月二十八日最終閲覧）

（6）岩田正美「誰がどのように『行動変容』すべきか――新型コロナウイルスと日本社会」（『世界』九三三号、二〇二〇年）一二三頁。

（7）チョ・ハン・ジニ（影本剛訳）「なぜ病んだ人たちが謝らないといけないのか」（『現代思想』四八巻七号、二〇二〇年）二三一頁。

（8）OECD, *Society at a Glance 2019*, 2019, pp.21-23

（9）長尾有起「教会における同性愛嫌悪」（『福音と世界』七一巻四号、二〇一六年）四八頁。

（10）長尾有起「性的マイノリティ差別と韓国教会の『異端』論争――韓国基督教長老会イム・ラボ牧師講演会報告」（『福音と世界』七三巻二号、二〇一八年）三六頁。

（11）「江南の〈ブラック睡眠部屋〉から新型コロナ陽性者」（『国民日報』二〇二〇年五月九日）。http://news.kmib.co.kr/article/view.asp?arcid=0014561642（二〇二〇年八月二十八日最終閲覧）

（12）「言論仲裁委、国民日報など性的マイノリティ嫌悪報道に〈是正勧告〉」（『メディアアス』二〇二〇年六月二十三日）。http://www.mediaus.co.kr/news/articleView.html?idxno=186249（二〇二〇年八月二十八日最終閲覧）

（13）「ポンゲ」の意味は「稲妻」であるが、近年はインターネット上の知り合いが集まる「オフ会」を意味する言葉として用いられている。

（14）「同性愛者、チムバン以外にも〈防疫の穴〉があった」（『国民日報』二〇二〇年五月十日）。http://news.kmib.co.kr/article/view.asp?arcid=0014564071（二〇二〇年八月二十八日最終閲覧）

（15）「増えるクルージングの場所、〈危険な接触〉頻繁」（『国民日報』二〇二〇年五月十九日）。http://news.kmib.co.kr/article/view.asp?arcid=0924138233（二〇二〇年八月二十八日最終閲覧）

（16）イヴ・K・セジウィック（上原早苗・亀澤美由紀訳）『男同士の絆――イギリス文学とホモソーシャルな欲望』（名古屋大学出版会、二〇〇一年）。

（17）「大韓民国：軍での男性間の性行為禁止　差別を助長」（『アムネスティ・インターナショナル』二〇一九年七月二十四日）。https://www.amnesty.or.jp/news/2019/0724_8234.html、「大韓民国：兵士が同性愛行為で有罪判決」（『アムネスティ・インターナショナル』二〇一七年五月三十一日）。https://www.amnesty.or.jp/news/2017/0531_6872.html

（18）前掲注14。

（19）George Chauncey, *Gay New York: Gender, Urban Culture, and the Making of the Gay Male World 1890-1940*, New York: Basic Books, 1994, p.224.

（20）スラヴォイ・ジジェク（片岡大右訳）「人間の顔をした野蛮がわたしたちの宿命なのか」（『世界』九三三号、二〇二〇年）四〇頁。

付記　本稿は、本文の執筆を斉藤巧弥が、現地資料の検索・翻訳を芳賀恵が担当した。

韓国におけるコロナ対策と（非）可視化される人々

——在外同胞・移住民を中心に

趙　慶喜

ちょう・きょんひ——聖公会大学東アジア研究所助教授。専門は歴史社会学・マイノリティ研究。主な著書に『主権の野蛮——密航・収容所・在日朝鮮人』（共編著、ハンウル、二〇一七年）、『「私」を証明する——東アジアにおける国籍・旅券・登録』（ハンウル、二〇一七年）、主な論文に「裏切られた多文化主義：韓国における難民嫌悪をめぐる小考」（『現代思想』二〇一八年八月号）などがある。

韓国は個人情報とＩＴのインフラとともに強力な防疫体制を確立し、政府や自治体の災難支援金の支給も迅速にすすんだ。他方で、行政の安全網やネットワークからこぼれ落ちる移住民や在外同胞もいる。災難時にこれらの存在がいかに外部化され不可視化されるのか、また逆にヘイトの対象として過剰に可視化されるのか、防疫と人権の重なりつつも危うい関係について考える。

はじめに

いち早く新型コロナウィルス対策に乗り出した韓国は、疾病管理本部を中心に世界に誇る防疫体制を確立したと話題になった。全国における治療センターの整備とドライブスルーなどを利用した迅速なＰＣＲ検査の実施、透明な情報開示と感染経路の追跡などが相互に連動しつつ強力な防疫体制を整えていった（この点については本書掲載の玄武岩論文参照）。たとえば筆者の場合、数時間出入りしたビルで感染者が出たという知らせを受け、翌日即検査が義務付けられた。症状は何もなかったが、保健所から詳細な指示を受けながら車と徒歩で移動しＰＣＲ検査を受けた。検査の過程は五分もかからず、翌日には陰性結果がメッセージで送られた。全てがスピーディかつスムーズであった。

また、この過程で政府や自治体レベルの災難支援金の支給も迅速にすすんだ。五月から申請が始まった政府や自治体の災難支援金は、クレジットカードや銀行口座、商品券やプリペイドカードなどを利用して支給され、六月初旬の時点で各自治体での支給率はは九〇パーセントにのぼった。使用期間は八月末まで、使用可能な場所は百貨店や大型スーパーを除いた中小規模の店舗や飲食店に限られていたため、地域経済の活性化にもつながった。

韓国でこうした一連の対策がスムーズに進んだのは、住民登録番号・携帯番号・クレジットカードなどが連動する個人情報とＩＴの強力なインフラが存在し、それが日常的に作動していたからである。カード使用場所や監視カメラを通じて感染者の移動経路を把握し、接触した人々を探し当てて隔離するという途方もない作業を通じて、韓国は第一波パンデミックを防ぐことができた。つまり個人情報に容易にアクセスできる行政システムや、それを自然に受け入れる人々の生活感覚があるからこそ、社会に行き渡った緻密な防疫体制が確立できた。日本やその他の国々が容易に真似できることではない。

他方で、本稿で焦点を当てるのは、そうした強力な安全網やネットワークから除外される移住民や在外同胞の存在である。たとえば、筆者の住む京畿道《キョンギド》では先駆的に災難支援金の支給に踏み切ったが、「道民全員を対象とする」という大々的な宣伝文句に「外国人は除外」という但し書きが盛り込まれた。京畿道は移住労働者が最も多く居住する地域である。移住民支援団体の抗議によって、京畿道は六月から韓国人と結婚したいわゆる結婚移民者や永住権を保持した外国人は支援の対象に含めたが、それ以外は除外したままである。こうした問題に対するマスメディアや一般市民の反応が思った以上に無関心であったことも、残念ながら韓国社会の現在の姿をあらわしている。

以上のような問題関心を共有すべく、筆者は先日、市民運動の仲間とともに「コロナ以後の韓国社会と在外同胞／移住民」という討論会を開催した（**図1**）。韓国内に居住する在日朝鮮人・朝鮮族・高麗人・移住民の現実をつきあわせ議論した点で非常に有意義であったが、同時にそれぞれの抱えた問題の違いが浮き彫りになった。本稿では、こうした経緯を踏まえて、韓国のコロナ対策そのものではなく、そこからこぼれ落ちる人々の存在に焦点を当てる。災難時にいかに在外同胞や移住民の存在が外部化され不可視化されるのか、また逆にヘイトの対象として過剰に可視化されるのかを明らかにし、防疫と人権の重なりつつも危うい関係について考えてみたい。

一、韓国居住の在外同胞・移住民の存在

まず韓国における「内国人」「在外同胞」「外国人」カテゴリーについてざっと述べておきたい。朝鮮半島は近代初期から構造的に海外移住者を多数生み出した地域である。植民地時代に日本や中国、ロシア地域に離散した人々はもちろん、解放後も朝鮮戦争からの避難民が生み出され、その後は国策として米国など「先進国」への海外移住が奨励された。コリアン・ディアスポラの総数はざっと七〇〇万を超えるといわれる。

図1　2020年６月に開催された討論会「コロナ以後の韓国社会と在外同胞／移住民」での様子

一九九〇年代以後、韓国の民主化とグローバル化の進展とともに海外移住者とその子孫たちが韓国に「帰還」しはじめた。脱冷戦の時代状況にともない中国やロシアとの国交が正常化され、中国朝鮮族やＣＩＳ地域の高麗人が韓国に急速に流入しはじめた。それ以前まで在外同胞とは基本的に豊かな国に住む同胞たちを指し、反共体制における政治的動員あるいは投資を引き出す経済的動員の対象であったが、韓国社会の在外同胞認識も次第に変わり始めた。一九九三年に金泳三《キム・ヨンサム》政府は新僑胞政策を発表し、「母国との精神的紐帯」を強調しはじめた。一九九七年に在外同胞財団が設立され、一九九九年には在外同胞法が制定されるなど、政府レベルでも在外同胞についての一定の体系を持ち始めた。以上のような時代の変化は、在外同胞の一時的な韓国往来だけでなく、中長期的な韓国居住、つまり帰還移住（return migration）を促進した。

ところで、一九九九年に制定された在外同胞法は、在外同胞の範囲を①韓国籍を持つ「在外国民」と、②外国籍を取得

表1　韓国における内国人・在外同胞・外国人のカテゴリー

法的（社会的）概念	内国人	在外同胞		外国人（移住民）		
		在外国民（海外永住権者）	外国籍同胞（海外市民権者）	結婚移民者	外国人勤労者	留学生
主な該当集団	在日朝鮮人		朝鮮族-高麗人	移住民		
国籍	韓国		外国			
身分登録	住民登録	在外国民住民登録	国内居所申告	外国人登録		

した「外国籍同胞」に区分している（**表1**参照）。国籍を基準にすると、①は国民、②は外国人となるが、在外同胞法は②の外国籍を持った同胞たちを出入国と経済活動において一般外国人よりも優遇するという意図を持っていた。法制定当初は政府樹立以前の植民地期に海外に出ていった中国・ロシア地域の同胞たちが対象から除外されていたが、紆余曲折を経てこれらの人々の出入国・ビザ問題は少しずつ改善されていった。しかし依然として外国籍同胞に対しては、制度・認識の両面において不寛容な現実がある。他方で、韓国籍を保持した在日朝鮮人の場合はあくまで在外国民に該当するため、出入国やビザの問題からは自由である。つまり、国籍を基準に制度が設計されている状況においては、同じ在外同胞であっても、在日は内国人に近く、朝鮮族・高麗人はむしろ外国人（移住民）に近い地位に置かれている。

後述するように、韓国社会の社会的承認という次元では在日朝鮮人もまた多くの困難を抱えているが、それでも日本という「豊かな国」から来た韓国籍同胞として扱われる在日に比べて、相対的に「貧しい国」から来た外国籍同胞である朝鮮族・高麗人、そして移住民の日常がより不安定で劣悪であることは間違いない。先に述べた討論会においても、そうした温度差がそのまま浮き彫りになった。ポストコロナ時代に明らかになったのは、「同胞」と「外国人」の間だけでなく、「同胞」内部にも多くの線が引かれているという事実である。もちろん、コロナが世界を変えたのではなく、コロナによってこうした秩序がより鮮明になったというべきである。

二、可視化される人々

（1）出入国管理と国内移動の統制

二〇二〇年一月にコロナウィルスが発見されて以後、韓国法務部の出入国・外国人政策本部は、感染防止のために以下のような対策を取った（以下、法務部ホームページにある「報道資料」を参照）。まず出入国制限措置として、中国湖北省からの外国人の入国を禁止し、中国、香港、マカオ、日本、イタリア、イラン、その他ヨーロッパ地域からの入国ビザ審査を強化するとともに、すべての入国者に対し二週間の体温測定結果をアプリに入力させるなど特別入国手続きを実施した。また、四月からは全ての入国者は二週間の自主隔離が義務付けられた。空港での入国検疫の段階で症状が見られる場合は検査を実施し、陽性の場合、病院や生活治療センターに移送される。検査費・治療費は無料、生活費は自費である。

二月中旬には外国籍同胞を含んだ登録外国人に対する在留期間自動延長を実施し、留学生はオンラインでの在留期間延長が申請できるようにした。また、三月以後はビザ発給を制限し、①すべての外国人に対し既存ビザ効力暫定停止、ビザ免税協定および無ビザ入国暫定停止、③新規ビザ発給審査強化などの措置を取った。六月からは外国人登録を済ませた長期滞在外国人が出国後にビザなしで韓国に再入国する場合、韓国出国前に再入国許可を取るとともに（外交・公務・協定・同胞は除外）、現地出国前四八時間以内に発給された診断書の所持を義務付けるなど入国審査を強化した。

また国内では、外国人の定着のための社会統合プログラムを中断し、オンライン教育に移行するとともに、英語・中国語・ベトナム語など二十カ国の言語で運営されていた外国人総合案内センターを二十四時間体制に転換し、疾病管理本部との連携のもとで通訳サービスを実施した。

法務部は、一月末から七月まで、コロナ拡大を防ぐための出入国管理対策について六十通の報道資料を発表した。韓国政府は出入国管理について臨機応変な措置を取り続けたと評価できる。この間に政府および法務部が取った方針を大まかに見ると、地域社会のコロナ拡散を最小化するために、①外国人の公共機関訪問の回避、②滞在期間の延長とその他手続きのオンライン化、そして③未登録滞在者の自主出国誘導、などに整理できる。

特に未登録滞在者については、法務部は早い段階から対策を立てていた。一月末の時点で疾病管理本部との連携のもと、出入国管理法の「通報義務免除制度」を運営した。この制度は未登録滞在者が安心して検査を受けられるよう、医療機関が被検査者の身元情報を出入国管理所に申告する義務から免れるというものである。また、三月から未登録滞在者に対し「オンライン事前申告制」を導入し、出国三日前までにオンラインで申告すれば、出入国管理事務所を訪問することなく空港でのみ手続きが可能となった。六月末まで自主出国する場合、入国禁止および罰金を免除し、出国後三カ月から六カ月後には短期訪問ビザで再入国できるようした。こうした特別措置を講じて未登録者に自主出国を誘導するのが「公衆保健の死角地帯の防止」のため急務であることが繰り返し強調された。

五月に入り、政府はあらためて「防疫脆弱集団管理方案」を発表し、「不安な居住身分と状況」に置かれている未登録滞在者とホームレスに対する「抱擁的防疫対策」を打ち出した。政府はオーバーステイ滞在者を約三十九万人と見込んで、多言語での情報案内と作業場での防疫環境を点検するとし、各自治体と民間団体の連携のもとで、外国人密集地域や日雇い労働者地域での案内と宣伝を行った（政策ブリーフィング二〇二〇年五月一日）。国務総理の丁世均《チョン・セギュン》は、「彼らを不法滞在者であると追い込んで取り締まると深く隠れてしまい、むしろ死角地帯が大きくなる憂慮がある」「ともすれば外国人に対するヘイトを促してしまう心配もある」と語り、出入国よりは防疫の観点から接近する必要があると述べた（国務調査室）。

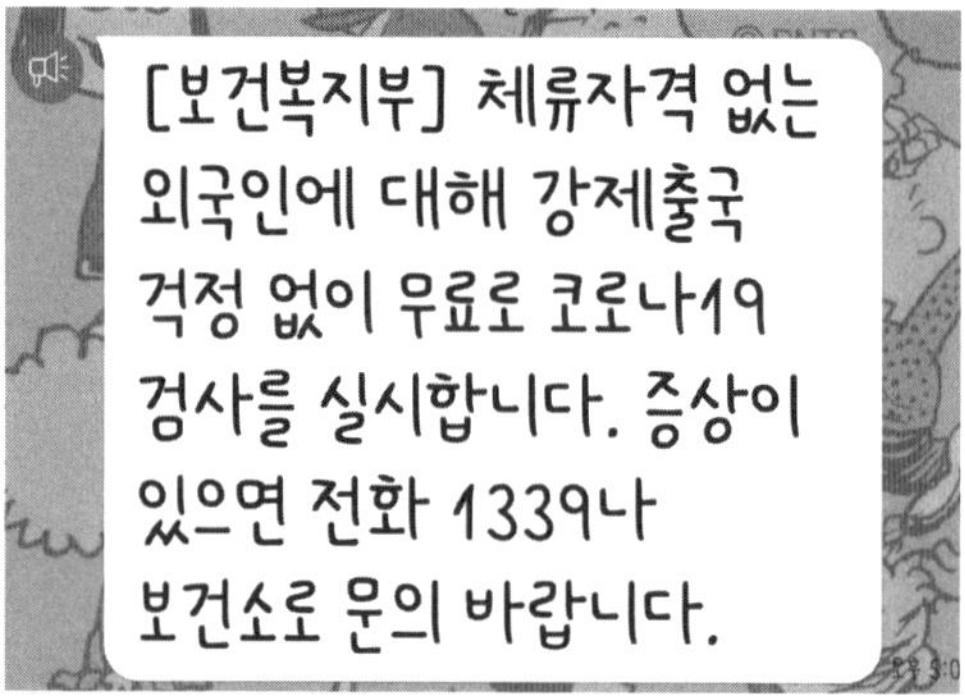

図2　外国人のスマートフォンに送られたメッセージ
［保健福祉部］在留資格のない外国人も強制退去の心配なく無料でコロナ19の検査を受けられます。症状があれば電話1339か保健所にお問い合わせください。

これまで公式に使ってきた「不法滞在者」という用語を「未登録滞在者」に言い換えるなど、国務総理の発言からは防疫死角地帯への憂慮と同時に、未登録者をはじめとする社会的マイノリティに対する配慮の視点が見られて興味深い。しかし、こうした情報が移住民や未登録者に速やかに伝わるのは困難であった。未登録者の問題は政府の施策が届かない構造的な位置と距離それ自体に起因している（後述）。

（2）強まる中国フォビア

表2は、二〇一九年末の出入国統計である。外国人総数は二五二万四六五六名で、全人口対比率は過去最高の四・八七パーセントであった。滞在外国人のうち中国国籍者が圧倒的に多く、そのうち中国朝鮮族が七十一万九二六九名であり、実に全外国人人口の三分の一を占めている。武漢発のコロナウィルスは朝鮮族コミュニティに大きな衝撃をもたらしたと

思われる。特に中国との往来が頻繁な朝鮮族にとってコロナによる国境の制限はそのまま生活圏の遮断につながった。

　韓国で最大規模のエスニック・コミュニティを形成している中国朝鮮族については、コロナ以前から差別やヘイトが社会問題となっていた。コロナ発生直後から保守政治家や保守メディアは「武漢肺炎」という用語を繰り返し、中国との国境を閉鎖しなかった文在寅政権に対する攻撃の材料として中国フォビアを動員した。一月二十三日には中国人の入国禁止を求める国民請願が始まった。三日間で二十万人を突破し、ひと月後の最終日には七十六万一八三三人に上った。さらにコロナウィルスが野生動物の摂取による感染であることが報道されると、中国の食文化に対する非難やヘイトとともに、世界的なパンデミックに対する中国人の責任を追求する声があがった。チャイナタウンや朝鮮族集住地域についても、危険で非衛生的な空間として扱うようなヘイトに満ちた情報がメディアやSNSなどを通じて拡散していった。

　韓国では当初、大邱《テグ》地域を中心に、宗教集団「新天地」でクラスターが発生したが、ほぼ同時期に近隣地域の清道《チョンド》にある精神病院でも一〇〇名以上の集団感染が発生し、七名が死亡するという最悪の事態に陥った。「新天地」のクラスターについては、当初から朝鮮族の信徒たちが感染拡大の原因となったという記事が出ただけでなく、清道の精神病院でも二名の朝鮮族の看病人からクラスターが発生したと報道された。「新天地」は以前から中国での布教に熱心であり、信徒には朝鮮族も多数含まれている。また首都圏では看病人や家政婦の八〇パーセントは朝鮮族である。こうしたことから未確認の情報がまことしやかに伝えられ、しまいには中国人や朝鮮

表2　2019年12月現在の韓国出入国統計概要（単位：名）

		滞在外国人	外国籍同胞	結婚移民者
総数		2,524,656	878,439	166,025
国籍別	中国	1,101,782	719,269	60,324
	ベトナム	224,518		44,172
	タイ	209,909		5,130
	米国	156,982	45,655	3,883
	日本	86,196	826	14,184
	ウズベキスタン	75,320	36,752	2,688
	フィリピン	62,398		12,030
	ロシア	61,427	28,020	1,668

出典：法務部「出入国統計」（2020）をもとに筆者作成

図3　ソウル市内の食堂の入口に貼られた「中国人出入禁止」の張り紙

族が韓国の世論を操作するといった陰謀説にまで発展した。

さらに教育や育児コミュニティサイトなどでは、中国人や朝鮮族の子供たちが通う保育園や学校に子供を通わせることを不安視する書き込みが多数見られた。特に朝鮮族の集住地域があるソウル南部の大林洞《テリムドン》や加里峰洞《カリボンドン》の保育園では八〇パーセントが欠席したといわれた（『中央日報』二〇二〇年一月二十九日）。朝鮮族の子供たちの登校を制限させるような差別的な雰囲気のなか、朝鮮族コミュニティの間でも韓国社会への反感が沸きつつあった（「コロナ以後の韓国社会と在外同胞／移住民」資料集）。出入国管理事務所が朝鮮族集住地域でキャンペーンを実施したり、国家人権委員会が朝鮮族コミュニティを慰労訪問して差別反対と相互連帯を呼びかけるなど、中国人や朝鮮族に対するフォビアの拡散に社会的な危機感が形成されていた。

こうした空気はパンデミックに恐れるばかりであった初期の頃に多く見られたが、コロナが長期化し生活防疫体制が確立する過程で治まっていったように見える。しかし、歴史的にも感染病とゼノフォビアが結びつく事例が多々見られたように、人々はウィルスの原因や責任を他者に帰着させ、容易にその対象へのヘイトを正当化しがちである。ポストコロナを生きる私たちは、不安や恐怖を他者に対するフォビアとして解消することについてより自覚的である必要がある。

（3）防疫優先と人権の関係

ところで、韓国における強力なコロナ防疫体制の確立は、住民登録制度に基づく個人情報の統合に加え、疾病管理本部とクレジットカード会社や通信会社との連携による感染者の動線公開によって可能であった。疾病管理本部は「感染病の予防および管理に関する法律」に基づき、感染者の携帯電話の位置を追跡し、クレジットカードと交通カードの内訳を調査することで、当該者の動線把握と追加感染者の予防に役立てた。これらの情報共有は二十四時間体制で速やかにおこなわれ、自治体のホームページに公開された。当該者と接触の可能性がある場合は自ら名乗り出てPCR検査を受けることができるため、非常に効果的だったと評価される。

　これについてはもちろん人権とプライバシーの観点から疑問も投げかけられた。感染者の移動経路の公開は、人々の鬱憤を晴らす格好の対象となりうるし、虚偽申告者については強力な社会的制裁が下されるためである。初期には宗教集団「新天地」の一部の感染者が動線をごまかしたことが判明し、教団に対する強硬な捜査と教会の位置などがリアルタイムで晒された。

　またその後、梨泰院《イテウォン》のクラブでの集団感染と感染者の動線公開は、防疫と人権を考えるうえで見過ごせない問題を含んでいた。動線公開によって明かされた店が性的少数者が集う場所であることが明らかにされ、「ゲイクラブ」という言葉が報道でも使用されることで、感染の原因がまるで当該者のセクシュアリティにあるかのような印象操作やラベリングがおこなわれた（この点については本書掲載の斉藤・芳賀論文を参照）。先に見た朝鮮族に対するゼノフォビアとともに、性的少数者は「感染」というイメージと結びついた過剰な視線が向けられた。人々は彼らを他者化し汚染させることで、自らの感染の恐怖と不安の責任を負わせようとしたのである。

　こうした事態について、政府は「特定コミュニティに対する非難は、少なくとも防疫の観点からは何の役にも立たない」「防疫当局が定義する「接触者」は特定コミュニティに限らない」という立場を表明した（『聯合ニュース』二〇二〇年五月十日）。先にも見たように、政府はコロナ対策においてマイノリティに対する烙印やヘイトが生じることに敏感に対処してきた。「不法滞在者」を「未登録滞在者」と言い換えた国務総理の丁世均は、性的少数者に対しては「特定コミュニティ」という表現を用いている。政府の配慮を歓迎しつつも、人権活動家からは若干の戸惑いの声も聞こえてくる。たとえば、ＬＧＢＴに対する差別禁止項目を含んだ差別禁止法が十年以上も実現しない状況や、未登録移住民に対する暴力的な取締を容認してきた韓国政府が、防疫の観点から、まるで自分たちの感染の危険のために、マイノリティの医療への接近性を高めようとしているように見えるからである（ファン・ピルギュ「コロナ19：「未登録」と「コミュニティ」の誕生」『ハンギョレ』二〇二〇年五月十四日）。

　もっとも、国務総理から繰り返しマイノリティへのメッセージが発信されるという時点で、日本の実情とは比べられないほどきめ細かい対処をしてきたことは間違いない。しかしそれがマイノリティの人権に配慮したものであると判断するのは尚早である。当局が繰り返し述べているのは、あくまで国家防疫を最優先課題とするということであり、マイノリティへの働きかけは死角地帯を可視化させるための合理的で妥当な対策であったと評価できる。防疫優先主義は他方で動線の虚偽申告などについては強硬的対応をとった。たとえば仁川《インチョン》市警察は、梨泰院クラブに出入りしたことで大学卒業や就職に影響が出ることを恐れ、疫学調査において職業を偽った感染者を拘束した。防疫当局と自治体は防疫に非協調的な個人に対し厳重な措置を下しており、こうした対応は市民社会でも大きな支持を受けている。

防疫か人権かという二者択一で問題を立てることはできない。多数の安全のための防疫は優先されるべきであり、そして同時に、防疫の有無にかかわらず人権はそれ自体において尊重されるべきである。この両者が天秤にかけられている現実こそが韓国の人権の危うい状況をあらわしている。

三、非可視化される人々

(1) 疎外の連鎖：労働・情報・コミュニティ

朝鮮族ほどの強力なコミュニティを持たず、韓国文化に比較的疎い高麗人や移住民の場合、経済問題と言語問題が圧倒的に大きくこれらは密接に絡み合っている（以下、高麗人についての内容は「コロナ以後の韓国社会と在外同胞／移住民」資料集）。単純労働者として真っ先に解雇や自主休職の対象となり、すぐに経済的な困窮に陥るだけでなく、保険や携帯電話も滞納して切れることで安全網から完全に疎外されてしまうことも少なくない。家族単位で移住する高麗人のうち滞在許可更新のためやむなく出国―再入国する場合、ワンルームから一歩も出られず経済活動ができないだけでなく、家族が互いに隔離不可能な状態に置かれる。生活上の避難所・シェルターが切実に必要である。

高麗人の場合、在外同胞といっても韓国語が不慣れな場合が多く、韓国社会で目まぐるしく展開されるオンライン・システムに適応できずにいる。子供たちもまた、言葉の問題だけでなく、パソコンやスマートフォンがないためIT技術に対応できず、オンライン授業からも取り残されてしまう。こうして経済問題は失業・病気・保育・教育に影響し、学習の遅れがさらに言語習得の困難につながる。すべてが無限連鎖しつつ、排除を拡大再生産することになる。先に見たように、韓国政府は外国人総合案内センターを二十四時間体制で運営し、疾病管理本部との連携のもとで多言語の通訳サービスを実施しているが、検査や自主隔離の細かなマニュアルについてまでは移住民になかなか届かないことが報告されている。

政府の施策と大きな隔たりがあるのはそれだけではない。移住民のなかには、先に見た未登録滞在者の取締猶予に対する政府の声を信じていない人々も多い。たとえば、健康保険のない未登録者は検査費用を払わなくてはいけない、陽性の場合は国外追放されるなどの噂がまわっていただけでなく、感染者の動線が公開される様子を見ていずれ自分たちも不利益を被りうるとして検査を回避する傾向が報告されている（『ハンギョレ』二〇二〇年六月十三日）。つまり日頃から取締の不安に晒されている未登録滞在者は、コロナ以後の出入国管理当局の甘言をそのまま信じることが出来ずにいる。

他方、自主出国を望む未登録滞在者が出身国での受け入れを拒否されるケースも相次いだ。ベトナムやタイ、モンゴルやネパールなどは、コロナ感染可能性を理由に韓国からの送還を拒否した。たとえば外国人保護所に収容されていたタイ人一三五名の場合、韓国の出入国当局がタイ政府に受け入れ要請を続けた四月中旬に送還がやっと認められた。登録・未登録にかかわらず、コロナ以後韓国に引き続き居住する移住民たちの多くは、職場から解雇されたり、劣悪な作業場や寮での収容や集団生活を強いられるなど、ソーシャル・ディスタンスが不可能な危険な状態に置かれている。特に外国人登録証も健康保険もない未登録者の場合、初期には公的マスクの購入すらままならず、最低限の安全網からも除外されていた。ポストコロナとは誰もが不安や恐怖と隣り合わせであることを意味するが、法の枠から外れた人々の不安は私たちの想像の範囲をはるかに超えている。一度外部に置かれた人々は、安全なホームを取り戻すことがますます困難になっている。

（2）国民―男性中心主義

以上のように、在外同胞や移住民の過酷な現実はポストコロナ時代により鮮明に浮かび上がってきた。未登録滞在者に対する韓国政府のまなざし、そして中国朝鮮族や性的少数者に対する韓国社会のまなざしは、防疫や安全という名のもとで相手を過剰に可視化させるものであったといえよう。他方で、まなざしの過少ともいうべき非可視化される人々も存在する。たとえば常に「二級市民」のごとく扱われる在日朝鮮人である。最後に、こうした問題を災難支援金の支給問題から考えてみる。

冒頭で見たように、移住民がもっとも多く住む地域であるにもかかわらず、京畿道では災難支援金の支給の際に堂々と「外国人は除外」するという但し書きをつけた。移住民支援団体が即刻抗議した結果、京畿道は方針を変更し、結婚移民者および永住権者については支給対象に含むとした。その趣旨について自治体の関係者は、「結婚移民者は韓国籍取得可能性が高く、…永住権者は地方選挙の投票権など住民としての権利がある」ためであるとコメントした（『毎日経済』二〇二〇年四月二十一日）。知事である李在明《イ・ジェミョン》もSNSで同様の趣旨を語り、「不法滞在者や短期入国者など全ての外国人に支給するのは無理がある」と付け加えた。国民となりうる人々のみに資格を設けて支給するという国民主義・同化主義的な施策は、これまでの韓国の多文化政策の基調である。予測できたものの残念な結果であった。

図4　移住民と支援団体が青瓦台の前でおこなった外国人災難支援金を求める記者会見（2020年5月7日　©民衆の声）

　ソウル市もほぼ同様であったが、驚いたのは在外国民も一括りに除外されていたことであった。知り合いの韓国籍の在日朝鮮人が支援金申請をしたところ、在外国民であることを理由に拒否された。分かりづらいだろうが、ここでいう在日朝鮮人とは「韓国籍・韓国在住・住民登録済の在外国民」、つまりれっきとした韓国国民に他ならない。にもかかわらず、支援金から除外されるとは何事だろうか。周囲で在日が拒否された事例を集め、日頃からの在外同胞活動のネットワークを利用してソウル市の行政担当の関係者に伝え、その内容をメディアにも載せた。その結果、ソウル市の方針は速やかに変更された。

　ソウル市の迅速な対応そのものについては何も文句を付け加えることはない。意図的な排除ではなかったこともその経緯からして明らかであるが、「知らなかった」では済まされない問題であることも同時に指摘したい。韓国籍で住民登録済みの在外国民をも除外するということは、在外同胞全体や移住民を地域の住民として正当に位置付けることなく、「外国人」として一括りに扱う韓国政府や自治体の政策的怠慢の表れでもあるからである。当事者にとっての問題は、自分たちが問題提起しないと何も変わらないという現実それ自体である。

在日朝鮮人についていうと、実はこうした問題は今回が初めてではない。二〇一五年には子どもの保育料支援から排除された在日朝鮮人が憲法訴訟を起こし、二〇一八年には「平等権の侵害」を理由に勝訴判決まで出ているのである。それ以前から筆者を含めた多くの在日朝鮮人は、国民・住民であるにもかかわらず制度から除外され、透明人間のごとく扱われる屈辱的な経験を何度も味わっており、そのたびに個別に行政機関に問題提起をしてきた。こうした紆余曲折を経たうえでの違憲判決であり、その結果に多くの期待を寄せていた。にもかかわらず、相変わらず同じことが繰り返されている。違憲判決の趣旨を全体の福祉政策に反映させる手続きが必要である。

その後、外国人住民に災難支援金を与えないことを「平等権の侵害」であると判断した国家人権委員会の勧告を受けて、ソウル市は六月末に外国人全員を含めた全市民に支援金の対象を広げると決定した。全国で移住民が最も多く住む京畿道安山市《アンサン》や、富川市《プチョン》も同様に全市民に支援を拡大した。しかしその矢先にソウル市長の朴元淳《パク・ウォンスン》が亡くなるという衝撃的な出来事が起き、現在ソウル市政は混乱の最中にある。すでに三百億ウォンの予算が確保されており、近々政策に反映されるものと期待される。

さらに国民主義とともに問題とするべきは、政府が災難支援金の申請資格を個々人ではなくあくまで「世帯主」に定めていたことである。世帯主が主に男性であることから、離婚が成立していない女性や、世帯主のDVや虐待を避けて別居中の女性や子供に支援金が行き渡らないというケースが多数見られた。韓国政府は当初、支援金の支給対象を所得下位七〇パーセントに限定する方針であったが、その後各所からの異論を反映し国民全体へと拡大した。しかしながら、そのやり方は世帯主中心という旧来の家父長制の論理から脱することができなかった。それは行政側の効率性の論理でもあったが、どちらも克服されるべきであることは明らかである。国民男性中心の世帯を基準とする旧来の福祉のあり方から、個人を基準とする普遍的な福祉や社会保障への転換もまたポストコロナ時代の大きな課題の一つである。

おわりに

韓国のコロナ対策が世界的な模範となったのは、行政府の絶え間ない努力とともに、ＩＴインフラや住民登録制度に基づく個人情報のインフラが整備されていたためであった。出生から死亡まで住民登録番号に統合され、旅券・免許証・健康保険・クレジットカード・携帯電話などがすべて相互に連動する日常的な網の目があったからこそ、いざという時に強力な防疫体制が確立できた。さらにいえば、内国人をめぐるこうした強力なインフラとデータベース、そして公共性に組み込まれた個々人の生活感覚は、七十年間分断国家として生きてきた韓国社会の歴史的なアイデンティティとも密接に繋がっている。

ポストコロナ時代、韓国社会は大きな政府が発揮する効果を実感し、そしてその恩恵にあずかった。しかし、本稿で見てきたように、先進的な取り組みのなかでこぼれ落ちる人々や、コロナのなかで顕在化してきた不均質な現実がある。これらは災難時の例外的かつ優先順位が低い事例などではなく、韓国の主流社会がこれまで直視することを避けてきた本質的な矛盾でもある。コロナが長期化するなかで、政府や国家人権委員会、そして市民社会による自浄作用がますます活発に作動するであろうと期待する。

国家の防疫・国民の安全・少数者の人権。これら三者の連動しつつも危うい関係について、今日の韓国社会は多くの可能性を見せてくれている。隠れるべき人々を可視化し、救うべき人々を非可視化するのではなく、防疫と安全は人権とセットで鍛えられ、より精緻な体系となるはずである。コロナのなかで危険と貧困、排除とヘイトに同時に晒される人々にとって、問題は防疫ではなく社会構造それ自体にある。こうした悪循環のなかにいる人々に対する想像力と対策は、ポストコロナを生きる私たちに課された最低限の条件である。

ジャーナリズム研究者が見たサイバー空間上のアンチ・コロナ運動

陳　昌鳳

ちん・しょうほう――清華大学ジャーナリズム・コミュニケーション学院教授、常務副院長。専門はジャーナリズム史・マスコミ倫理。主な著書に『中国新聞伝播史：伝媒社会学的視角』（北京：清華大学出版社、二〇〇九年）、『香港報業縦横』（北京：法律出版社、一九九七年）などがある。

本稿は、二〇一九年末に中国で新型コロナウイルス感染症の発生が判明して以降の七十日間に、ジャーナリズム分野の一学者としての立場から、感染拡大への心配、コロナ関連情報の収集、学者間の意見交換などをめぐる思考を記録したものである。

一、私たちの心配

（1）資料を読み漁る日々

この二カ月余りの期間、新型コロナウイルス感染症の流行と予防に関する記事や資料を七〇〇ほど読んだ。そのうちの多くは「ウィーチャット」（中国版ライン）の公式アカウントや一般の人々の投稿、ミニブログサイトの「ウェイボー」（中国版ツイッター）やニュース系アプリの「今日頭条」の記事で、大手メディアの報道や評論は少ない。またここには、ネットで検索してヒットした記事や個人が発信している情報の真偽をチェックするために手に入れた資料も含まれている。コロナに関するひどく偏った内容の文章を目にしたら、それとは逆の方向性を持つ文章を検索することにしていたのだ。ネット上の主張は自然と左派と右派に分かれているようで、いくらか中立的なものもあるとはいえ、対立する主張を探すことは難しくない。私はこうして見つけた文章を保存して、普段からウィーチャットで情報交換している友人たちに紹介したり、加入しているウィーチャットグループに投稿したりしていたのだ。

もちろん、保存せずにネット上で見ただけの情報も多い。とりわけ、私やネット上の友人たちが注目していた李文亮医師に関する内容は、ショックのあまり、ほとんど保存できていない。李文亮医師は新型コロナウイルスの危険性を中国で最初に告発して処分を受けた医療関係者の一人であり、のちに自らも感染して亡くなった。一方、学生のグループと学術関係のグループがかなり突っ込んだ内容の討論を行ったと聞いた時は、そのチャット記録を探し出し、研究の資料として保存することができた。その討論によって、観点の違いから学生たちが互いをブロックしたり、友人同士で反目し合ったり、一部の人々が憤ってウィーチャットグループから抜けたりといったことが起きていた。初期の論点は「武漢か、それともアメリカか?」といったウイルスの出所に集中していて、「アメリカが陰謀のために毒をまいたのだ」といった内容の長文を毎日のように投稿する人々さえいたが、やがて議論は作家・方方さんによる封鎖下の武漢の実情を綴った日記を巡って白熱していった。

(2)「武漢封鎖」の報道を受けて

一月二十三日、武漢が都市封鎖されたことを香港のメディアが報じた。これには本当に驚いた。たしかに中国国内の報道でも、この日の午前十時から武漢と周辺都市のバス・地下鉄・フェリー・長距離列車をしばらく運休し、空港・駅・高速道路を閉鎖することで、新型コロナウイルスの拡散を防止することが発表されていたが、私はまさかこれを「封鎖」と呼ぶとは思わなかったのだ。そもそも頭の中にそのような概念がなかった。すっかり気が動転してしまったが、一月二十五日、習近平総書記が国務院の会議を主催するという報道があり、ほっと息をついた。政府が積極的に対応しているのだから、状況はきっと良くなるだろう!

この頃、私は夜中の一時や二時を過ぎてもSNSを更新し続ける日々を送っていた。武漢の同胞や医師たちが置かれた境遇を心配し、この世を去った生命を思って心を痛め、街をさまよい家に帰れずにいる人々のことを気にかけた(こうした状況は、都市管理が好転するに従い改善されていった)。私がいた国も当時は非常に危険で医療環境も十分ではなかったが、やはり中国国内のことが心配だった。自分や家族と同様の境遇にある世界中の人々が皆、武漢やその周辺都市の動向を注視していることを肌で感じていた。私たちは運命共同体だった。私は普段一、二年間に見る量と同程度のテレビニュースを短期間で一気に見て、三月下旬には関連する学術講座を三回聴講した。さらに新型コロナウイルスを巡る世論や紛争などの現象を探求するために、心理学・教育学・倫理学・歴史分野の書籍や論文を読み、数万字の文章を書いた。この七十日間の私の思考は、世界中を席巻した疫病災害と、それがもたらす現象に占められていたと言える。

(3) 無力感とストレス反応

おそらく多くの同胞が、私と似たような感情と行動の経過をたどったことだろう。ある著名なジャーナリズム学者の先輩は、七十歳を過ぎて大きな手術をし、ようやく回復したばかりだったが、心静かに休むこともできなかった。彼は二月七日にこのようなメッセージを私に送ってきた。

「この一カ月、私は苦難の中にある武漢の人々のために泣き、全国からの支援に感動して泣き、毎日のように涙を流している……」

李文亮医師が危篤となった二月六日の晩には、私も無力感にさいなまれて一睡もできず、多くの国内外のメディアのニュースを見たり、SNS上で情報を探したりしていた。私は中国国外にいたので、ウェイボーやウィーチャット以外にも、中国では禁止されているフェイスブックやツイッターを見ることができたのだ。私は奇跡を期待していた。デマが払拭され、CNNとBBCが李医師死去のニュースを訂正し、同じく訃報を報じたWHOのツイッターアカウントの更新を待った。翌朝、私はわざわざ眼鏡をきれいに拭いて、我が国・中国の公式メディアの報道を見始めた。そして李医師について何の言及もなされないことを知って、またもや涙が流れた。結局、訃報が取り消されることはなかったが、幸いにも、その後まもなく国が李文亮医師を表彰し、名誉ある「烈士」に認定した。

新型コロナウイルス感染症の流行を中国政府が二〇二〇年一月二十日に正式に認める前の四十日間、私の気持ちはどんよりとして、悲しみ・放心・動揺・言いようのない怒りや焦りの中にいた。一月十六日に日本を出国し、国外で休暇を過ごしながら学習し研究する計画を立てていたが、言うまでもなくめちゃくちゃになってしまった。ウェイボーやウィーチャットの友人グループの中で使う表情アイコンも沈鬱なものばかりになり、私は自分が「ストレス反応」の中にいると分かった。SNSで友人たちにこの「ストレス反応」について訴えると、何人かがコメントしてくれた。その中の一人は博士課程の頃の同級生で、今はある重要な職場の局長をしている。庶民であれ、位の高い役職の人であれ、皆同じような思いをしていたのだ。

二、私たちの努力と気遣い

(1) 切迫した状況下での模索

私たち人文社会科学の学者の中にも、この緊急事態に何か自分にできることはないかと考える人々がいた。二月初旬、湖北省はすでに収拾がつかない流行状況に陥っており、地方政府の能力や医療資源にも限界があった。そこで二月二日、あるジャーナリズム学院の院長は、患者を何人かに分けて各省に送り治療させることを政府機関に提案できないだろうかと私に真剣に尋ねた。また、私の大学時代の同級生で、普段は世の中のことにあまり関心がない哲学の教授は、切羽詰まった様子で「緊急事態！　武漢の第一線の医者が中央政府のコロナ対応指導者グループに緊急提言」というタイトルの文章を転送してきた。そこでは次のような意見が述べられていた。

「感染が確定しているか、あるいは疑似感染をしている患者のうち、入院できていない者をすべて集めて感染の源を断つこと！」

「政府の関連部門に目を向けてもらわなければならない！　二つの同時施策として、まず新しい病院を作ること。もう一つは思い切った措置をとり、速やかに疑似患者を集めること！」

「まとめてホテルに隔離し、等しく薬と食事を提供すること！」

さらに教授は『ＮＥＪＭ』と『サイエンス』に掲載された新薬にも触れたうえで、この文章を私のＳＮＳの友人グループに転送して拡散してほしいと言った。彼は私の友人グループに多くの管理層の人物がいると考えたのだ（私の友人グループは上限の五〇〇〇人に達していた）。

私はすぐにこの文章を国民の世論分析と内参（中央政府の指導部に報告すること）に携わっている友人に送った。少しして彼からはすでに上に報告したと返事が来た。その後、私と同門であるジャーナリズム学の教授が文中の提言を分析して私に言った。

「あの中のいくつかの意見には科学的に見て疑問な点もある。例えば、空いているホテルに疑似患者を集中隔離するという方法が妥当だとは限らない。どのホテルも伝染病医院のような隔離環境を備えているわけではないし、ましてや強力な呼吸器伝染病（現在では糞便による伝染も疑われている）なら、ホテルの中央空調や水洗トイレで大規模な交差感染が起きてしまう可能性もある。ＳＡＲＳの時、香港の淘大花園で発生した感染は水洗トイレと関連があるそうだ」

皆それぞれに考えを巡らせ、政府や人民のために不安を分かち合いたいと思っていた。

(2) 嫌なニュースばかりではない

この頃、私は学習も研究もほとんど手に付かず、毎日コロナの情報を見ては気を揉んでいた。不穏な情報に触れるとイライラし、腹が立った。例えば、自分のイデオロギーだけが正しいと信じる人々があらゆる疑義を受け付けなかったこと。彼らはそうした疑義が状況の改善をもたらす可能性を考えなかったのだろうか。またあるいは、「筋金入りの利己主義者」が自身と家族の感染の事実や感染地区での滞在履歴を隠して香港や国外に逃げ、重大な事態を引き起こしたこと。彼らはそれが他人を害し、また自身をも害することだと分からなかったのだろうか。そして彼らは中国人のイメージをも害した。

もちろん、一方では人々の心を打つニュースもあった。二月四日、大学院時代の同窓生で清華大学で研究をしている日本人の友人が学生時代のグループに次のような話を投稿した。武漢にある華中農業大学に勤めている日本人の津田賢一教授が、中国の同僚や学生を差し置いて自分だけが逃げることはできないと言って、日本に避難するための飛行機に乗らず武漢に残ったのだという。

私も日本へ避難する第二便のフライトについての電話を日本大使館から受けました。二歳未満の子供をもつ日本国民を優先的に帰国させるとのことでした。でも私たちは乗りませんでした。これまでに第四便まで出たはずですが、多くの駐中日本国民が中国に残っています。なぜなら私たちは、今回の流行もきっとすぐに過ぎ去ると信じているし、津田教授と同じく中国を離れがたいからです。私は中国で頑張り続けます。早く流行が終わるように祈っています。皆様がお元気で、無事にコロナを乗り超えられますように。

(3) 日本からの応援

当時ウェイボーやウィーチャットでは、日本の小学校が保護者に送った感動的な手紙の内容が拡散されていた。おおよそ以下のような内容だ。

「知っての通り、中国の武漢で新型の肺炎が発生しました。予防対策は風邪と同じですが、いっそう念入りに行う必要があります。また、ネット上で様々な情報が広がるにつれて、中国や武漢に関連する人々に対する差別的な発言が懸念されるようになりました。家でお子さんとこのことについて話す時には、子供たちに正しい人権意識が育つよう、配慮してください」

私もこの手紙を学生時代のグループに投稿した。友人は、「私の日本の友人にも子供がいますが、やはり学校から同様の便りをもらったそうです」と教えてくれた。彼女はまた、「日本はもうすぐ花粉の季節を迎えるにもかかわらず、政府や民間団体、個人が大量のマスクを中国に送ってコロナの抑制を支援しています」と言った。あの時、中国人たちは日本の支援や応援に深く感動していた。日本から湖北に届いた支援物資には「山川異域、風月同天」等の美しい字句が書かれており、SNSで毎日拡散された。

三、感染した学生を救うために

(1) 父が亡くなり母は重篤

コロナ禍にあってSNSは情報共有や交流のための重要なプラットフォームになり、同時に救援の役割も果たし始めた。二月四日の夜、私は同業のグループの中で友人が拡散している投稿を見た。助けを求めているのは武漢に住むジャーナリズム専攻の院生Cさんで、父親が新型コロナウイルス肺炎で世を去り、五十一歳の母親も症状が重篤だが医者にかかれず、自身も症状が出ているという。読んでいて涙が出てきた。私はすぐに元となったCさんの投稿をウェイボーで探し出し、いくつかの友人グループで拡散した。

私が拡散した投稿を見て、学生時代の友人二人が、自らが所属する人民日報社でこの情報をそれぞれ上に報告した。人民日報社には、ちょうど新たに設けられた申告システムがあり、二人はこれを利用したのだった。また、中国中央テレビの知人は、すぐに武漢の前線にいる記者にこれを伝え、同門の後輩は上海救援隊に連絡を取った。そして広西にある大学の芸術・コミュニケーション学院の院長もこの情報を上と共有し、マカオのある教授は武漢を取材中の大学の同級生に連絡した。あるメディアの元社長は、武漢を取材中の中央人民ラジオ局の友人に連絡した。『人民日報』のホームページ「人民網」の副編集長は武漢事務所に伝えた。ほかにも中国新聞業協会の秘書長、新華社の記者、四川省委員会宣伝部の副部長、もと北京大学国際関係学院の副書記などが政府機関に報告するシステムのリンクを教えてくれて、私は急に応対に忙しくなった。このような時に、無私の心で協力してくれる親切な人がこんなにもいるとは本当に思いもよらなかった。

(2) 人のつながりと一人一人の努力の結果

同門の後輩が連絡した上海の救援隊はすぐに電話でCさんと連絡をとろうとした。しかし、連絡先とされていた二つの電話番号のうち一方は話し中で、もう一方はつながらなかったため、その晩すぐに助けることはできなかった。しかし教育部（日本の文部科学省に相当）の熱心で善良な幹部が偶然にも私の投稿を見た。幸運なことに、彼は武漢で最も良い病院を持つ華中科技大学の校長とよく知った仲だった。天の采配に感謝！　また、このとき同時に、別の華中科技大学の教授がすでに副校長と連絡を取っていた。当時空きベッドを探すことは至難の業だったが、彼らはこの学生を救うために全力を挙げると表明した。そして武漢第一医院と協和医院西院に連絡し、ついに協和西院の責任者がその学生に連絡を取ることに成功した。それは、助けを求める投稿を私が見てからたった一時間半の出来事だった。しかしこの間、いったい何人の人が同じ一つのことのために努力したことだろう！

北京時間の翌朝、私が最初にしたことは昨晩の一件が無事に解決したかどうかの確認だった。私はウィーチャットグループを見て、だれも私にメッセージを残していないことを確認し、私の学生時代の友人グループにいるCさんの先生に尋ねてみた（彼は偶然にも、Cさんの大学で教鞭を執っていたのだ）。幸い、まもなく彼から返信があり、Cさんの母親はすでに武漢市にある華中科技大学の協和医院西院に入院しているとのことだった！　あの晩、Cさんの精神はすでに崩壊寸前になっており、母親の入院問題が解決したことも信じることができない状態だったというから、間に合って本当に良かった。こうして私はやっと一息つき、すぐにウィーチャットグループを開いて、協力してくれた一人一人に感謝のメッセージを送った。

四、家に帰れないトラック運転手

(1) コロナ禍を知らずに半月が経過

SNSが救援の役割を果たしたもう一つの例を挙げたい。二月九日、一人の学生が私に雑誌『人物』の中の「高速道路上をさまよう」という文章を送ってくれた。内容は、湖北省江門市の貨物トラック運転手・肖さんが高速道路上をさまよっているというものだった。肖さんは長距離運送の仕事のため、半月の間、浙江省・福建省・四川省・陝西省を単独で移動していて、世間で何が起きているのかを知らないまま、道が封鎖され、家に帰れなくなってしまったのだ！　彼のトラックはどこへ行っても渋滞に巻き込まれ、身を落ち着ける場所はなく、眠ることも食事を取ることもできない。しかもこれほど辛い思いをしても稼ぎは微々たるもので、この半月あまりの収入は三〇〇〇元だった。父母は年老いており、妻は仕事がなく、小学六年生になる子供の進級のためには今年六月までに二万元を貯めなければならない――。この話は人々の同情を誘い、三十年以上前に私が教わっていた大学の作文の先生までもが、私が拡散したこの報道を見て涙を流した。そして心を動かされたこの先生は、肖さんに経済支援をしたいと言った。他の人も多くのコメントを残していて、そのうちの何人かは私や先生と同様に、肖さんを助けることを考えた。この記事のことを私に教えてくれた知人は『人物』の編集部に連絡し、肖さんの電話番号を入手してくれた。私はウィーチャットの連絡先に肖さんを加え、送金機能を使って五〇〇〇元の気持ちを送った。私の友人や学生も何人か、私から電話番号を聞いてそれぞれ送った。コロナの期間、私はほかにも何人かの助けを求める人々にいくらかの気持ちを送っている。杜甫が「鳳凰台」の詩の中で「再び中興の業を輝かせ、蒼生の憂いを一洗せん」と願ったごとく、勤勉に努力している肖さんのような人々が、平穏無事な生活を送れるよう願うのみ！

(2) 国家を支える民衆の言葉

このような経緯でウィーチャットの連絡先に肖さんを登録したものの、肖さんが持っていた携帯は安価で低スペックなものであり、かつ暇な時間や使えるデータ通信量も多くはないため、四十日間で肖さんが私の友人グループに投稿したのは、たった三日の五回だけだった。一月二十五日に、彼は次の詩を投稿している。

一車飄天下、江湖恰為家。
（一台の車で天下を走り回り、江湖を家とする）
天高弾指近、崖深依雲集斉。
（天はすぐに届くほど近く、崖は深く雲が集まる）
除夕関東静、初一琅琚行。
（大晦日には静かな東部を、正月には琅琚を行く）
前方無郷音、夢環陸羽亭。
（行く先にふるさとの音はなく、夢は陸羽亭に帰る）

陸羽は彼と同じ湖北の天門出身である。陸羽亭は彼にとってふるさとのシンボルであり、歴史文化の誇りなのであろう。この詩から、肖さんの深い思想と豊かな情感を持つ人間性が見受けられる。また、『人物』の報道の行間や彼の数少ない投稿からは、暮らしが困窮し辛い境遇にあっても、肖さんが他人に迷惑をかけたくないと考えていたことが分かる。早く家に帰りたいと望みながらも、自分がコロナ流行地域外にいることで省政府の資源を節約し、ふるさとの人々に貢献しようとしたのである。

この期間、私はほかにも多くの民衆の話を読み、また第一線で奮闘する普通の医療従事者たちの平常心や勇気を知った。危機の中に見る強い精神！　肖さん、医師や看護師、中国の何千何万という民衆——彼らの言葉は空疎な決まり文句ではない。その善良で素朴な言動が人間性を輝かせるのだ。彼らの疲れ切った、だが堅固な身体が民族の背骨を支えている。

五、SNSの機能と苦境

(1) 調整する能力

コロナ禍の生活を通して、メデイアの浸透力や影響力の大きさを改めて感じさせられた。なかでもいくつかの尊敬すべきプロの既存メディアは、コロナ禍の中で多くの情報と民情を発信し、政策決定者に提言を行うなどして、プロとしての責任を果たしたと言える。しかしその一方で、SNSが持つ大衆の力はもっと巨大だ。平時に作ったつながりは、緊急時において真にその力を発揮する。強くしなやかな関係が心理的な支えとなるのだが、そこでは交流に積極的な人々や親切な人々だけではなく、社会関係と資源を調整する能力も必要である。

二月二日、医療物資が逼迫する状況下で、寄付のルートを捜しているという東北地方の友人からウィーチャットメッセージを受け取った。彼女は韓国の友人に連絡してマスクやゴーグル、防護服などを購入し、北京の医療隊に寄付したいのだそうだ。ちょうどその頃、私の同門でマカオにいる友人も物資の調達に励んでいたところで、国内で買った物は湖北の黄岡に届けられても、物流が止まっているため海外からは輸入できないと言って、同様に助けを求めていた。そこで私が北京にある新聞社の社長にこのことを伝えた。彼はすぐに北京市の担当指導者に連絡して、海外からも滞りなく物資を受け入れられるよう調整を行ってくれた。

(2) 友人関係の緊密化

私はSNSによってコロナ流行期に友人関係がさらに緊密になったと考えている。中国のコロナの状況が一番深刻だった時には、世界中の友人たちがメールやウィーチャット、フェイスブックのメッセージで、私や家族、中国の同胞たちを気遣ってくれた。彼らはある時は情報を、ある時は心遣いを、ある時は思想を、ある時は能力を与えてくれた。挫折と失望を感じた時にも励まし合った。

ニューヨークの医師である医学教授は、二月八日に私の友人グループへの投稿と公式アカウントの文章を見て、私が落ち込んでいることを知り、長いメッセージをくれた。彼女はこの何日かの中国に対する焦燥感や国民への心配、世を去った人々への哀悼の情などを語った。彼女は泣いていたが、最初から最後まで理性的で、私に次のような言葉を投げかけてくれた。

「中国や、亡くなった方々の家族のために、私に何かできることがあると考えると、傷ついた心もずいぶん良くなり、自分にはまだ力があると感じることができるのです。私たち国外にいる者にできることは限られていますが、この二週間、私はこの地の華僑とともにお金と力を出し合い、急いで医療用物資を買いました。皆、自分ができるだけのことをしたいのです！」

こうした彼女の前向きな姿は、私にとってヒントになった。皆が前向きな心を持ち、現時点で直面している困難や問題、不確定な未来に向き合うべきだと思えたのだ。人は皆、前に向かって進まなければならない。世界もまた同じだ！

(3) 理性を欠く言動と集中攻撃

コロナ流行中には、世論の場での価値観の断裂や情報伝達の無秩序による混乱、ジャーナリズム業界の能力不足や不安が暴露された。ネット上には主流・非主流にかかわらず、ねつ造したもの、一部を切り取って故意に事実を歪曲したもの、悪意を持って真実を表現したものなど、人道にもとるタイトルや内容の文章があふれかえった。

少なからぬ知人たちが、コロナの期間に観点の違いからSNSのグループを抜けたり、絶交したり、親子で言い合ったり、夫婦が反目し合ったりしたと言っている。インターネットは公共討論の機能を失いつつあり、鬱憤を晴らしたり、人を面罵したりする場所になってしまった。本来なら社会発展に寄与するはずの世論の空間は、スパムを撒き散らす者たちによって徹底的に破壊され、攻撃と漫罵、非理性が充満する場になった。ある種の恐れを知らぬ人々は、事実が示す事柄や理性的な観点をあえて狙って叩き、彼らのイデオロギーが正しいかのように見せかけ、「沈黙の螺旋」(1)をさらに拡大させている。疑わしい情報を見かけた時は、同業者に真偽を調べてもらったり、自分で情報源を探してファクトチェックしたりした。その結果、それらの情報がデマであることが何度か確認できた。国内にいる友人に頼まれて、外国メディアやツイッターなどのプラットフォームで現在流れている情報をチェックしたこともある。

あるとき、私はウェイボーユーザーが悪口の限りを尽くして作家・方方さんを中傷するのを目にした（あのような言葉をここで繰り返すことは私にはとてもできない）。個人攻撃は一種の言葉の暴力だ。私はこうした状況に我慢ができず、しばらくウェイボーを更新しないことも考えたが、やはり続けることにした。そうでなければこのプラットフォーム上には劣悪な者ばかりが増えて、それを制止する人間が一人減ってしまうからだ。

そして三月二十二日、私はウェイボー上で方方さんに同情する文章を拡散したことによって――一般民衆のことを思った内容だったが――集中攻撃を浴びた。私が拡散した投稿には何千ものコメントが付き、その多くが罵倒で、中には下品な言葉を使ったものも少なくなかった。このような慎重さを欠いた言論は、SNS上には数え切れないほどある。ウィーチャット公式アカウントにもわざわざ私を指名して罵る文章があり、おかしなことに私自身が方方さんに同情する文章を書いたと勘違いしているのであった。

（4）友人の目に余る言動

コロナ関連の是非を論ずる問題を討論するにしたがい、大きな志を持つ友人たちにさらなる敬意を覚える一方で、常識外れで偏った考えを持ち、進歩しようとしない一部の人々に対して無力感を抱くようになった。また、自分の観点と利益からしかものを考えず、民衆の苦しみに無関心で無頓着な人々に対しては強い憎悪を覚えるようになった。

長い付き合いのある学術界の友人は、「コロナの流行は外国人の陰謀であり、アメリカの軍人がアメリカからイタリアまでウイルスを運んだのが始まりだ」などという主張をしていた。私は陰鬱な気持ちになったが、言い争ったりブロックしたりはしなかった。自分と違う意見にも耳を傾けて、事実の記録と研究資料にしようと考え、彼の投稿を保存しておいた。

私は、自分にとって大切な学生時代の友人のグループでは、とりわけ理性的であろうと心がけていたが、若い頃から非常に独特な見解を持っている同級生には手を焼いた。この二年ほど彼は人文科学の知識人を批判し続けており、私から見れば人格的にも優れた高名な知識人のことでさえ「あいつ」「あの類いの奴」と呼び、また大学教育の文科の二分の一から三分の二を削減すべきだとして、「人文科学系の学生を半分以下にすれば社会は平穏になるだろう」とか、「脳に障害がある者や社会のゴミが減る」などと言っていた。彼によれば、危機の中にあっても平民は食うものを食って遊んでいればいいのであって、普段から社会を統治しようなどというおかしな考えは持っていないのだから、危機が来たからといって存在感を発揮しなくてもいいのだそうだ。さらには、社会や人生について考えるのは少数の精鋭にやらせておけばいいのだとも言った。こうした彼の発言の中でもとりわけ気になったのは、「このコロナ禍を利用して社会をかき回し国際世論を攪乱しよう」というメッセージだ。彼がそんな考えを持っているとは思いもよらなかった。しかし彼のこのような発言は、もしかしたら社会における一部の人々の意見を代表しているのかもしれない。私は努めて冷静に彼に「人文と科学の関係」について論ずる手紙を書き、この同級生のグループに投稿した。

(5)オンライン講義の始まり

抗コロナは世界中でオンライン会議やオンライン講義を促進させた。私もフライトが絶えたせいで海外にいるが、春学期の授業や管理、研究交流の仕事に支障は出ていない。

忘れもしない二月三日には、清華大学が今学期の第一課を開講した。清華大学一〇〇年あまりの歴史上、初めて講師と学生がオンラインで授業を行い、六万人が参加したという。清華大学の書記は開講に先立ち、講師も学生も心を合わせてコロナと戦い、私たちが先頭となって家や国を守ろうと挨拶した。その後に挨拶した校長の話のテーマは、強き清華人は永遠に前進する姿勢を持ち続ける！　というものであった。二人は一九〇九年から使われている清華大学のロビーで、マスクをしてカメラに向かって講話をした。

本稿では抗コロナ期間の情報伝達の「批判性思考」のフィールドワークについて書くつもりであったが、最終的には日常の記録となった。このような日常の記録を残しておくことにも一定の意味があると考えている。

二〇二〇年四月四日　南太平洋の島にて。

注

(1)「沈黙の螺旋」(原文「沉默的螺旋」)。ドイツの政治学者エリザベート・ノエル・ノイマンが一九六六年に著書の中で提唱した政治学とマスコミュニケーションにおける仮説。同調を求める社会的圧力によって少数派が沈黙を余儀なくされていく過程を示したもの。

祭礼の中止、妖怪の流行――「疫病除け」を手掛かりに

天田顕徳

あまだ・あきのり――北海道大学大学院メディア・コミュニケーション研究院准教授。専門は宗教学・民俗学。主な著書・論文に『現代修験道の宗教社会学――山岳信仰の聖地「吉野・熊野」の観光化と文化資源化』（岩田書院、二〇一九年）、「「山伏文化」の商品化・資源化――山形県・手向集落を事例に」（山中弘編『現代宗教とスピリチュアル・マーケット』弘文堂、二〇二〇年）などがある。

二〇二〇年、折からのコロナ禍の影響で、祇園祭などの疫病除けに起源を持つ祭礼が中止または延期となる一方で、巷では「アマビエ」などの疫病除けと関わる妖怪に注目が集まった。本稿では、報道資料やSNS上の記述を紐解きながら、こうした事態の背景で起こっていたことについて事例の整理を行う。

はじめに

（1）目的

「三密」を避けてソーシャルディスタンスをとること――。残念ながら周知の事実となってしまったように、三密とは「換気の悪い密閉空間」「多数の人が集まる密集場所」「間近で会話や発声をする密接場面」という三つの場所や状況の総称である。ソーシャルディスタンスは、人と人との物理的な距離を表す言葉だ。二〇二〇年七月現在、我々は、冒頭のスローガンにみられるような、見た事も聞いた事もない言葉と日々接しながら暮らしている。いわゆる「コロナ禍」によって、物理的に〈近付きすぎないこと〉を様々な角度から――例えば医学的／社会的／心理的に[1]――求められるようになったのである。結果、個人による外出の自粛や学校の休校、在宅ワークの推進、それらに伴う授業・業務のオンライン化など、我々の生活は、少なからずこれまでとは異なるものになっている。

「祇園祭の山鉾巡行中止へ　新型コロナ終息見通せず」[2]。全

都道府県に緊急事態宣言が発出された翌日の四月十六日、京都・八坂神社の祭礼である祇園祭の山鉾巡行の中止が発表された。やや主観的な言い方になるが、このニュースは私を非常に驚かせるものだった。

よく知られているように、祇園祭は、平安時代に疫病が流行した際、神泉苑に当時の国の数と同じ六十六本の鉾を立て、御輿を送って疫病除けを祈った「祇園御霊会《ごりょうえ》」に端を発している。以来、戦火などにより途絶えたことはあったものの、一〇〇〇年以上にわたって、疫病除けの祭りとして親しまれてきた。その祇園祭が、新型コロナウイルスの感染拡大、すなわち疫病の蔓延によって形を変えざるを得なくなったという点に、私は驚いたのである。

現代における日本の宗教のありようを考える上で、〈近付きすぎないこと〉という医学的／社会的／倫理的な要請が、伝統的な疫病除けの祭りの形を変容させたという事実は、次のような疑いを我々に抱かせる。それは、疫病除けという宗教儀礼の持つ超自然的なメリット（＝御利益）のリアリティが、現代社会において摩耗、若しくは失われているのではないかという疑いである。だが他方で、現下、このような理解を否定するかのような現象も同時並行的に起こっている。これまでマイナーであった「アマビエ」などの妖怪が、疫病除けに効果を発揮するものとして、SNSを中心に流行したのである。流行の具体的な内容については後述するが、この原稿が世に出る時点で「アマビエ」と聞いて何のことだか分からないという読者は少ないのではないだろうか。だがコロナ禍の前からアマビエを知っていた人はどの位いるだろう。水木しげるの熱烈なファンや、妖怪に相当な関心を持っているごく一部の読者以外に殆ど存在しないのではないか。コロナ禍により、一〇〇〇年以上の伝統を持つ疫病除けの祭礼が中止となる一方で、これまで殆ど知られていなかった妖怪の御利益が注目されている／されているようにみえるのである。一見矛盾するかのようにもみえるこうした事態を、我々はどのように理解すればよいのだろうか。事態の背後では何が起こっていたのか。本稿では疫病除けにまつわる諸事例を導きの糸として報道資料やSNS上の記述を参照し、〈近付きすぎないこと〉の要請が、日本の宗教に与えた影響の一端を整理・記述する。

(2) 宗教界の反応に関する先行研究

本稿は北海道大学大学院附属・東アジアメディア研究センターで行われたウェビナー「ポストコロナ時代の東アジア」の第二回、「コロナ時代にみる東アジアの信仰の姿」での報告を基調としている。東アジア各国との比較を行うというウェビナーの主旨に鑑みると、コロナ禍に対する具体的な日本の教団の動きを紹介することも本稿に課せられた課題の一つであるといえるだろう。しかし前述の通り、本稿では「疫病除け」をめぐる事例群に焦点を絞るため、これを論じる用意がないことを予め断っておきたい。代わりに、ここでは教団毎の対応について参考になる論考や資料の一部を提示することで、若干なりとも務めを果たし、読者の便に供したい。

まず、海外の研究としては、創価学会に関する著作で知られるノースカロライナ州立大学のレヴィ・マクラフリンによる「新型コロナウィルスに対する日本の宗教の反応についての一次報告」（Levi McLaughlin, “Japanese Religious Responses to COVID-19: A Preliminary Report ,” *The Asia-Pacific Journal* 18, Issue.9 Number.31, Article ID 5394, 2020, pp.1-23）が網羅的である。詳述は避けるが、論考では新宗教と伝統宗教でコロナ禍による影響の受け方／反応に差があったことが事例とともに示されている。特に一部の新宗教が韓国における新天地イエス教会内での感染拡大を敏感に受け止め、行動規制を行っていたことが紹介されており、日韓の宗教団体の動向を比較する際に参考になる。国内の研究で早い段階で各教団の動きをまとめた論考として注目出来るのは、宗教情報センターの藤山みどりによる「新型コロナに対して宗教界はどう対処せよと説いたか？」（宗教情報センター「研究員レポート」）である。論考では、複数の教団を取りあげ、各教団がウイルスをどう捉えたのか、ウイルスの流行下で教団はどのように事態に対処すべきであると説いたのか、どのような実践を勧めたのか、などの点について、教導や指導のあり方をまとめている。また、全国の新聞報道や雑誌報道、宗教関係紙で報じられた国内外のコロナ関連のニュースのありようを知るためには、公益財団法人国際宗教研究所・宗教情報リサーチセンターが発行する『ラーク便り』が参考になる。二〇二〇年七月現在、最近号である第八六号には宗教とコロナウイルスに関連する多数の情報が収録されている。

一、祭礼の「中止」

（1）「中止」される祭礼

京都祇園祭の山鉾巡行が中止になったことは述べた通りだが、疫病除けに起源を持つ祭礼が中止となった例はこれに止まらない。例えば博多祇園山笠もその一つである。博多祇園山笠の起源は諸説あるものの、博多祇園山笠振興会（以下、振興会）が採る説は次のようなものである。鎌倉時代中期、臨済宗の僧である聖一国師《しょういちこくし》は、博多で疫病が流行した際に弟子に担がせた施餓鬼棚に乗って町中に祈祷水をまいた。

すると、疫病が退散した。この説話が疫病除けの祇園信仰と習合し、博多祇園山笠へと発展したという。西日本新聞によれば、振興会は四月五日、福岡市内で総務会を開き、山笠行事の延期を「舁き山笠」と「飾り山笠」[3]の最高責任者である総務に提案。総務がそれを地域に持ち帰り本部案として検討し、二十日の総会で祭りの一年延期が決定された。ここでいう「延期」とは、本来年毎に入れ替わる祭りに関わる当番を来年に持ち越すという意味である。振興会の武田忠也会長は「福岡だけでなく世界中がこのような状態で、到底まつりという状況ではないと判断した。山笠関係者、市民ともに残念だと思う。コロナウイルスがどれほどで収束するか分からないが、来年度はできるようにしていきたい」[4]と語っている。また、祇園山笠の人形作りを手がける人形師の田中勇氏は朝日新聞の記事において「山笠のもともとのおこりは疫病退散。でも、感染の拡大を考えたらできない」「物心ついたときから人形の制作に関わってきたので、さみしい」[5]と語る。

祇園信仰に関わる疫病除けの祭礼以外にも、中止あるいは形を変えざるを得なかった祭礼は多数存在している。新型コロナウィルスの感染が拡大を見せていた春から夏にかけての時期は、元来疫病が流行しやすいと考えられていた時期であったことから、疫病除けに関わる祭礼が多く行われている。奈良の大神神社と摂社である狭井神社では例年四月十八日に「鎮花祭」が行われる。鎮花祭とは、春の花が散る際に疫神が分散して疫病を起こすと考えられたことから、これを鎮遏《ちんあつ》（鎮め、止めること）するための祭りで、平安時代には国家の祭祀の一つに定められていた。また、六月三十日に全国の神社で行われる夏越しの祓えも汚れや災厄を払う神事としてつとに有名である。規模の大小はあるものの、コロナ禍によりこうした祭りの多くが中止、もしくは形を変えざるを得なくなった。

(2)「中止」を惜しむ声

博多祇園山笠の中止を「さみしい」と語る人形師のコメントを先に引用したが、SNS上では人々が、中止された多くの祭りについて、同様の思いを吐露している。京都祇園祭の例を見てみよう。祇園祭の山鉾巡行が行われるはずだった七月に入ると、ツイッターやインスタグラムなどのSNSに祇園祭関連の投稿が相次いだ。ツイッターでは、前祭山鉾巡行が行われるはずだった七月十七日に祇園祭に関連するツイートが三三二一件行われている[6]。前日の七月十六日にも二六〇九件のツイートが行われており、前日から当日にかけて六〇〇〇件近いツイートが行われていたことがわかる。これらのツイートの性質をYahoo! Japanの提供するサービスを利用して機械的に診断すると、例えば山鉾巡行の前日のツイートの場合、実に七〇パーセントものツイートが「ネガティブ」なキーワードを伴ってつぶやかれていたことを確認することができる。(7) このサービスでは、検索語と共につぶやかれている言葉をポジティブなもの／ネガティブなもの／どちらでもないものに分類し、当該の検索語がどのような「感情」を持ってつぶやかれているのかを機械的に診断することができる。

本当に祇園祭の山鉾巡行見に行くはずだったのに、中止になってしまったから。
本日は山鉾巡行の日でした。
昨年の祇園祭の前祭の宵山を見に行った時の模様です。
2019年7月撮影
#祇園祭 #前祭 #宵山
御神燈
図1　祇園祭の「中止」を惜しむツイート

これによれば祇園祭に関連するつぶやきでは「残念」「寂しい」「中止」「悪い」「物足りない」などの言葉が頻繁に用いられているという。原稿を執筆している七月末日現在までこの傾向は変わっていない。

上掲のように、昨年以前の祇園祭の写真を掲載し、例年の祇園祭を懐かしむ人々の声も多い（**図1**）。祇園祭の期間中にネガティブなキーワードを伴ってつぶやかれたツイートを一部引用してみよう（絵文字は句点に変換した）。

・夏といえば祇園祭として生まれ育ってきたけど今年は中止。本来なら明日は宵山、今日は山鉾巡行。祇園祭が無いとこんなにも気持ちの面でずーんとなるのね。四条通に最寄りのバス停は何時までに乗らな通行止めになっちゃう！　迂回！　とか、帰りは祇園から歩くかとか、今年はないのを実感。

・ちゃんと祇園祭やらへんから梅雨が開けけんのちゃう？ ぴーひょろろ～聞きたかったよう…。京都人の元気がないのは祇園祭やらないせい（思い込み）。

・夜なんでちょっとしんみりしたことつぶやきますが、コロナ禍のせいで近所のおばあさんがお墓参りにずっと行けておらず、自分を責めて落ち込んでるんですよ。そこそこ遠くにあるお墓で、感染拡大地域を通らないといけないとかで。お盆が申し訳ないと繰り返していたのが聞いていて結構キツくてね…。

・(引用者注：前掲ツイートに続いて)「病気の流行っている今くらいは遠くから手を合わせるだけでも大丈夫だよ、祇園祭の山鉾も今年は出ないくらいだし」と言ったら「そうね、祇園祭も中止だもんね」と少し明るい表情になっていたけれど、そういう罪悪感で気を病む人も少なくないんでしょうね…その人は悪くないのに。

前二つのツイートは祇園祭の中止を直接残念がるもので、繰り返しとなるが同様のツイートが七月中に多数行われている。

後ろ二つのツイート(群)には主題が祇園祭ではないものの、注目してみたいやりとりが示されている。それは投稿者が、今年は祇園祭の山鉾が出ていないと述べたことに対し、近所のおばあさんが「そうね、祇園祭も中止だもんね」と応じている部分である。祇園祭をめぐるツイートにはこのツイートに見られるように山鉾巡行の中止を祇園祭の中止であると捉える／そう表現するツイートが多数確認できる。前二つのツイートも同様だ。ツイートのみであまり断定的なことは言えないが、少なくとも一般の人々にとって、祇園祭の諸儀礼の中でも山鉾巡行の存在がとりわけ大きな意味を持っていることを窺い知ることができるだろう。

二、本義・本質の強調

(1)宗教者の声

それとは対照的に、祭礼や神事の主催者である宗教者達の声に耳を傾けると、祭を中止したわけではないという意見・主張が多いことに気付く。宗教専門紙である『中外日報』の報道を見てみよう。「神輿渡御と山鉾巡行中止　祭りの本義継承のため」(8)という見出しの記事で、祇園祭のことが紹介されている。「新型コロナウィルスの感染抑制のため、多くの寺院が拝観を休止し、全国の神社祭礼が大幅に規模縮小される中、いずれの神社も神前での祭典は中止していない」というリード文から始まる記事では、本社での祭典が執行されることや、御旅所での降神祭・昇神祭が行われること、庫《くら》に収められた神輿に飾り付けを行い、分霊が奉安されることなどが紹介されている。神職はこうした状況について「神様が町にお越しいただくという形を守った。祇園祭自体がなくなったわけではない」と述べている。

他の事例も見てみよう。疫病退散を願って平安時代に始まったとされる大阪天満宮の天神祭の事例である。天神祭もコロナ禍で形を変えざるを得ず、一〇〇艘あまりの船団で大川を渡御する「船渡御」と奉納の花火大会が中止となっている。しかし同社の神職は「疫病退散こそ祭り本来の目的。いつも以上に丁寧にやる」として、神事である本宮祭は催行している。加えて、今年はその様子をYouTubeで配信し、これまで神職ら関係者のみしか見ることのできなかった神事の内容を全世界に公開した。神事を配信した理由について神職は「コロナ禍は世界規模。ライブ配信することで、全世界の人とウイルス退散を祈願できれば」と述べている。[9]

二つの例は、山鉾巡行と船渡御・花火奉納というある意味でインパクトのある行事が中止された事例である。柳田國男は「日本の祭」という論考において、信仰を共にする人々が営む「祭」と、見物人のまなざしを意識し豪華さや風流さを競うようになった「祭礼」を区別し、後者に中世以来の都市文化の影響を見る。[10] 彼の見方を援用すれば、コロナ禍によって起こった〈近付きすぎないこと〉の要請は、都市祭礼である祇園祭や天神祭りから、見物人と豪華さ風流さを暴力的に剥ぎ取ったものとみることができるだろう。だが、どちらの祭りも、あくまでも神事は執り行われており、「祭」としての本質や本来の目的は守られているというのが主催者側の立場である。紙幅の関係で二つの例を紹介するに止めるが、祭りの「本義」や「本質」、「伝統回帰」が積極的に語られる事例は少なくない。

（2）「関係性の宗教」と〈群〉の集団

だが、祭礼の本質や本義は変わっていない、あるいは伝統へと立ち返っているという祭礼の主催者達の姿勢はどこまで一般の人々に届いているのだろうか。既に確認した通り、SNS上には祭りが「中止」された、「残念」「物足りない」などのネガティブなつぶやきが溢れており、彼らの主張が現状、十分に伝わっているとは考えにくい。

宗教学者の柳川啓一は、日本人の宗教を、個人としての人間よりも人間関係の上に成立する「関係性の宗教」であると説明する。[11] 多くの日本人にとって宗教は、確固とした信仰に基づくものではなく、人間関係の中に埋め込まれ育まれたものであるという指摘である。彼のいう人間関係には、檀家や氏子、家などに加えて、「特別の組織によって動員されたわけではなく、「おたがいに誰であるかを見知らない」人々同士の人間関係も含まれる。柳川が〈群〉の集団と呼ぶそうした人々は、例えば祭りにおける見物人や、初詣客、有名寺社の参拝客などにその存在が認められる。柳川によれば、そうした人々は「深刻な願いごと」を抱えて集まっているというよりも、むしろ気軽な神仏への挨拶とも呼ぶべき感覚で集まり、賑やかさやお祝いの雰囲気を楽しんでいるという。[12]

図2 『肥後国海中の怪（アマビエの図）』（京都大学附属図書館所蔵）

コロナ禍の渦中において〈近付きすぎないこと〉が要請される中、信仰や祈りを強調し、祭りを「守った」主催者達の立場や取り組みには共感できるものの、柳川の指摘に従えば、〈群〉の集団にとって、それは重要な要素ではない。祇園祭の「中止」を残念がるツイートに「ぴーひょろろ〜聞きたかったよう…。」というものがあったが、むしろ祭りが醸し出していた雰囲気や情緒、盛り上がりこそが重要なのである。こうした〈群〉の期待に今度どのようにして答えていくのか、この点は祭りの主催者達に課せられた課題であると言えるだろう。

三、妖怪の流行

（1）端緒

疫病除けの祭礼が次々と中止になる中で、疫病除けに効果があるものとして人気を博したのが妖怪である。その中でも最も注目を集めたのが「アマビエ」だろう。**図2**に掲げたのがアマビエの図である。

三本足に鱗のようなものに覆われた体、長い髪に嘴状の口を持つ妖怪だ。図の右側には概ね次のようなことが記されている。肥後国・現在の熊本県で夜毎に海中に光り物が出たため、役人が行ってみたところ、図のようなものが現れ、私は海中に住むアマビエというものであるとし、今年より六年の間は諸国で豊作が続くが併せて疫病が流行するので私の姿を写し、人々に早々に見せよと言い、海中に戻っていったというのである。[13] こうした伝承も相まってか、SNS上でアマビエのイラストやマンガを描いた投稿が多数行われたのである。

管見の限り、SNS上で早い段階でアマビエを紹介したのは妖怪の掛け軸や絵を販売する「大蛇堂」という店のアカウントである。引用してみよう。

とんでもない勢いで某ウイルスが流行ってますが妖怪の中に「流行り病がでたら対策のためにわたしの姿を描いて人々にみせるように」と言ったのがいるんですよ。

アマビエって言うんですけど。

二月二十七日の右ツイートとともに掲載された掛け軸の写真（**図3**）には「アマビエ　渡る浮世に多難が見えど　写し身飾りて守護となる　大蛇堂」（引用の際改行を適宜修止した）との記載がある。江戸期の文章にはアマビエを写すとどうなるかは示されていないのだが、こちらの掛け軸には「守護となる」ことが明示されている。(14)

大蛇堂@宮城の妖怪展(8/4-9)
@orochidou
とんでもない勢いで某ウイルスが流行ってますが妖怪の中に「流行り病がでたら対策のためにわたしの姿を描いて人々にみせるように」と言ったのがいるんですよ。
アマビエって言うんですけど。
アマビエ
午後6:11 · 2020年2月27日 · Twitter for Android

図3　大蛇堂ツイート

（2）アマビエの流行と消費

このツイートを一つのきっかけとしてSNS上ではアマビエのイラストやマンガの投稿が始まった。三月六日には漫画家のトキワセイイチがマンガ「アマビエが来る」をツイッター上に投稿し話題を呼んだ。朝日新聞社が運営するニュースサイト、Withnewsでは、三月十日に「新型コロナでツイート激増「アマビエ」って何？　妖怪漫画が話題」というタイトルで同氏のマンガを紹介している。Googleが提供しているデータによれば、同氏がマンガを投稿した直後の三月第二週からアマビエの検索数が急増しており、この頃にアマビエの知名度が一気に高まったことが予測できる（検索のピークは四月十九～二十五日）。(15)

SNS上では「アマビエ」や「アマビエチャレンジ」などのハッシュタグをつけた投稿

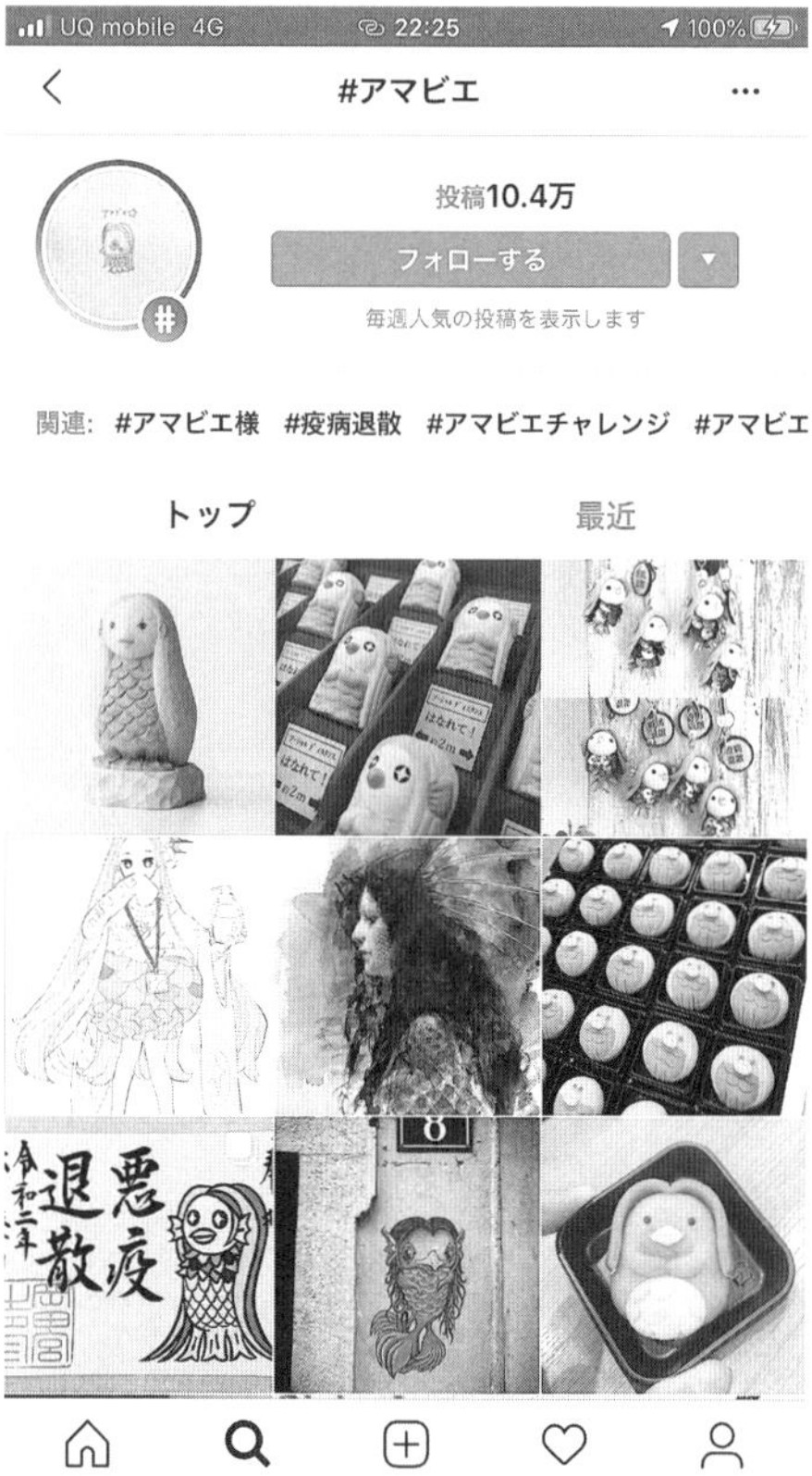

図4　インスタグラムに投稿される「作品」

が相次ぎ、イラストや漫画に始まり、コスプレ、キャラ弁（キャラクター弁当）、クレイアート、和菓子、ぬいぐるみ、編みぐるみ、フィギュア、木彫など、実に様々な「作品」が投稿された[16]（**図4**）。こうした「作品」の投稿は自粛中のいわゆる「おうち時間」に行われたものが多くあり、作品作りがおうち時間を過ごすためのネタになっていたことが伺える。

アマビエの人気が高まるにつれて、疫病除けに効果があるという妖怪達にもスポットライトが当たったことも見逃せない。ヨゲンノトリやクダン、人魚、神社姫などの「予言をする妖怪たち」のイラストがアマビエ同様ＳＮＳを賑わすようになったのである。さらにこの時期には、地方紙や地方の博物館において「ご当地」の妖怪が取りあげられ、妖怪とコラボレーションした酒類や菓子、だるまなどのお土産品が各地で販売されている。アマビエブームによって妖怪の地域資源としての利用価値に注目が集まり、積極的な発掘が試みられていたことがわかる。

妖怪を積極的に利用したのは宗教者も同様である。例えば調布市の国領神社では四月二十日より、Ｗｅｂ上でアマビエの御朱印を無料頒布している。これは宮司の友人のデザイナーが作成したもので、同神社のご神木である藤とアマビエが配されている。同社はこの御朱印について「待ち受けにしていただいたり、印刷して玄関にお貼りいただいたりして、疫病退散をお祈りいただけたら幸いです」と述べている[17]。長崎県の諫早神社では高さ一一五センチ、重さ約三〇〇キロのアマビエの木像を境内に安置。四月二十五日には「御霊入れ」を行った。これらはごく一例で、アマビエお守り、アマビエお札、アマビエ念珠、アマビエ絵馬、アマビエ曼荼羅など、宗教に関わる〝グッズ〟も多数生まれている。

以上、アマビエなど疫病除けに関わる妖怪の流行をごく簡単に概観したが、これらの事例の背景には、妖怪がおうち時間を過ごすためのネタや、地域資源、寺社に関心を持ってもらうためのコンテンツなどとして利用・消費されている様子が見え隠れしている。個別の事例について今後の詳細な調査・研究が望まれる。

おわりに

以上、本稿では祭礼の事例と妖怪の事例を取り上げ、事例報告と整理を行ってきた。本稿はまさにコロナ禍の渦中で執筆しており、ここまでに述べてきたことはあくまでも事例の一次報告に留まらざるを得ない。例えば、祭礼の事例において祭りの雰囲気や情緒の重要性を指摘したが、現在までにオンライン上で祭りの盛り上がりを再現する試みも行われており[18]、こうした試みが奏功するのか否か、新しい生活様式のなかでそれが「当たり前の形」になり得るのか否かなどについては今後の推移を見守る必要がある。

妖怪の事例についても同様で、本稿では妖怪の利用や消費という側面を強調したが、質的調査を行えば、また違う側面が明らかになるかもしれない。本稿の指摘も本来であれば、ＳＮＳというメディアの特性と妖怪ブームとの関係性や、地方と都市における妖怪の利用・活用の仕方の違いを論じるなどの「地道な作業」を通じて丁寧に議論を展開するべき問題だろう。

ともあれ、残された紙幅はいくばくもない。状況が好転し、今後、フィールド調査も含めた、より実証的な研究が可能となることを祈りつつ、一端筆を置きたい。

注

(1) 都市封鎖や外出禁止令などの厳格な行動制限を行った国々とは異なり、日本において〈近付きすぎないこと〉は、〈倫理的〉な要請として行われた点に特徴がある。精神科医の斎藤環は、コロナ禍により我々は「奇妙な倫理感を獲得しつつあるのではないだろうか」と分析し、その倫理感を「コロナ・ピューリタニズム」と呼んでいる（斎藤環「コロナ・ピューリタニズムの懸念」https://note.com/tamakisaito/n/nffdc218a1854（七月三十一日最終閲覧））。

(2) 京都新聞（Ｗｅｂ版四月十七日付）。

(3) 舁き山笠は博多の街を移動する山笠で、「流《ながれ》」と呼ばれる七つの地域がこれを担当する。飾り山笠は飾り付けられ設置場所に据え置かれる山笠を指す。

(4) NHKNEWSWEB（四月二十日付）。

(5) 朝日新聞（福岡版・四月二十一日付）。

(6) ツイート数はYahoo! Japanの提供する「リアルタイム検索」を利用し確認した。

(7) 前掲リアルタイム検索による。

(8) 中外日報（四月二十二日付）。

（9）朝日新聞（夕刊・七月二十一日付）。

（10）柳田國男「日本の祭り」（『柳田國男全集』第十三巻、筑摩書房、一九九八年）三五八―五〇八頁。

（11）柳川啓一『祭りと儀礼の宗教学』（筑摩書房、一九八七年）七四頁。

（12）柳川は江戸期の「ええじゃないか」運動や、近代における新宗教発生の基盤には、こうした〈群〉の存在を見る。

（13）よく見ると気がつくように、この資料にはアマビエを写すとどうなるのかという記載はない。だが、民俗学者で妖怪グッズのコレクションでも有名な湯本豪一はアマビエがよく似た姿を持つ妖怪アマビコの誤記である説を唱えており、伝承上のアマビコは書き写すことや周りに語ることなどで、災いを回避できると述べている（湯本豪一『明治妖怪新聞』柏書房、一九九九年、一七八―一八〇頁）。また、妖怪アマビコについては長野栄俊「予言獣アマビコ考――「海彦」を手掛かりに」（福井県郷土誌懇談会『若越郷土研究』四九巻二号、二〇一六年）一―三〇頁が情報、図ともに豊富で参考になる。

（14）この点については、前注を併せて参照のこと。

（15）Googleトレンドのデータによる。https://trends.google.co.jp/trends/explore?q=アマビエ&geo=JP（七月三十一日最終閲覧）。

（16）インスタグラムでアマビエと関連性の高いハッシュタグをしらべると、#clay #handmade #和菓子 #粘土細工 #wallart #粘土 #クレイクラフト #フラワーアートなどが挙がる。

（17）国領神社Ｗｅｂページより。https://kokuryo-jinja.jp/info/アマビエの御朱印/（七月三十一日最終閲覧）。

（18）株式会社オマツリジャパンが神社とコラボレーションして行っている「エア祭り」などはその一例だろう。

疫病と民間信仰——祭礼・アマビエ・鼠塚

鈴木正崇

日本のポストコロナ時代で新たに展開した疫病と民間信仰の諸相を検討した。全く無名であったアマビエは、二〇二〇年三月以降、ＳＮＳを介してネット上で拡散し、妖怪から疫病退散の守護霊へと変貌した。アマビエの解説や紹介の言説、商品化と流通を通して、ミクロな社会変動を考察し、災害の記憶となりうるかを問題提起した。

はじめに——危機に目覚める

新型コロナウイルス感染症（COVID-19）に関する情報に本格的に接したのは、インドから帰国した二〇二〇年一月二十三日、この日はちょうど武漢封鎖の日であった。出発前からウイルスのことは噂としては流れていたが、この突然の封鎖は大きな衝撃であった。不吉な予感にとらわれたが、当時はまだ対岸の火事というのが多くの人々の認識であったと思う。しかし、一月三十日にＷＨＯ（世界保健機関）による「世界的な緊急事態」の宣言が出て、世界各地で感染拡大の報告が伝えられ、感染者に対する差別や排除や中傷が伝えられ始めるとこれは只事ではないという意識が生まれた。二月十七日から三月三日までは南インドのケーララに行く予定で現地の手配を終えていたが、二月四日に現地に問い合わせると、武漢大学からコルカタ経由でコーチンに戻った学生がトリシュールで入院していて、計三名の感染者が見つかったので来ない方がよいという強い警告メールがきた。結局、安全優先でインド行きはキャンセルした。まだ、その頃はインドで

すずき・まさたか——慶應義塾大学名誉教授。専門は文化人類学・宗教学。主な著書に『神と仏の民俗』（吉川弘文館、二〇〇一年）、『女人禁制』（吉川弘文館、二〇〇二年）、『山岳信仰——日本文化の根底を探る』（中央公論新社、二〇一五年）、『熊野と神楽——聖地の根源的力を求めて』（平凡社、二〇一八年）などがある。

は、武漢からチャーター便で帰国した五〇〇人は全員陰性で、カレーを食べていれば感染しないなどというニュースが流れていたが、瞬く間に感染は拡大した。

二月から三月にかけて、世界各地へ感染が拡大していくと、感染者への差別・排除が起り、黴菌扱いされ、人権侵害も起こるなど社会問題が生じた。黄禍論を再現するようなアジア人蔑視が巻き起こり、アジア系の人々がスケープゴート（贖罪の羊）にされる事件も各地で発生した。まるで二十世紀初頭の人種差別の時代に立ち戻ったかのようであった。日本人も中国人と同一視されることが多かった。インドネシアでの最初の感染者が日本人であったという大統領の発言により、日本人に対する差別が瞬く間に拡大した。

そして、感染者は「穢れ」扱いされた。横浜港に停泊させられ沢山の感染者を出したクルーズ船「ダイヤモンド・プリンセス」の内部通路には、区分のために「清潔」と「不潔」の注意書きが出された。公衆衛生の観点からの表記であるが、「不潔」は不適切な表現と指摘された。実質的には「穢れ」であり、古くからの「穢れ」観は、身近にある普遍的な認識として蘇り、リアリティを帯びて迫ってきた。そして、三月十三日にＷＨＯのパンデミック宣言が出た。日本でも、感染爆発が生じた首都圏で暮らす人々が地方に行くと忌み嫌われる「東京差別」という現象が起き（四月十六日付ビジネスジャーナル）[1]、感染者への中傷や差別が常態化した。医療崩壊や経済不況に留まらず、新型コロナウイルスのパンデミックが、社会の分断を加速化する状況に対して、歯止めをかけられるのだろうか。

世界中に疫病が広まり収束のめどは立たない。国際機関や政治機構は脆弱性をさらけ出した。他方、発生地とされる中国は、情報統制と証拠隠蔽、責任転嫁に躍起になり、人権を無視した強引な統制で抑え込みに成功したと宣伝する。まさに第二次世界大戦以来の最大の危機である。我々は、そして世界は一体、どうなっていくのだろう。都市を基盤に経済一辺倒でひたすら成長に向けて突っ走ってきた現代世界に、深刻な反省の時期が到来しようとしている。

コロナ禍に対しては多様な動きが生じたが、本稿では特に民間信仰に絞って暫定的に考える[2]。宗教的職能者だけでなく普通の人々にも焦点をあてて、緊急事態下で起こった変化に対応して柔軟に姿を変えていく流動性に富む状況に注目してみたい。

一、民間信仰の対応

問題は「三密」である。新型コロナウイルスの感染拡大防止のために、政府は「三密」を避けることを提唱した。「三密」とは、密閉、密集、密接のことで、二〇二〇年三月九日に新型コロナウイルス感染症対策専門家会議の見解を受けて、厚生労働省が発表した。[3] 公式見解という明確な指令によって、「三密」は一般の行動だけでなく、広く諸宗教や民間の行事に大きな影響を及ぼした。元々「三密」という用語は、密教の三密瑜伽（身口意）に由来し、[4] 身体と宇宙の合一を意味する秘儀的な言葉であったが、皮肉なことに感染病拡大に対抗する「ステイホーム」stay homeキャンペーンに利用されて新たな意味を獲得した。寺院、神社、教会などの宗教施設は立入りを制限され、人々の集まりや行事・イベントは全て中止となった。奈良の法隆寺、東大寺大仏殿、日光東照宮などは創建以来、初めての参詣・参拝の禁止と報道された。前代未聞であり、歴史上の大きな出来事として記憶に留められることになるであろう。コロナ禍の影響は、仏教、神道、キリスト教などの宗派や教団の儀礼や行事に留まらず、民間の年中行事や通過儀礼に及んだ。京都祇園祭の山鉾巡行は中止となり、病を齎すと共に疫病を統御する牛頭天王《ごずてんのう》[5]を祀る行事が、本来必要とされるべき時に行われないことになった。総じて、多くの見物人を動員する見せる祭りの「祭礼」や芸能への負の影響が大きい。他方、神仏への「祭り」や「祈り」は関係者のみで行うことも多く、神事や仏事の根幹は変わらず、願いは通じているはずである。神社では個別に疫病退散の祈願を行い、寺院では大般若転読[6]や護摩祈禱が行われた。

個人の依頼による疫病退散の祈願は、新たな工夫を凝らして積極的に行われた。対面が不可の場合は、ネットで祈禱や祈願が依頼され、僧侶による仏教の御祈禱や護摩供養のライブ配信や、神職によるズームでのオンラインのお祓い[7]が行われた。御札や護符の配布は郵送で対応する所も増加した。インターネットの利用には賛否はあったものの、人と人、人と神仏の間をかろうじて繋ぎ留める効果はあった。ただし、今後も蔓延や拡大が長引けば、寺院や神社の在り方は根本的に変わっていく可能性は高い。特に、葬儀の形式は大きく変わり、寺院や葬儀屋に冬の時代が訪れるかもしれない。他方、疫病退散の舞や踊り、巫女舞、鹿踊り、獅子舞、神楽、虎舞、鬼剣舞などが各地で奉納され、マスク姿の巫女も出現した。[8] ただし、今回は「三密」を守るために、二〇一一年三月十一日の東日本大震災の時のように多くの人々を動員して地元の復興を目指す活性化の手段としては期待できない。

元来、日本の民俗社会は、疫病退散や病気直しには、薬を処方してもらうと共に必ず神仏にお祈りし祈禱を頼んだ。「いのれ、くすれ」という言葉が各地に残り、祈りが薬に優先することも多かった。薬だけを飲んでも効き目は薄い。病気の原因は、目に見えない悪霊や邪霊が憑依して起こるとされ、疫病に罹らないためには、霊を追い祓い近寄らせないようにし、病気の場合は悪いものを身体から外にだす祈禱が行われた。明治以降、西欧医学が主流になり、病原菌としての細菌やウイルスの存在が明らかになるまでは、普通のことであった。

二、祭礼の中止とレジリアンス

日本が西欧のキリスト教社会と異なるのは、病を齎すものを疫病神として神に「祀り上げ」て丁寧にもてなして悪さをしないようにお願いしたことである。供物を捧げ、華麗な舞や踊り、神楽などを奉納して喜ばせて守護してもらう。疱瘡神には赤飯を捧げた。最後は元の場所に鎮まって頂く。祟りを及ぼすものは「祀り捨てる」。京都の祇園祭では、鴨川の東岸の八坂神社から牛頭天王の神霊を市内に迎え入れ、祇園囃子のコンコンチキチン、コンチキチンの鉦の音に合わせて、山や鉾に依り憑かせ、喜ばせ楽しませ、市中を練り回す。鉾町では疫病退散の粽が配られる。神霊は祭りの最後には鴨川の対岸の元の社に帰って頂く。ただし、今回の山鉾巡行は中止となり、経済的損失が京都府内では約一八六億七三二四万円に上ると大きく報道された。(9) 京都祇園祭は疫病よりも見物人の動員が大事で、観光経済に大きく依存する、見せるための風流《ふりゅう》「祭礼」であることを再認識させた。神事が行われれば信仰の力は維持されるが、現代ではユネスコの無形文化遺産に登録された山鉾巡行こそがメイン・イベントになってしまった。

他方、コロナ禍は伝統の復活を齎した。八坂神社では、毎年、大祓《おおはらい》は六月三十日の夏越《なごし》の祓と十二月三十一日の大晦日の年越の祓の二回で、社前に茅の輪を作り、これを潜ることで穢れを祓うのだが、今回は明治十年（一八七七）九月二十八日以来、一四三年ぶりに疫病退散を願って、三月十三日に臨時に茅の輪を本殿西側と疫神社の社前に置いて、流行期間中は、常時、退散を願うことにした（『朝日新聞』三月十四日）。(10) これこそが、本来の祇園の信仰であり、神社は伝統に基づき疫病の蔓延を防ぐ役割を復活させた。また、明治以前の神仏混淆も一部で復活した。八坂神社は、江戸時代までは感神院（祇園社、本地薬師如来）と呼ばれ、天台宗比叡山延暦寺の管轄下で神仏混淆であったが、神仏分離で八坂神社と改名され、主神をスサノヲに改めた。しかし、今回は、祇園御霊会を貞観十一年（八六九）に初めて執行したとされる神泉苑で、六月十四日に真言宗の僧侶と神官が合同で疫病退散の祈願をこめ神仏習合が復活した。善女龍王社の前で八坂神社の祭神を迎え、神泉苑の鳥越英徳住職が疫病退散を祈る祭文や般若心経を唱え、続いて八坂神社の森壽雄宮司が祝詞を上げ、巫女が神楽を奉納した。境内の恵方社に参拝し、新型コロナウイルス感染の早期収束や人々の暮らしの安寧を願った。渡御祭では、神霊は神輿ではなく白馬の背に稲穂と共に乗せられ、関係者が神籬《ひもろぎ》の榊をもって行列を作り本社と御旅所の間を移動した。災害という危機によって信仰の核にある特定の部分が復活したのであり、精神的な回復力、レジリアンス（resilience）の力が発揮されたと言えるのかもしれない。ただし、信仰の力の維持は、禁忌を守るかどうかで問われる。祇園祭関係者は祭りの一ケ月間は胡瓜を食べない。八坂神社の御紋である祇園木瓜《ぎおんもっこう》、「五瓜《ごか》に唐花《からばな》」は、輪切りにした胡瓜の切り口と似ているので、「胡瓜断《きゅうりだ》ち」をする。聞書きでの確認は取れないが、恐らく今回も守られたであろう。信仰は潜在力である。

コロナ禍にあたって信仰の力を発揮した主体は、寺院や神社ではなく、民間信仰を担う庶民であった。元々、民間では疫病流行に際しては、疫病神や悪霊が嫌うものや苦手とするおまじないで対抗してきたが、今回のウイルスでも同様であった。護符や呪符、御札などを家の門口に張る。具体的には門守《かどまもり》、元三大師（鬼大師、角《つの》大師）の御札、厄除けの粽、蘇民将来の札、茅の輪守り、鍾馗の絵姿、陰陽道由来の五芒《ごぼう》星《せい》や急急如律令の文字、九字（四縦五横）や梵字を使う。呪法を中心とする修験の柴燈護摩や密教寺院の内護摩は盛んに行われた。他方、赤色を嫌う魔物に対して、家内では子供に赤い着物をきせ、赤い達磨、赤い浮世絵、赤天狗面、赤鬼面、猩々、朱鍾馗などを玄関先に置いたが今回は行われていない。(11) 疫病を境界の外に送り出す儀礼も中止となった。(12) ユニークな展開は、感染者ゼロが続いた岩手県では、南部の一関付近の六つの神社が六芒星《ろくぼうせい》の防壁を作っているという噂が流れたことである。(13) 民間信仰の担い手は個人や地域社会で、僧侶や神職よりも発想が柔軟である。今回の主役は若者で、その顕著な現れが疫病退散の主役に躍り出たアマビエであった。参入したのは、僧侶や神職ではなく一般の人々、特にデザイナーやクリエイターなどアート関係者が多かったのが特徴で、SNSを活用し従来の習俗を軽やかに超えて想像力を発揮した。

三、アマビエの拡大

日本でのポスト・コロナ時代の独自な民間信仰の展開は、豊作と災害を「予言」する妖怪のアマビエの広まりである。出典は京都大学図書館の貴重資料デジタルアーカイブの弘化三年（一八四六）の瓦版で、絵と詞書があり、[14]「疫病がはやったら私の姿を描き写し人々に見せよ」と読み解かれて流通した。瓦版の資料は二次使用自由で拡散は容易であった。

ただし、アマビエはこれが唯一の用例で、類似例の多くはアマビコであり、誤記の可能性が高い。アマビエは、二〇二〇年三月に妖怪から突然に疫病退散の守護霊へと変貌し、SNSを介して拡散した。拡散の始まりは、二月二十七日に妖怪掛け軸専門店「大蛇堂《おろち》」が、ツイッターで「流行り病がでたら対策のためにわたしの姿を描いて人々にみせるように」と、アマビエをアレンジした絵と共に呟いたことが始まりである。ハッシュタグが次々に立ち上がり、アマビエをモチーフにしたイラスト、漫画や動画が投稿され、有名な漫画家やイラストレーターも参加して一挙に広まった。[15]妖怪に関するイベントを企画運営する団体の「妖店百貨展」が、クリエイターの絵を見て、三月三日にアマビエの伝承や姿を投稿すると二万九〇〇〇回以上リツイート（転載）された。三月に入って「祭り」状態となった。ツイッターが現代の瓦版の役割を果たしたのである。疫病退散の祈りを込めた投稿作品は、『みんなのアマビエ』として五月十九日に単行本として出版された。[16]アマビエ・ブームの基盤は日本のアニメ・漫画文化である。現在は多くのアマビエ・グッズが氾濫して一大商品市場を生み出した。ただし、一過性の現象か定着するかは不明である。

アマビエの特性は、①予言者で豊作も災害も伝える、②自分の絵を描いて見せれば災害や疫病を防御できるの二点であったが、SNSを通じていつの間にか「疫病退散の妖怪」に変貌していった。拡散主体はアーティストで、「描くこと」に強調点が置かれ、素人の参加で拡大した。他方、妖怪漫画やアニメで知られる「水木プロダクション」が反応し、水木しげるの作品にもあると紹介して、一挙に広がった。水木しげるという著名な妖怪漫画家の効果は絶大であった。ところが、水木しげる『日本妖怪大全』[17]には、アマビエではなく、半人半魚の姿で「アマエビ」とある。水木プロダクション代表で、水木さんの長女の原口尚子さんによれば、水木の個人の意図ではなく、何らかの理由で誤記・誤植されたらしく、一九九四年の版では「アマビエ」と訂正された。[18]アマビエは、誤記をものともせずに「疫病退散」の新機能を付与された現代の妖怪である。四月にはコロナ禍の広まりと共にアマビエも転換点を迎えた。契機は厚生労働省のSNSでの発信であった。

厚生労働省医政局看護課は、四月十日付けのフェイスブック（Facebook）で、「「アマビエ」をモチーフにした啓発アイコンで新型コロナウイルス感染症の拡大防止を呼びかけています」と発信した。「こんにちは、護（まもる）です。厚生労働省では、新型コロナウイルス感染症の拡大防止のため、疫病から人々を守るとされる妖怪『アマビエ』をモチーフに、若い方を対象とした啓発アイコンを作成しました。『知らないうちに、拡めちゃうから。』自分のため、みんなのため、そして大切な人のため。私たち一人ひとりが、できることをしっかりやっていく。それが私たちの未来を作ります。看護職の皆さま、看護職を目指す皆さま、引き続き、不要不急の外出や三密を避ける行動についての周知、ご協力をお願いします。新型コロナウイルス感染症は、かかっても約八割は軽症で経過し、治癒する例が多いことが報告されている一方、高齢者や基礎疾患をお持ちの方は、重症化するリスクが高いことが報告されています。皆さまご自身を守るため、そして、大切な人を守るため、感染症の予防策の徹底を、引き続きお願いします」と記している。厚生労働省は、ツイッターや、ラインの公式アカウントで、新型コロナウイルス感染症の発生状況や予防方法などの情報を伝え、看護職への警告とし、アイコンにアマビエを使うことで親しみやすさを演出した。ただし、最初に提示した「護」という愛称は使われなかった。アマビエは新型コロナ啓発アイコンとして四月十三日までにホームページ上に公開され、「Stop　感染拡大」の表示の隣に表示された。アイコンに使用されたのは二次利用自由の京都大学図書館の弘化三年（一八四六）の瓦版の図であった。

当初は、厚生労働省は、ＳＮＳに親和性がある若者向けの啓発用アイコンとしてアマビエを利用して発信したようである。若年層は感染しても無症状や軽症の場合が多いので、同省の担当者は「自覚がないまま感染を広げる危険性が高いことを知ってもらい、拡大を予防してほしい」という意図であったが、世代を超えて多くの人々の間に広がった。アマビエは、疫病退散の妖怪として「公式」に認知され、史上初めての政府公認の妖怪となったのである。

四、アマビエの解説者の登場

アマビエが有名になると、解説や紹介が始まり、アマビコ研究の先駆者の湯本豪一がマスコミに解説者として登場した。湯本は元川崎市市民ミュージアム学芸室長で、二〇〇一年の企画展「呪《まじな》いと占い」展では、解説図録で肥後国出現の「尼彦」を描いた無題資料を「予言獣」として紹介し、二〇〇三年には論文「予言する幻獣――アマビコを中心に」で、類似例を集めて総合的に考察した。(19) 湯本は二〇〇四年には「日本の幻獣――未確認生物出現録」を開催した。妖怪コレクターとしても知られ、定年後は、広島県三次市に二〇一九年四月二十六日に開館した日本妖怪博物館（三次もののけミュージアム）に五〇〇〇点のコレクションを厳選して展示し、名誉館長を務めている。湯本は弘化三年（一八四六）のアマビエの瓦版を紹介するが、アマビコが本来だという。安政五年（一八五八）のコレラ大流行時に虎列剌《コレラ》除けの摺物として「猿に似たる三本足の怪獣」の絵姿が江戸市中で売り歩かれ、明治十五年（一八八二）にも東京の絵草紙屋（娯楽書や浮世絵の店）で「三本足の猿の像」が「コレラ病除けの守り」として販売され、名称は「あま彦《ひこ》」で詞書はほぼ同じであった。[20]しかし、明治十五年を最後にアマビコは消えた。情報革命、特に新聞の普及の影響が大きかったと推定される。そして、二〇二〇年に瓦版の絵と共に、ネット上でアマビエの名称で復活した。

今回は新たな展開があった。出発点となった弘化三年（一八四六）の瓦版の詞書を検討してみたい。[21]原文は「肥後国海中え、毎夜光物出ル、所之役人行見るニ、づの如之者現ス、私ハ海中ニ住アマビヱト申者也、當年より六ヶ年之間諸国豊作也、併病流行、早々私ヲ写し人々ニ見セ候得と申て、海中へ入けり、右ハ写シ役人より江戸え、申来ル写也　弘化三年四月中旬」とある。熊本の海で毎夜光る物が出るので役人が行ってみると、アマビエと名乗るものが出現し、「我は海中に住む」「今年より六か年の間、豊作。しかし病が流行するので、早く我が姿を書いて見せなさい」と予言し海中に入った。役人が写して江戸に伝わったという。瓦版の絵を見ると、アマビエは長い髪の毛で、嘴があり三本足で、浪間から現れた姿で描かれている。鱗があるので、現在は人魚に似ていると解釈されることが多い。

湯本はネット上で四月十四日のMainichi Japanに、「新型コロナウイルスと「アマビエ」――疫病除けの妙法を伝える予言獣」と題して解説を加えた。[22]それによると、「「アマビエ」は京都大学図書館に収蔵されている当時の瓦版に報じられている幻獣です。多くの人が「アマビエ」を知っているのは水木しげるが紹介したからと思われます。「アマビエ」は全身にウロコがあり、三本足で長い髪に嘴状の口を持つ不気味な姿ですが、瓦版に描かれた絵が稚拙でユーモラスな雰囲気を醸し出しています。瓦版には、「アマビエ」は六年間の豊作と病気が流行したら「アマビエ」の姿を写すように言って海中に姿を消すと書かれています」と紹介した。大きな転換は以下の説明である。「しかし、この瓦版は「アマビエ」の特徴の半分しか伝えていません。そして、残り半分の書かれていない情報こそが「アマビエ」の本質に関わる重要なものなのです。その本質に関わる重要な内容とは、写した「アマビエ」の姿を拝んだり、門口に貼れば、多くの人が死亡する悪病の大流行でも罹患することはないと告げるのです。こうした情報は別の資料から確認できるのですが、実はその別な資料ではどれも「アマビコ」（尼彦、あま彦、天日子、阿磨比古などと書かれている）であり、瓦版の「アマビエ」は誤記であるということが今では定説となっています。つまり、誤記が有名になってしまったのです」。この説明は、瓦版のアマビエは誤記で、本来はアマビコであると認めた上で、アマビエを「疫病退散」を「本質」とする新たな守護霊として再定義したのである。

湯本の解説はアマビコに戻る。「描かれた姿も一定ではありません。この「アマビコ」は予言獣といわれるもので、その予言は豊凶と疫病の流行がセットになっているケースがほとんどです。具体的には豊作を予言する場合と凶作を予言する場合があり、疫病についてはコレラ、悪風邪など病名が書かれているケースも散見できます。豊凶と疫病の流行の予言がセットとなっているのは、この二つが人の生死に直接的な影響を与えるからといえます。そしてどちらもいくら努力しても最後は運を天に任すしかないのです。豊作や凶作は天候に左右されますし、疫病の流行も医学的知識や科学的知識のない江戸時代の人たちにとっては何の手だても出来ない災いで、どちらも人智を超えた何かわからないものの仕業と信じることとなるのです」と徐々に解釈の枠を広げた。アマビコは様々の姿をとるが、アマビエは誤記ゆえに瓦版が唯一の元版の絵として残った。神社や寺院に頼らず、誰でも自由に絵に描いて拝んだり、門口に貼れば疫病を退散できるアマビエは現代にマッチしたのである。

湯本はアマビエの解説者としてネットに登場し、現代風に解釈し直して、アマビエ・ブームを支えるキー・パーソンとなった。テレビでは、新日本風土記『妖怪の国　精霊の森』BSプレミアム（七月二十四日）に登場して、アマビエの由来をミュージアムの展示と共に解説した。二〇一九年開館の日本妖怪博物館も効果的に活用されたのである。

五、アマビコの民俗学と歴史学

アマビコに関しては湯本の他に、長野栄俊（福井県立図書館司書）が「予言獣アマビコ・再考」（二〇〇五年）で詳細に検討している。(23) 長野は、湯川の「予言獣」を正確に定義し、(24) 近世後期から明治初期の瓦版（摺物）・風説留《ふうせつどめ》・新聞記事などでアマビコを考察した。アマビコの形姿は三本足の猿で、肥後国真寺郡の「あま彦」（『青窓紀聞』二八、『連城亭随筆』二

五、天保十四年・一八四三）、越後国の浦辺の「海彦《あまひこ》」（坪川家文書『越前国主記』天保十五年・一八四四）、肥後熊本の「雨彦《あまひこ》」（「津田家文書」天保十五年）では水辺の出現を伝える。天保四年（一八三三）から十年まで七年間は飢饉、十四年と十五年には天然痘の流行があり、不安の心意が反映したと見られる。『瓦版』（弘化三年・一八四六）のアマビエは、人魚風の姿で肥後国海中に現れた。弘化年間は外国からの開国の圧力が徐々に高まった不安な時代であり、疫病は異国から来るという風説も影響したであろう。(25)

アマビコの形姿の原型は猿で、文化十一年（一八一四）の疫病流行時に流行した「物言う猿」の流言に遡るようである。(26)自分の姿を写せと言った妖怪は「神社姫」（『我衣』文政二年・一八一九）で、コレラ流行時に肥後の海辺に人魚風の三本足で現れた。この時点で猿から女性の人に変化したが、三本足は共通していた。弘化二年の瓦版のアマビエはこの流れを汲んで、三本足の半人半魚で現れたと推定される。総じて、絵姿を見聞し書写し転写して広めよと指示する妖怪は十九世紀以降に出現して、一八四〇年代に急速に広まったのである。

長野は二〇二〇年三月十一日に、ネットの「ふーぽコラム」の「新型コロナ封じで流行中の妖怪「アマビエ」の正体とは？本気のアマビエ研究者がわかりやすく解説します！」で、(27)インタビューに答えて、「アマビエ大流行からは〝予言〟の要素が抜け落ちており、護符の面のみで拡散しているようだ」「SNSで見て、拡散すべきは「アマビエ」ではなく「アマビコ」の方かもしれない」と指摘した。予言が消え、護符に特化したという指摘は重要である。今回のアマビエ・ブームで大きな役割を果たしたのは瓦版の絵であった。たとえ、アマビエが誤記で、アマビコが正しいとしても、「三本足の猿」では可愛げがない。アマビエは人魚を想わせて、三本足で不安定にたち、女性的で親しみ深い。既に水木しげるは原画に「手」を加え、ピンクやグリーンの彩色を施していたので、人気化する潜在性は十分にあった。アマビエは再定義された妖怪から守護霊に転じ「ゆるキャラ」に変貌した。

五月三十日に平凡社の元編集者の畑中章宏が「アマビエブームで見逃されたこと　民俗学者が書く「物言う魚」の本質　疫病の記憶を「ブーム」で忘れないために」と題してネットに寄稿している。(28)畑中は湯本や長野の見解を踏まえてアマビエを巧みに紹介し、柳田国男が類型化した「物言ふ魚」（一九三二）(29)のモチーフにあたると位置付け、アマビエは「災難の象徴」として災害の記憶として留めるべきだと主張する。確かに、アマビエは、柳田が『明治大正史世相篇』（一九三一）(30)で描いたように、人間の感性を通じてミクロな社会変動を読み取る指標になりうる。アマビエ・ブームは記録化して将来に残す必要がある。

私見を入れてまとめれば、アマビコは、疫病が流行しヒトとモノの移動が活発化し、幕末の政治社会の変動が起った時代の不安に対応して「予言獣」として出現し、文字と絵の情報の普及、特に瓦版の庶民への展開で広がった。出現地は肥後などの各地であるが、弘化三年の瓦版の詞書に「右ハ写シ役人より江戸え、申来ル写也」とあり江戸が拡散地と推定される。出現地が肥後沿岸に多い理由は、八代海（不知火海）など蜃気楼が頻発する浅海の自然要因が考えられる。蜃気楼の発生は、三月下旬から六月上旬頃で、弘化三年のアマビエの出現は四月中旬と記されていて季節が一致する。海の怪異現象に、土地の妖怪の河童・山童《やまわろ》(31)・海坊主等のイメージが融合し、人格性を帯びて登場したのではないだろうか。(32)

六、アマビエの多様な展開

アマビエは描かれた妖怪としては、ウイルスという見えない恐怖に対抗して希望や願望を託すモノに変えた事例が目立った。幾つかを列挙する。①木像をたてる。千葉県茂原市の国道沿いにチェーンソーアート「艸里埜木倶楽部」が作った。「妖怪だけれどかわいらしい」「心のよりどころとしてすがりたい」「ご利益」「疫病退散」を願う（『千葉日報』四月三十日）。宮崎県美郷町商工会北郷支部に高さ九〇センチメートルの木像を木工作者が作った。「見た人が笑顔になれるようにと、明るい色でかわいらしく仕上げた」と語り疫病退散を祈る（『宮崎日日新聞』六月八日）。②御朱印や守り札に作る。東京都板橋区熊野神社、茨城県正福寺、名古屋市三輪神社などが行った。日野市若宮神社はイラストを絵本作家のいけまつまいこに頼んだ。神様とのコラボだという人もいる（『ANN NEWS』六月十七日）。宇都宮市正光寺は、角大師・黄ブナ・アマビエを合体した特製お守り札を作成した。黄ブナは地元の守り神である。「お寺の存在をみじかに」と考え、寺の宣伝にもなるという（『毎日新聞』五月十七日）。③塗り絵やシールにする。別府親と子の劇場の絵画教室では、「早くコロナがなくなって、友達とたくさん遊びたい」という気持ちをこめた。駅前本町の「コモールカフェ別府」はアートクリエイターに原画依頼して壁絵にした（『大分合同新聞』六月十一日）。④苔のアートを作成した。臼杵市深江振興協会は、県道沿いの壁の苔を削って五メートルの像を作った（『大分合同新聞』六月十六日）。⑤菓子類にする。金扇ドロップス工業（名古屋市中村区）はキャンディにデザインして売り出し、金太郎飴本店（東京都台東区）は飴を作り下谷の三島神社で疫病退散の御祈禱をして販売した（四月十四日）。西川屋老舗（高知市）は菓子を食べて厄除や健康招福を願う行事「嘉祥」（六月十六日）に因みアマビエの焼き印を押したどら焼きを発売した。⑥南部鉄器工房の及富《おいとみ》では「南部鉄玉アマビエ」という置物を作って、「鉄分補給」と書いた袋に入れて販売し(33)、海外、特にヨーロッパで、フランスから予想外の注文が集まっている。⑦飲み物はビール、日本酒、サイダー、甘酒等がシール付で販売された。⑧小物類は、アクセサリ、キーホルダー、ストラップ、ステッカー、バッジ、クリアーファイル、スタンプ、缶ミラー、風鈴、陶芸、ガラス、織物、あみぐるみ、Tシャツ、ボールペン、マスクなどのデザインとされ、マスコットになった。熊本県山鹿市のうちわの老舗栗木商店は、祭礼用うちわの注文が皆無となったが、アマビエをデザインしたうちわで一息ついた。

安政五年のコレラ流行時には、アマビコの画像を印刷して売り裁いて大儲けをした記録もあるが(34)、現代でも同じで、複製可能なモノとして金儲けに活用されている。大手広告代理店の電通は、六月三十日に特許庁に、雑貨や電子出版物など広告マーケティングに関する一八八項目のアマビエの商標登録を出願したが、「権利を独占するつもりか」と非難が集中し、七月六日に取り下げた。利益にさとい守銭奴の面目躍如であった(35)。

ここに紹介したアマビエの展開は一部に過ぎない。クリエイターや企業は原画をアレンジした作品や商品を製作し、様々な販売ルートで販売している。新型コロナウイルスによる感染拡大は、経済成長一辺倒の過熱した資本主義と大量消費社会に反省を促し、生活様式の全面的転換を迫ったにもかかわらず、コロナ禍と共に登場したアマビエは、警告を発するよりも商品化されて、新たに市場経済の中に取り込まれるという皮肉な結果となった。

七、災害の記憶としての鼠塚

アマビエ・ブームはコロナ渦が続く限りは衰えないかもしれない。しかし、コロナ禍が去った後に「災害の記憶」として残り得るのだろうか。参考のために「鼠塚」を紹介する。東京メトロ日比谷線の広尾駅近くの祥雲寺（臨済宗大徳寺派）の墓地の一角に、巨大な石碑「鼠塚」がある（**図1**）。この供養碑は、明治三十二年（一八九九）に西日本（神戸・大阪・岐阜）に始まったペストの大流行に際して、感染源として駆除された鼠を慰霊するために建てられた。当時の松田秀雄東京市長は、ペストの媒介者である鼠を駆除して、予防・撲滅を図ろうと計画し、十二月二十七日の参事会に提案して了承

を得た。一万円を支出して二十万匹の鼠を買い殺す方法で、近辺の交番に鼠を持参して現金引換え切符を受け取り、区役

図1　コレラ流行の予防のために殺された鼠の供養塚（東京都港区広尾、祥雲寺境内。明治35年建立）

所で換金した。[36] 夏目漱石は『吾輩は猫である』（一九〇五～一九〇七）で、仕事を奪われて憤懣やるかたない猫に託して巧みに描写した。大人も子供も長い尻尾の端をつまんで、交番の前に立ち並ぶ。大柄の雄の「車屋の猫」は、「一《いつ》てえ人間程ふてえ奴《やつ》は世の中に居ねえぜ。人のとった鼠を皆んな取り上げやがつて交番へ持って行きあがる。交番じゃ誰が捕ったか分らねえから其たんびに五銭宛《づゝ》くれるぢゃねえか。うちの亭主なんか己《おれ》の御蔭《おかげ》でもう一円五十銭位儲《もう》けて居やがる癖に、碌なものを食せた事もありやしねえ。おい人間てものあ体の善い泥棒だぜ」。[37] 当時の世相を猫の目で辛辣に描いている。

鼠は桐ケ谷などの火葬場で焼き捨てられ、鼠の供養碑が明治三十五年（一九〇二）に建てられた。石碑の裏面に「数知れぬ鼠もさぞやうかぶらむ　この石塚の重き恵みに」の歌が刻まれていて、表書きの下には愛嬌のある鼠が三匹描かれている。供養のお蔭か大正十五年（一九二六）以降、日本でペストは発生していないという。[38] 日本人には草木虫魚の一切にいのちが宿るという信仰があり、動物も人間と同様に供養で弔う。[39] 現在も病虫害の駆除業者による鼠塚供養は続いている。ヨーロッパを歩くと町の広場や通りにペスト記念塔や記念柱を多く見かける。これはペストに対する勝利の記念碑であり、撲滅するたびに各地で記念碑が建てられた。まさしく病原菌

を抑え込んだのであるが、そこには人間中心主義の傲慢さが潜んでいるのではないか。四月十四日に、北海道弟子屈町のアイヌの人々は、病気の神パヌカムイに対しての儀式を行い、「何とか鎮まりください。お互いに生きていきましょう」とお祈りしたという。[40] コロナと共に生きる社会には、異なる発想が必要である。

ちなみに明治のペストの感染源は、インドから輸入された綿花に混入された鼠が有力とされている。世界経済のグローバル化の黎明期の出来事で、当時のインドの綿花産業は大打撃をうけた。感染症の拡大は、ヒトとモノの移動によって起こる。現在は海外とのヒトやモノの交流が船から航空機へと変化し、大量輸送が常態となり、感染の危機や速度は飛躍的に高まった。感染症との闘いは今後も長く続くと思われる。今後「負の意識」がトラウマとして残る可能性も高い。災厄の記憶や記録を後世に残して教訓とすることは大事である。[41]

おわりに――将来に向けて

新型コロナウイルスの感染拡大は、近代以降では、一〇〇年前のスペイン・インフルエンザ（一九一八～一九二〇）の流行と比較される。当時の対策であった、手を洗う、外出を避ける、接触を出来るだけ控える、感染者を隔離するという手法は今回と全く変わらない。そして、推定で四十五万人をこえる死者を出して集団感染による自然消滅へと向かった。[42] ウイルスの存在を知らず、ワクチンも治療薬もない時代にあって、頼るべきは神仏への祈願であった。ただし、当時は平均寿命が短く、幼児死亡率が高く、死は日常で身近であり、インフルエンザによる死は数多くある死の一つでしかなかった。そして、大正十二年（一九二三）に起こった関東大震災の影に隠れて日本の近代史で深く検討されず、研究もほとんどなく、当時の教訓や記憶は今回には全く生かされなかった。現在のコロナ禍との違いは、スペイン・インフルエンザは死亡率が高く、特に青壮年層（二十歳～四十歳）に襲い掛かり社会の中枢を破壊したことである。今回の新型コロナウイルスは、若年・青年の死亡率が低く、六十歳以上の高齢者の重症化や死亡率が高いことが特徴である。現代は幼児死亡率が低く、高齢化社会が進み平均寿命は高齢で、何よりも神仏への信仰は薄れ、ひたすら医療の進歩に頼るしかない。一〇〇年前との違いを踏まえた上で、過去に学び今後の教訓にしないといけない。現在の感染症対策の担い手は、理系の研究者・実践者に特化している。基本は「予防医学」や「公衆衛生」であり、因果論が基本で、クラスターを突き止め、感染経路を明らかにする手法がとられている。ただし、今回のウイルスは狡猾である。無症状でも感染し、免疫獲得後も効果が薄れる。突然に感染者を増加させる現象は、「指数関数的」な広がりで、「車の衝突の衝撃は、車のスピードを二乗した比率で増える」ことと同じだという。[43]未知のウイルスに立ち向かうには、理系の知識だけでは不十分で、人文社会科学との共同作業による因果論を超えた発想の構築が必要であろう。

感染病の研究に長く携わってきた山内一也は、ウイルス蔓延の原因は「都市」生活にあると指摘する。「一部のウイルスは、たびたび世界的流行を引き起こしてきた。ただしそれは、人類がウイルスを本来の宿主から引き離し、都市という居場所を与えた結果でもある。本来の宿主と共にあるとき、ウイルスは「守護者」にもなりうる」[44]。コロナ禍は人類の生き方に大転換を迫った。地方に住むだけでは解決できない。疫病の蔓延は、環境破壊や地球温暖化に大きな原因があることは確かだが、自然に帰る、自然の声に耳を傾ける、自然から人間を見つめ直す、自然と人間との共生など、いずれも難しい課題である。西欧由来の「自然」という概念や、自然科学の「自然」を外化する発想も問い直しも求められる。経済に関しても、本来の意味である「経世済民」に目標を設定し直して社会を変革する必要がある。

コロナ禍は、現代社会の様々な弱点をあぶり出し、問題解決のために過去の経験知を生かせない「未知の領域」との遭遇を生み出した。支えになるべき空間も「現実空間」「虚構空間」「情報空間」が混在して不安定性を増している。[45]我々は恒常的不安を生きる「境界状態」(liminality)を通過していると言えるのかもしれない。現在は「終わりなきたたかいの始まり」に過ぎない。今回の災害は、人間はどのように生きるべきかという、太古以来の人類史や地球全体を視野に入れた大きな問い掛けを浮上させた。思想・哲学・宗教・文学・演劇・芸術など多様な分野からの検討[46]が求められている。誰も明確な未来を描けない時代にあって、人類の危機を如何にプラスに転じるか。現在の苦境の中で、日常生活の常識や価値観を問い直し、人間の想像力を発揮する新たなチャンスに転じる可能性を信じたい。

注

(1)「コロナ禍で『東京差別』充満」https://biz-journal.jp/2020/04/post_152326.html(二〇二〇年八月二十日最終閲覧)。

(2) 民俗宗教(folk religion)を成立宗教と民間信仰の狭間の混淆領域に設定して比較研究する立場もあるが、本稿では「宗教」の用語を避けるために、民間信仰を強調したい。

(3) 二〇二〇年三月九日、政府新型コロナウイルス感染症対策専門家会議から、クラスター(集団)感染予防の行動として、三つの「密」(密閉空間、密集場所、密接場面)を避けるべきだという見解が示された。政府専門家会議「新型コロナウイルス感染症対策の見解」https://www.mhlw.go.jp/content/10900000/000606000.pdf（二〇二〇年八月二十日最終閲覧）。これに先立つ三月三日の時点では、屋内で至近距離で一定時間以上交わると、クラスター発生の可能性がある場所として、ライブハウス、スポーツジム、屋形船、ビュッフェスタイルの会食、雀荘、スキーのゲストハウス、密閉された仮設テント等が挙げられ、「三密」の記述はない。

(4) 密教行法の基本は、本尊の大日如来と身口意の三密で合一することで、印契を身に結び、真言を口に誦し、観念の心をこらし、行者と本尊は感応して一体となる。

(5) 本地は薬師や観音、垂迹が祇園神で、疫病退散が祈念された。現在はスサノヲである。

(6) 大般若転読は、経文の功力だけでなく、叩きつける音や経文の風が魔物を追い祓う。「護国経典」は疫病への「最高の良薬」とされ読経効果が期待された。

(7) 福岡県八女市福島八幡宮（『西日本新聞』六月十二日）。

(8) 福岡市愛宕神社で豊栄舞《とよさかまい》を五月二十四日に奉納（『西日本新聞』五月二十六日）。

(9) 六月三日、関西大学宮本勝浩名誉教授の推定である。「祇園祭『山鉾巡行』の中止経済損失は一八六億円か　コロナ影響」https://www.ddunitfounder.com/post/covid19200602a（二〇二〇年八月二十日最終閲覧）。

(10) 「『流行、早く収まって』疫病退散の茅ノ輪、八坂神社に」https://www.asahi.com/articles/ASN3G36TZN3CPLZB00L.html（二〇二〇年八月二十日最終閲覧）。

(11) 子供を疱瘡から守るために猩々人形を祀る。赤色は、赤面の猩々を疱瘡神とする習俗を隠元が中国からもたらして以来という。高橋昌明『酒呑童子の誕生――もうひとつの日本文化』（中央公論社、一九九二年）九六―一〇八頁。

(12) 疫病神送り、人形送り、コトの神送り、送り念仏、虫送り、賽の神祭り、道祖神祭など。笹竹や御幣をもち、声を上げたり太鼓や笛など鳴り物入りで魔物を村境や十字路など境界の先に追い祓う。古くは平安時代の道饗祭《みちあえのまつり》、四角四境祭、鬼神祭に遡る。

(13) 「「六芒星」コロナから岩手守る？　一関で広がるうわさ」『河北新報』（二〇二〇年六月二十三日）。ただし、七月二十九日に感染者二人が出て途切れた。

(14) 京都大学附属図書館蔵『新聞文庫・絵』八四頁。

(15) ソーシャル分析ツール「ForSight」で「アマビエ」をキーワードに含むツイートを見ると、二月二十七日が初出で、二月は日に十件程度、三月一日に一六二件、三日に四七三七件、七日は三万八六四六件と、爆発的に増加した。三月五日にはフリー素材サイト「いらすとや」でアマビエのイラストが公開された。そして、トキワセイイチが、漫画「アマビエが来る」を描くなど大きく展開した。「新型コロナでツイート激増『アマビエ』って何？妖怪漫画が話題」https://withnews.jp/article/f0200310004qq000000000000000W06911001qq000020667A（二〇二〇年八月二十日最終閲覧）。

(16) 『みんなのアマビエ』（扶桑社、二〇二〇年）。水木しげる、西原理恵子、おかざき真里、松田洋子、永野のりこ、寺田克也、田中圭一、なかはら・ももた、八名の漫画家をはじめ、イラストや彫刻、陶芸、ガラス、織物、あみぐるみまで、ツイッター「#みんなのアマビエ」のタグで投稿されたもの総勢八十七名の作品も収録した。

(17) 水木しげる『日本妖怪大全』（講談社、一九九一年）。本書の原型は一九六八年十二月出版の『週刊少年マガジン』増刊号で、水木妖怪画集の始まりである。

(18) 水木しげる『図説日本妖怪大全』（講談社α文庫、一九九四年）。

(19) 湯本豪一「予言する幻獣――アマビコを中心に」（小松和彦編『日本妖怪学大全』小学館、二〇〇三年）一〇三―一二五頁。著書に『日本幻獣図説』（河出書房新社、二〇〇五年）。

(20) 『郵便報知新聞』明治十五年（一八八二）七月十日号には「安政五年初めて江戸にコロリと称する悪疫流行の際、何者かが此画像を印刷して高声に市街を呼歩き多くの利を得しと同様の物にて、文言の一字も相違せぬを以て見れば」とあり、同じ摺物が配られた。

(21) 京都大学附属図書館蔵『新聞文庫・絵』八四頁。https://rmda.kulib.kyoto-u.ac.jp/item/rb00000122/explanation/amabie（二〇二〇年八月二十日最終閲覧）。

(22) Manabi Japan。https://manabi-japan.jp/culture/20200414_20405/（二〇二〇年八月二十日最終閲覧）。

(23) 長野栄俊「予言獣アマビコ・再考」（小松和彦編『妖怪文化研究の最前線』せりか書房、二〇〇九年）一三一―一六二頁。

(24) 「「幽霊」以外の〝何か不思議な存在〟を広義の「妖怪」と捉えるならば、その中でも河童や人魚のように、多くの人々が目撃し、記録し、〝生き物〟としてその存在を信じてきたものを特に「幻獣」として位置付け、文芸や絵画などフィクションの世界に登場する飛頭蛮《ろくろくび》・塗仏《ぬりぼとけ》といった狭義の妖怪とは峻別する。その上でこの幻獣のうち、特に人間に未来を予言し、伝えるものを「予言獣」と定義する」（「予言獣アマビコ・再考」一三二頁）。

(25) 外国船の来航は以下の通りである。弘化元年三月フランス船アルクメール号、那覇に入港し通商を求める。弘化二年三月十二日アメリカ船マンハッタン号、漂流民を乗せ浦賀に入港し通商を求める。同年七月四日イギリス船サマラン号、長崎に入港、弘化三年閏五月二十七日アメリカ船・東インド艦隊司令長官ビッドル、浦賀に入港し通商を求める。

(26) 長野栄俊「予言獣アマビコ考」（『若越郷土研究』四九巻二号、二〇〇五年）一―三〇頁。

(27) https://fupo.jp/article/amabie/（二〇二〇年八月二十日最終閲覧）。

(28) 「アマビエブームで見逃されたこと 民俗学者がつづる『物言う魚』の本質 ネット時代の『予言獣』の役割」https://news.yahoo.co.jp/articles/30a2d47ad9f47ee2030ff1d223bd5d91370f3e62（二〇二〇年八月二十日最終閲覧）。

(29) 柳田國男「物言う魚」『一目小僧その他』（一九三四）『柳田國男全集』第七巻（筑摩書房、一九九八年）五五〇―五三八頁。

(30) 柳田國男「明治大正史世相篇」（一九三一）『柳田國男全集』第五巻（筑摩書房、一九九八年）三三三―六〇九頁。

(31) 天草郡龍亥村に長い毛で髭のある三本足の妖怪が現れた記録もある。早稲田大学演劇博物館蔵の山童は天草郡龍出郡山中に出現とある。前掲、湯本豪一「予言する幻獣」一一五頁。アマビコは足利学校でも見つかった（『東京新聞』二〇二〇年五月二十九日）。

(32) 文政二年頃に肥前平戸に出現しコレラを予言した「姫魚」、甲州市川村に安政五年（一八五八）に現れた二つ頭「ヨゲンノトリ」（名主喜左衛門「日記」）、人頭牛身で天保大飢饉を予言した「件（くだん）」、八重山諸島の大津波（一七七一年）を予言した「ヨナタマ」等「予言獣」は不安を背景としている。安政元年の東南海地震、同二年の江戸大地震、同三年の台風による江戸の風水害、同五年はコレラの流行、さらに日米和親条約（安政元年）や日米修好通商条約締結（安政五年）など政治社会経済の不安が頂点に達した。「南部鉄玉アマビエ」https://oitomi.thebase.in/items/27770169（二〇二〇年八月二十日最終閲覧）。

（33）「南部鉄玉アマビエ」https://oitomi.thebase.in/items/27770169（二〇二〇年八月二十日最終閲覧）。

（34）前掲、『郵便報知新聞』明治十五年（一八八二）七月十日号。

（35）特許庁のHPによると、アマビエに関する商標は、七月六日時点で十二社から出願（アマビエは二社）され、審査待ちであった。まいどなニュース（七月六日、広畑千春）。「電通が『アマビエ』の商標登録を出願も、六日に取り下げ…『独占や排他的使用は意図セズ』と釈明」https://news.yahoo.co.jp/articles/78ef9dd8b74a64183311efe9f3b5babb8b93b324。

（36）諸澄邦彦「鼠塚」（『Isotope News』七四四号、二〇一六年、二七頁）。

（37）夏目漱石「吾輩は猫である」『漱石全集』第一巻（岩波書店、一九六五年）一七頁。

（38）宮崎揚弘『ペストの歴史』（山川出版社、二〇一五年）。

（39）松崎憲三『現代供養論考――ヒト・モノ・動植物の慰霊』（慶友社、二〇〇四年）。

（40）「『パヨカムイ』、近づかないで　アイヌ民族が祈りの儀式」https://headlines.yahoo.co.jp/hl?a=20200418-00000061-kyodonews-soci.view-000（二〇二〇年八月二十日最終閲覧）。

（41）左右社編集部編『仕事本――わたしたちの緊急事態日記』（左右社、二〇二〇年）は良い記録である。

（42）速水融『日本を襲ったスペイン・インフルエンザ――人類とウイルスの第一次世界戦争』（藤原書店、二〇〇六年）。

（43）パオロ・ジョルダーノ『コロナの時代の僕ら』（飯田亮介訳、早川書房、二〇二〇年）。

（44）山内一也『ウイルスの意味論――生命の定義を越えた存在』（みすず書房、二〇一八年）後記。

（45）コロナ禍でインターネットへの過剰な依存が日常となりネットロアとの取り組みが問われる。伊藤龍平『ネットロア――ウェブ時代の「ハナシ」の伝承』（青弓社、二〇一六年）。

（46）日本では「不要不急」の枠に入れられ財政援助を受けられない領域の大半が含まれる。経済や政治の仕組みを根本的に作り変えないといけないのであろう。

コロナ問題と現代宗教

井上順孝

いのうえ・のぶたか――國學院大學名誉教授。専門は宗教社会学、認知宗教学。主な著書に『グローバル化時代の宗教文化教育』（弘文堂、二〇二〇年）、『世界の宗教は人間に何を禁じてきたか』（河出書房新社、二〇一六年）、『宗教社会学を学ぶ人のために』（編著、世界思想社、二〇一六年）などがある。

新型コロナウイルス感染症への日本の宗教界の対応は、おおむね科学的常識に従いつつも、伝統的に宗教が果たしてきた疫病退散の機能を踏襲しようする動きと理解できる。他方でアマビエの大流行のように民俗宗教に関わる注目すべき現象も起こった。両方をともに日本の宗教文化として継承されてきた要素として並置し検討する。

一、社会の合意におおむね従った宗教

新型コロナウイルス感染症（COVID-19）の広がりは、二〇二〇年に予定されていた社会活動の多くを葬り去った。東京オリンピックも潰えた。安倍首相がオリンピックの延期をIOCのバッハ会長に申し入れたのは三月二十四日夜だが、三月中旬までは開催の方針を政府も東京都も打ち出していた。

そこにはあまり辻褄の合わない出来事も散見される。三月十一日には東日本大震災の献花式が首相官邸で開かれた。前年までは国立劇場で政府主催の追悼式が行われていたのであるが、新型コロナウイルスの感染拡大を考慮して、規模を縮小したものである。しかしその「追悼の言葉」の中で、首相は「世界の多くの方々に、『復興五輪』というべき本年のオリンピック・パラリンピックを通じて、復興しつつある被災地の姿を実感していただきたい」と語っている。多くの犠牲者が出た東日本大震災の追悼の儀礼を縮小しながら、オリンピックにおいて、被災地の復興の姿を実感してほしいというのは、論理的に考えるならおかしな話である。

二月十四日に「新型コロナウイルス感染症対策専門家会議」が発足したが、専門家会議は三月九日に次のような「三密」への警戒を発していた。

これまで集団感染が確認された場に共通するのは、①換気の悪い密閉空間であった、②多くの人が密集していた、③近距離(互いに手を伸ばしたら届く距離)での会話や発声が行われたという三つの条件が同時に重なった場です。

「密閉空間、密集場所、密接場面」の三密を避けるという基本姿勢が社会に急速にいきわたると、政府の足腰の定まらない姿勢をよそに、日本社会における各種のイベント・行事等の自粛が相次ぐことになった。当然ながら宗教行事もことごとく中止、もしくは延期ということになった。長く続いた宗教行事も多いから、それらが中止されることを残念がる声があちこちで上がったが、ウイルス感染の広がりが人と人の接触に基づく以上、それは受け入れざるを得ない事態であった。

(1)相次いだ行事の中止

神社、寺院、キリスト教会、新宗教団体など、ほとんどの宗教が恒例の行事を取りやめた。由緒ある行事であっても同様であった。また日本国内にあるモスクでも三月から金曜日の集団礼拝を中止したり、規模を縮小して実施したりするようになった。東京都豊島区にあるマスジド大塚では、通常金曜日の礼拝には三〇〇人近くが集まるというが、二月二十八日以降は礼拝を数回に分けて行うようになった。礼拝前にはハグや握手を慎んで、代わりに肘を突き合わせて挨拶を交わすスタイルになった。ラマダンの時期は二〇二〇年の場合、四月二十三日から五月二十三日までであったが、日本国内の主要なモスクは、ラマダン中の集団礼拝や断食明けの食事(イフタール)を控えて自宅で行うよう信徒に求めることにした[1]。このような対応は、科学的な見地に基づいた社会的判断に宗教関係者もおおむね従ったことを意味する。こうしたことは日本では当たり前のように思われているかもしれない。だが世界ではコロナ無視で宗教的な集会やイベントを行う国や地域があって、決してどこでもそうだというわけではない。

(2)自粛に反対する信者たち

米国には教会への出席を自粛するようにという方針に反対する人々が一定数いる。とくに福音派に多く、トランプ大統領支持派とも大きく重なるとされている。イスラエルでは超正統派と呼ばれる人たちが一割くらいいる。ユダヤ教の戒律をもっとも厳格に守ろうとする人たちである。彼らは政府のシナゴーグでの礼拝規制を無視している。コロナウイルスを「神を超越しようとした人間に対する罰だ」などと主張するラビもいるようだ。イスラエルでは超正統派の間で感染者の割合が特に高いとされている。

韓国では二月中旬に新天地イエス教会問題が知れ渡ることになったが、信仰優先の集会が感染者を増やしたとみなされている。インドでは牛の尿を飲めばコロナ対策になると信じる人たちがいることが報じられた。三月中旬にはニューデリーでヒンドゥー教のグループが二〇〇人規模の集会を開き、牛の尿を実際に飲んで効果をアピールするという出来事があった。指導者は「新型コロナウイルスが非ベジタリアン食品を食べる人を罰するために来た」という特異な主張までしている。

こうした例を見るなら、信仰ゆえに科学的見地に基づく政策に異を唱えるという人たちは、世界的に見れば決して少なくはない。日本の場合は、明治期の進化論の受け入れに典型的に示されるように、近代以降、宗教家も科学的見地からの社会的判断には敵対しないという流れが主流となっている。今回も全体としてはその流れに沿った対応であることが、報道されている内容からも分かる。

二、緊急事態への対応策

宗教的儀礼の中止、とくに疫病退散の祭りの中止は、ある意味では宗教的儀礼が担っていた本来の役割の放棄と言えなくもない。そう感じる人も出てくるであろう例を一つあげる。京都の八坂神社で毎年七月に行われる祇園祭りは、疫病退散に由来する祭りである。九世紀後半の貞観年間に疫病を鎮めるべく行われた御霊会が始まりとされている。疫病の流行る夏に行われる祭りであるが、それが中止になったということは、疫病退散の試みの放棄と理解されなくはない。しかし、祭りの意義はそうであっても、その準備や祭りでの人々の振る舞いがウイルス感染の危険性を高めるとしたら、祭りを中止するということは、科学的見地からは当然の決定である。

二月にはまだ日本の感染者はさほど多くはなかったが、世界的な感染拡大が明らかになりつつあり、おそらくそうした状況なども考慮してであろうが、全国の神社や仏教宗派が次々と毎年恒例になっている主要行事を中止すると発表するようになった。新宗教の中には毎週、あるいは毎月と信者同士の定期的集まりをもつところが多いが、これらも中止、延期、規模縮小などとなっていった。境内や教会への立ち入りを制限する例も出てきた。

図1　マスクをした狛犬（お三の宮日枝神社、横浜市）（同社神職より提供）

（1）神社や寺院の対応

日本に約八万社ある神社のほとんどを包括する神社本庁は、二月二十日に「新型コロナウイルス感染症の発生に伴ふ神社の対応について」を各都道府県の神社庁に通達した。政府からイベント等の自粛・規模縮小などの要請があったことに鑑みて、直会《なおらい》、神賑《しんしん》行事等の中止や規模縮小等の検討を求めている。神社の中には参拝者に配慮し、賽銭箱の上にぶら下げてある鈴緒を撤去したり、手水舎の使用を禁止したりするところも出てきた。接触感染の機会を減じるためである。狛犬にマスクをさせた神社も各地で見られた（**図1**）。

仏教各宗派も儀礼の中止を二月下旬あたりから次々と発表するようになった。宗教専門紙の『中外日報』二月二十六日号には、一面で「イベント中止相次ぐ」という見出しのもとに、仏教各宗派が次々と宗会、研修会、その他イベント等を中止したことが報じられている。またマスク着用、手洗い、消毒などについての注意を各寺院に通達し始めた。こうした恒例の儀礼、祭りの延期や中止、また信者の礼拝、集会等の自粛といった対処法は、すべて感染防止のためであるから、この点では一般社会における対応と変わるところはない。

また遠隔祈祷、オンライン供養、オンライン礼拝、オンライン瞑想などのやり方で、新しい形での信者や信奉者たちとのつながりを見出そうとするのは、会社におけるテレワークや大学の遠隔授業に対応するものと理解できる。

（2）人生儀礼への影響

人生儀礼のうち、もっとも宗教との関わりが深いのは葬儀である。結婚式も宗教との関わりはあるが、葬儀ほど密着していないし、延期などの手段はとりうる。しかし、葬儀の場合はとりうる対応がかなり制約される。やり方によっては、それまで維持されていた宗教性がかなり薄まる可能性がある。葬儀をどのように執行するかは、感染対策としてはかなり深刻な問題となる。葬儀は多くの人が参列し、三密ができやすい。また亡くなった人が感染していたという可能性もあるので、それに対する配慮も必要となる。参列者を減じたり、儀式を簡素化したりするなどのやり方が出てきた。三月には葬儀社の「よりそう」が後葬《あとそう》サービスを始めた。近親者のみでの密葬のあと、後日に後葬として多くの参列者を迎えてのお別れの会を開催するものである。後葬サービスは他の葬儀社にも広がった。

リモート参列も広がった。モニター越しに遺族と話したり、故人の顔を見たりするやり方である。移動カメラを使ってその場にいるような感覚を生じさせるような工夫もしている。焼香の場面では「流れ焼香」という方式が出てきた。従来焼香は葬儀の締めくくりに行うのが通例であったが、葬儀が始まる前に葬儀会場の後ろ側に用意された台で随時焼香するという形式である。三密のうちの密集という条件を防ぐためである。葬儀の簡素化はコロナ問題以前から日本社会で進行していたことであったが、感染を防止ということに特化しながら、簡素化をさらに進めた場合や、葬儀形態を一部変更して対処しようとした場合などがみられる。

三、祈願がもつ社会的、心理的意味

他方で神社や寺院、新宗教教団等においては、ウイルスを退散させる祈願、祈祷の類を関係者のみで実施するところもあった。これは科学的な見解を受け入れた上での、見えないウイルスに対する宗教的な対抗策とみなせる。

早い例では、奈良市の春日大社が一月三十一日に悪疫退散の特別祈願を開始し、終息宣言が出るまで毎日続けるとした。悪疫退散などの祝詞を奏上し、穢れをはらう中臣祓を唱えた。東京都大田区の日蓮宗大本山池上本門寺では二月二十一日に「新型コロナウイルス病魔退散・疫病退散大祈願会」が営まれた。同寺の貫首は一山僧侶一人につき一万遍以上の唱題をして、一〇〇〇万遍以上を達成することを発願した。京都市東山区の六道珍皇寺では三月二十日に重要文化財の本尊である薬師如来像の特別開帳を始めた。新型コロナウイルス感染拡大の早期終息を祈って、特別に公開することを決めたものである。

(1) 合同しての祈願

神仏習合的な祈願もなされている。富山県射水市の放生津八幡宮では二月十四日に疫病をはらうとされる十二体の石仏が安置された来名戸社で疫病退散祭を行い、翌日にはご神体の石仏の特別御開帳を行った。また少し変わった例では、三重県松阪市の松阪神社が、三月十五日に仏教系新宗教である阿含宗との合同で、新型コロナウイルス感染症の沈静化祈願祭を営んだ。阿含宗は密教系の教団であるが、従来から神社の境内において護摩法要を営んできており、そうした経緯を

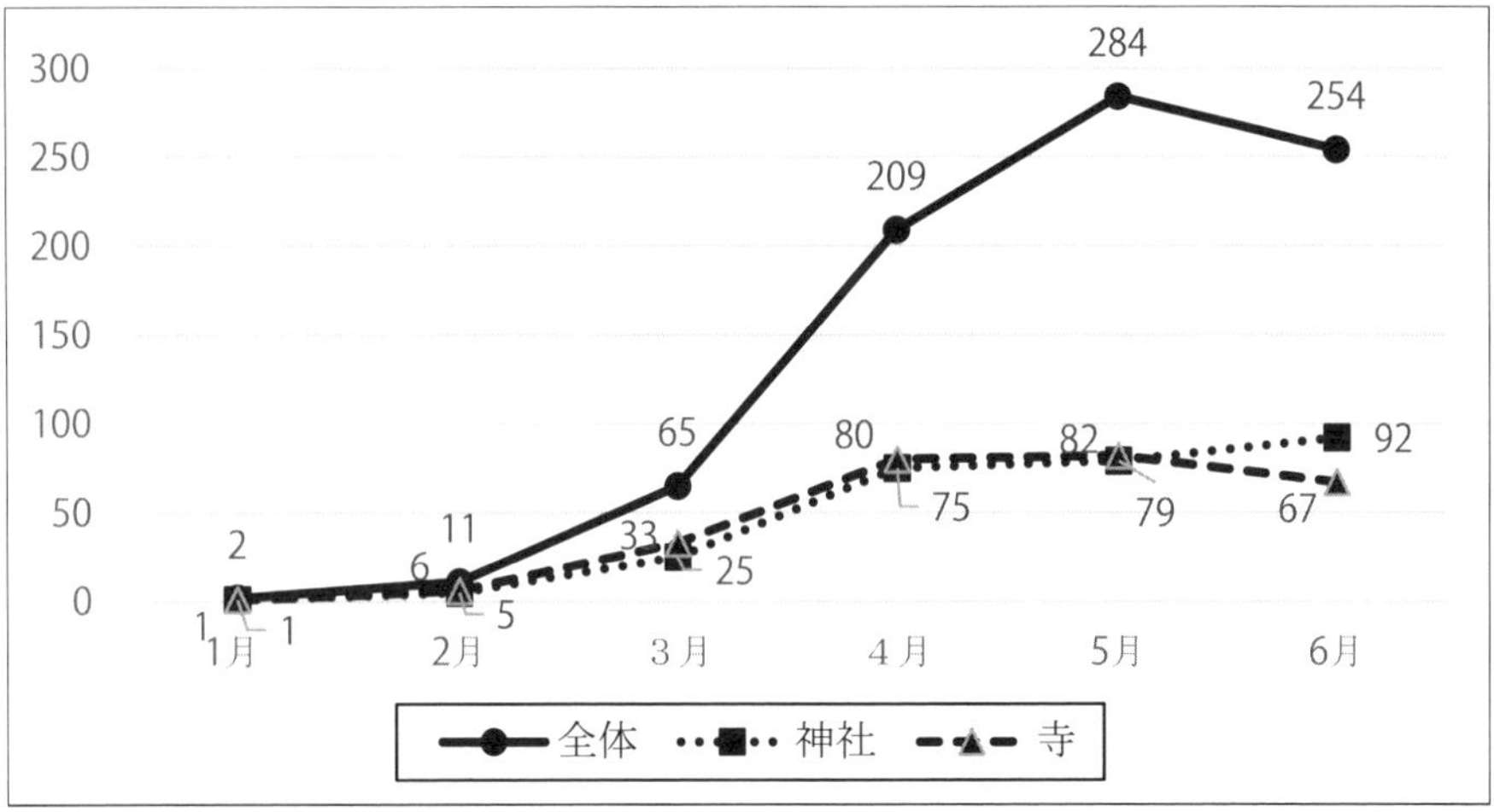

グラフ1 「コロナ＋退散」記事数

踏まえての祈願祭と考えられ、唐突に企画されたものではない。

さらにごく一部ではあるが、行事を中止せず疫病退散の意味を込めて実施した例もある。三月一日、高野山真言宗総本山金剛峯寺前で「高野の火まつり」が開催された。山開きと全国の霊場開きを告げる恒例の行事だが、感染拡大を懸念しつつも、こうしたときだからこそ実施すべきとして決行し、参拝者に洒水《しゃすい》して疫病退散の加持を行った。

(2)「宗教記事データベース」から読み取れること

このように日本各地の宗教施設において、コロナ退散祈願等が行われた。この傾向を宗教情報リサーチセンターの「宗教記事データベース」(以下「記事DB」と表記)で調べてみた。[2] この記事DBは新聞、雑誌の記事から宗教関連のものをクリッピングしたものがもとになっている。網羅的ではないが、重要な記事はほぼクリッピングされているので、宗教に関連した記事内容のおおよその傾向を把握しようとするような場合にはきわめて有用である。これで見ると、三月以降は新型コロナウイルス関連のものがきわめて多くなっているのが分かる。この感染症の終息を祈願したり、コロナ退散を祈願するようなものも多くみられる。二〇二〇年一月から六月まで、「コロナ」と「退散」をAND検索すると**グラフ1**のようになる。三月から増え始め、四月から六月まではそれぞれ二〇〇以上の記事がデータ化されている。仏教寺院関連と神社関連のものを比較すると、ほぼ半々である。

　人びとが数多く集まる行事を自粛したのは、感染を防ぐための科学的な見地に基づく社会的了解に従ったからだが、それでも宗教が担っていた役割を全面的に放棄したわけではない。科学的な対処法を踏まえた上で、日本社会において宗教が果たしてきた役割、あるいは期待されてきた役割に応えようとする動きである。

四、アマビエブームの思いがけない展開

　新型コロナウイルス退散に関するいわば呪術宗教的応答と呼ぶべきもののうち、コロナ除けにアマビエ（アマビヱという表記もある）の絵や人形などを用いる例が三月以降急速に広まった。SNSにおいてはアマビエに関する話題が三月から急増したが、これほどまでに人気になるとは誰も予測しなかった。SNSが情報ツールとして広く用いられている現代においては、SNS上では何かが突然に話題となるという現象は珍しくはない。しかしアマビエは情報として広がったというだけでなく、実際に護符その他として宗教的にも用いられるようになった。それゆえコロナ問題への日本人の宗教的な対処という観点で見逃せない。

（1）スサノオと蘇民将来

　民俗宗教における疫病に対する古くからの対策としては、蘇民将来伝説に基づく茅《ち》の輪《わ》が比較的知られている。蘇民将来の伝説は全国的に行きわたっている。奈良時代に編纂された備後国風土記に出てくる。旅に出た武塔天神《むとうてんじん》（スサノオと習合したとされる）が、富裕な弟の巨旦からもてなしを断わられたのに対し、兄の貧しい蘇民から親切にもてなされたので、恩返しにその子孫を疫病から守ろうと約束して茅の輪を腰につけさせたという話である。備後国風土記自体は残っていないが、十三世紀の『釈日本紀』にその内容の一部が紹介されていることで知れる。逸文と呼ばれるものである。

　スサノオゆかりの京都の八坂神社では、例年夏に置かれる茅の輪が、新型コロナウイルス感染症の収束を祈願して三月上旬に設置された。しかし茅の輪とコロナ退散を関連づけた記事は、記事データベースでは三月から六月まで平均十件に満たない。ちなみにコロナAND「スサノオOR蘇民将来OR茅の輪」で検索してみると**グラフ2**のようになる。合計でも六十七件である。

（2）アマビエブームと関連記事の増加

　ところがアマビエに関する記事は、記事DBで調べると、

四月以降急増している。最初の記事は、三月十日の「東京スポーツ」紙で、「妖怪のイラスト拡散でコロナ退散　SNS上で盛り上がるアマビエ祭り」という見出しになっている。

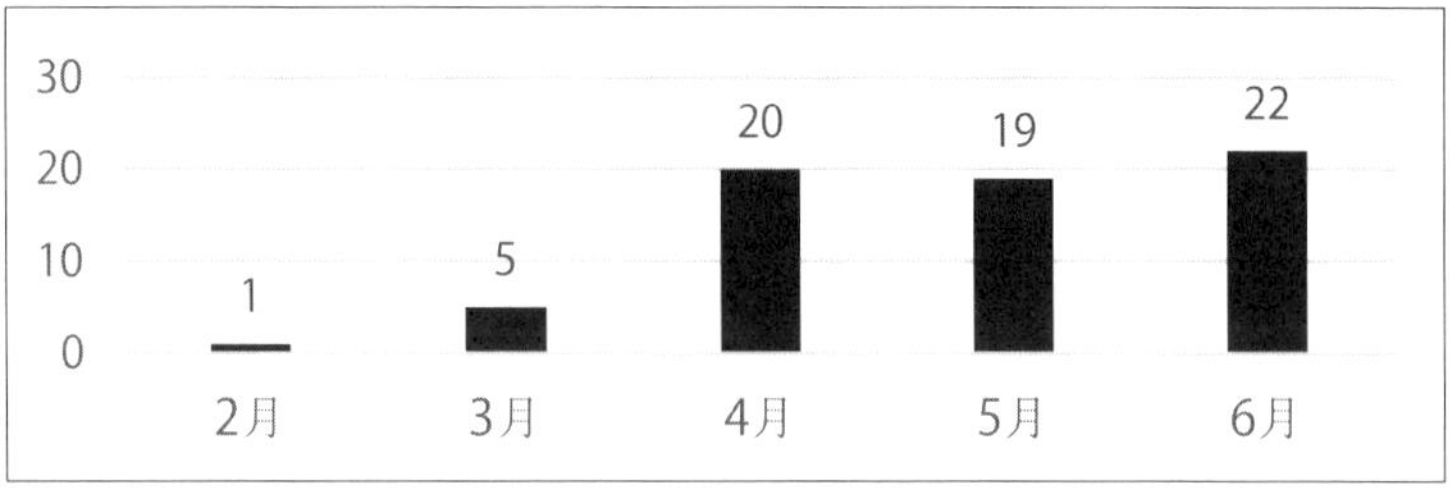

グラフ2　「コロナ＋茅の輪等」の記事

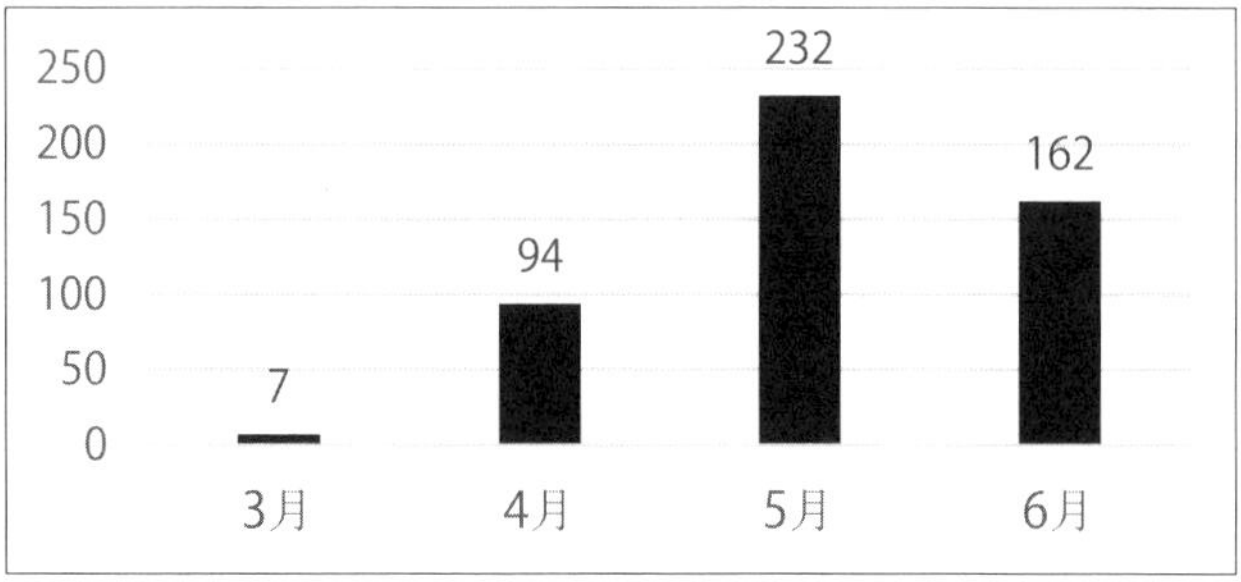

グラフ3　アマビエの記事

アマビエの説明とともに、そのイラストが載せられ、「アマビエ祭り」「アマビエチャレンジ」がツイッターなどで広がっていることを紹介している。

アマビエ関連の記事は、三月には七件であったものの、四月には九十四件、五月には二三二件とこの時期うなぎのぼりであった（**グラフ3**参照）。特に地方紙にさまざまな事例が紹介されている。アマビエ人気を寺院や神社の側が取り込む例がしばしばみられるのが特徴的である。社寺の護符、御朱印、お札として用いられたという記事がそれぞれ二十件以上ある。変わったところでは、熊本市の仏壇店がアマビエを本尊にした仏壇の開眼法要を営んだという例がある。四月二十八日に行われた法要では住職が読経し、一日も早く病気が終息するように祈願した。

（3）妖怪の商業利用

他方で、商業ベースのものはきわめて多く、さまざまに商品化されるようになった。四月十八日には「アマビエ」博多人形が登場したことを紹介する記事が出た。博多人形師で伝統工芸士が制作したとある。また酒と宗教が深い関係にある日本らしいが、酒造店が取り入れた例もある。四月二十一日の北日本新聞に、富山市の酒造会社がアマビエをモチーフにしたラベルやシールを商品に貼って終息を願うという記事がある。四月二十五日には函館市の酒店が、アマビエをデザインした鳥取県の地酒「アマビエ純米」を販売した、という函館新聞の記事もある。記事DBで「アマビエ」AND「酒」で検索すると、四月に十件、五月に十八件、六月に二十件と計四十八件ある。

菓子類への利用もさまざまになされた。横浜市の和菓子店が練り切りにアマビエの絵を刻んで販売した例が四月九日の朝日新聞に紹介されている。看護師に差し入れするとまとめて注文する人もいて、生産がおいつかないほどであったと書かれている。

コロナ退散に用いられた妖怪の類は、アマビエ以外にもある。件《クダン》、神社姫などであるが、記事数は少なく、圧倒的にアマビエである。アマビエはアマビコであったとする解説や、明治初期にもコレラ退散に用いられようとしたが、文明開化を推進する明治政府に禁じられたといった紹介も出てきて、学術的な関心をさまざまに刺激している。

ここには疫病退散になぜ妖怪か、そしてアマビエが突出したのはなぜかという問いが起こる。またアマビエが神社や寺院の祈祷に取り入れられたり、商品化されたりする現象にも関心が擁かれる。ただ、このような現象は日本の宗教史の展開からすると、さほど特異な現象とも思われない。

五、心理的安定のための文化的装置

神社や寺院における各種の祈祷やアマビエの護符や御朱印などへの利用は、気休めといえば元も子もないような話になってしまう。他方で、新型コロナウイルス感染症に対する医学的対策そのものが一貫せず、さまざまな意見が出されている。ウイルスの性格や感染しやすい状況が明らかになってきているものの、科学的対応が社会的な安心をもたらしてはいない。さらにいわゆる「アベノマスク」に代表されるように、政治主導のコロナ対策に至っては、とても科学的な判断に基づいて思えないものがある。(3) 科学的な対処法かどうかという問題と、心理的に安心がもたらされる対処法かどうかという問題は、それほど連結していないのは事実である。

(1) 宗教施設における祈願と民間の祈願

であるとするなら、日常生活においてなにがしかの安心を得る上では、文化の中に長く継承されてきた安心のための装置が求められ、活用されるという現象が生じるのはごく自然である。神社や寺院、その他の宗教施設において行われるコロナ退散の祈願も、アマビエのような民間信仰に基づく祈願も、どちらも日本の宗教文化の中に埋め込まれている。その意味で一定程度の安心をもたらす。組織的な次元で言えば、宗教施設での祈祷などの儀礼は、それぞれの宗教儀礼の一つに位置づけられる。アマビエの絵や人形などは民間信仰の話になる。あるいは宗教施設で行われれば宗教儀礼で、それらとは関係なく行われれば呪術的儀礼というふうにみなされがちである。

目に見えないものに起因する病を防いだり、病魔を退散させるために、神仏に祈願したり、特別の力を秘めている存在に頼ったりする行動は宗教なのか呪術なのか、宗教組織によるか民間信仰かといった区分を取り除いたらどうか。文化の中に埋め込まれた継承物が見いだされ利用される仕方のバリエーションとして考えた方がすっきりしそうである。

(2) 病魔退散のための文化的継承物

たとえば南日本新聞三月二十九日付の「コロナ終息願い疱瘡踊り」という記事がある。薩摩川内市のある公民館で、県指定無形民俗文化財の「疱瘡踊り」が約二十年ぶりに舞われた。江戸末期から明治にかけて疱瘡（天然痘）が流行した際、病が去るようにと女性らが祈願し踊ったのが起源とされる。こうした行為によってもたらされる心理的安心は、宗教施設でなされた祈願、あるいは誰かが配ったアマビエの護符がもたらす安心と差別化することが難しい。いずれも疫病に対する文化的対処法のバリエーションに含まれ、それゆえ自然に企画され、そして一定の評価をされたと考えられる。

新型コロナウイルス感染症は突如として世界を襲った恐怖である。この目には見えない恐怖の対象に対してなされている宗教的対処を分析していく上では、それぞれの国にどのような宗教文化が継承されているのかという視点がとりわけ重要になる。日本の宗教文化として継承されているものは、しかし日本固有のものととらえると見誤る可能性がある。宗教文化を構成している観念、行為形態などの伝播と影響は複雑で、単純な文化論できれいに整理されるようなものではない。

今回のコロナ問題における宗教的対処法についての研究は、これまで民俗学、宗教人類学、比較宗教学などが積み重ねてきた論考がまずは参照しておくべきものである。さらに一九九〇年代以降の脳神経科学の急速な展開に進化生物学、進化心理学を参照すると、新しい角度からの検討が可能になると考えている。

注

(1) 日本のモスクにおける対応は、むろん世界的動きと連動しているものであり、金曜礼拝の自粛はイスラム圏で相次いで出された。また巡礼地メッカ（マッカ）のあるサウジアラビアは、イスラム暦の第十二月に行われる巡礼（ハッジ）も規模を大幅に縮小することを、六月二十二日に政府が決めた。ハッジは太陽暦で七月下旬からであったが、二〇二〇年は海外からの巡礼者を受け入れず、サウジ居住者約一〇〇〇人に限定した。

(2) 宗教情報リサーチセンターは一九九八年に公益財団法人国際宗教研究所の業務の一環として開設された。一九九〇年代以降、とくに二十一世紀における新聞、雑誌の宗教記事以二五〇万件以上がデータベース化されている。

(3) この点ではコロナ対策で高く評価されている台湾における科学的知見に対する政治家の姿勢の違いが明白と言える。台湾の陳建仁副総統は蔡英文総統を支え、今回の問題でも中心的な役割を果たしたが、彼は米国のジョンズ・ホプキンズ大学の公衆衛生大学院で疫学に関する博士号を取得している。同大学は今回のコロナ問題に際し世界の感染状況などを逐次報告し、各国がそのデータを広く利用している。

［III　コロナ時代にみる東アジアの信仰の姿］

疫病と台湾の民間信仰

三尾裕子

みお・ゆうこ――慶應義塾大学文学部教授。専門は文化人類学、東アジア地域研究。主な著書に『グローバリゼーションズ――人類学・歴史学・地域研究の現場から』（共編著、弘文堂、二〇一二年）、『帝国日本の記憶　台湾・旧南洋群島における外来政権の重層化と脱植民地化』（共編著、慶應義塾大学出版会、二〇一六年）、論文に「植民地経験、戦争経験を「飼いならす」――日本人を神に祀る信仰を事例に」（『日本台湾学会報』十九号、二〇一六年）などがある。

台湾は、今までのところ周知の通り、政府による適切な専門家の配置と施策等により、新型コロナウイルスを非常に効果的に制御している。しかし、生活と結びついた信仰実践も人々の大きなよりどころだ。そこで本稿では、台湾人が歴史的に疫病にどう対処し、そして現在未知のウイルスとどう向き合っているのかを、民間信仰の中から探りたい。

はじめに

二〇二〇年一月二十六日、私は旧正月休みを利用して日本に遊びに来た台湾人家族とともに、両国のちゃんこ料理店で久しぶりの再会を楽しんでいた。ちょうどこの日は、大相撲一月場所の千秋楽で、国技館の前には優勝した徳勝龍のパレードの出待ちをする相撲ファンで溢れかえっていた。その頃、東京の屋形船で新型コロナウイルス感染者が出たと報じられていたものの、日本ではまだ感染症は対岸の火事のようであったし、台湾の友人たちも特段緊張した様子もなかった。まさか、その後大相撲が三月に無観客開催になったり、五月場所は中止に追い込まれたり、私たち自身も八割人との接触を控えるよう求められるようになるとは想像だにしていなかった。三月場所の初日には、日本相撲協会の八角理事長が「古来から力士の四股は邪悪なものを土の下に押し込む力があると言われてきました。」と挨拶されたにも拘らず、邪気を払うはずの「神事」が、正にそれを必要とする時期に行えない、という皮肉な事態になったのだ。

台湾でももちろん事情は同様であった。旧正月が開けると、元宵節や清明節（墓参り）の季節、そして旧暦三月二十三日（二〇二〇年は、太陽暦で四月十五日）には台湾で最も人気のある女神、媽祖の誕生日で、その前後には台湾のあちこちの寺廟で大規模な神誕祭や巡礼活動が行われるはずだった。しかし、考えてみれば、宗教活動ほど、感染を拡大させる可能性の高い活動はないともいえる。非常に大勢の信者が狭い廟の中や廟庭に集まったり隊列を組んで練り歩いたりし、また人々が祭りの中で密集して大声で掛け声をかけたり、線香や金紙（神にささげる紙銭）を燃やすことで立ち込める煙とその匂いで一種意識の変性状態になったりする。信者同士の、また親族友人との共食の機会も多い。「三密」がここになくてどこにある、というような状況である。

しかし、他方で、古来、病気の蔓延を防止する方法がわからない中で、何かしら人知を超えた存在を、別種の人知を超えた存在で成敗してほしい、そしてこの世の安寧を保証してほしいと先人たちが期待してきたのも事実である。そこで、以下では、台湾の人々が疫病とどのように向き合ってきたのかを、民間信仰の文脈の中から探っていきたい。そしてそのような文化的な基礎の上に立って今の台湾の人々が新型コロナウイルスとどう向き合っているのかを、メディアなどでの活動の記録を中心に見ていくことにしたい。

一、疫病神から疫病退治の神へ

(1) 瘟疫駆逐の習俗

中国語では、急性の伝染病のことを「瘟《おん》」「瘟疫《おんえき》」という。華南沿岸一帯、台湾などの高温多湿地帯では、古来、ペストやマラリア、コレラ等の熱帯性の伝染病がしばしば発生した。また、疫病は、「瘟神」や「疫鬼」等のいわゆるevil spiritsが祟ったものと考えられた。

康豹によれば、中国の北方では、逐疫は「儺《な》」として行われたが、中国の南方では端午節の時に行われた。端午節の時には〈王船〉を作って逐疫したが、この〈王船〉についての記録が最初に見えるのは、一一三三年の荘綽による『雞肋編』であるという。同書では、陝西省の澧州というところで、「五瘟社」というものを作り、地域の人々が、軽い木材で長さ数十丈の船を作り、人々の姓名や生年、及び行った仏事の類を書状にして船に載せて、川に浮かべたといい、その様な行事のことを、「送瘟」といったという。[1] また、明代の『五雑組』には、閩（福建）地方では、瘟疫が流行すると、「邪神」を招いて朝夕礼拝し、運良く治れば、またシャーマンを呼んで法事を行い、紙製の船を作ってこれを水に流したという。[2]

図1　馬鳴山鎮安宮。醮の儀礼の際の外観（1998年12月、筆者撮影）

　福建省を中心とする華南沿海部から台湾への漢民族の移住が盛んになったのは、十七世紀以降である。人の移動が伝染病の移動でもあることは古今東西一緒で、台湾にも「瘟疫」が持ち込まれ、またそれを駆逐する宗教信仰も渡ってきた。清代の余文儀『続修台湾府志』（巻十三風俗一）には、「送瘟」の様子が記述されている。それによれば、三年に一度、コミュニティでお金を集めて船を作り、道士を招いて醮《しょう》という道教儀礼をおこない、儀礼の最後には、「瘟王」を船に乗せ、財宝などと共に船を水に流したという。こうした儀礼のやり方は現在の台湾の「王爺《おうや》」廟において行われる儀礼などとよく似ている。[3]

（2）五年王爺と瘟王

　台湾西部の雲林県にある馬鳴山鎮安宮（**図1**）は十二尊の王爺像を主神として祀っている。これらの王爺は、「十二王爺」と呼ばれるが、足掛け五年に一度雲林県から嘉義県・市にまたがる二六〇以上の村落などが参加する大規模な祭りがおこなわれることから「五年王爺」「五年王」「五年千歳」等とも呼ばれる。『道蔵』の中の「法海遺珠」には、十二瘟王の姓名と呪符が第一から第十二という番号がついて掲載されている。[4] 一方鎮安宮で発行している沿革誌に載っている十二尊の王爺の場合には、姓はあるが名は明らかにされていない。また、神々は十二支に基づく当番年が付されている。そして両者の姓を比べてみると（**表1**）、並び方の順番には違いがあるものの、十二尊のうち十尊の姓は共通して見られる。このことから、道教の文脈では、十二王爺は、もとは瘟王であった可能性が考えられる。

　また、日本統治時代の一九一八年十二月七日の『台湾日日新報』漢文欄には、馬鳴山の王爺は、豚疫が流行するたびに勧請すると、守ってくれるので、必ず犠牲獣を屠って神に感謝したとある。瘟疫は、人間だけではなく、人々にとって大事な飼育している家畜にとっても脅威で、王爺はこれらも守護しているわけだ。また、この年はちょうど大きな祭の年で、その様子も記述されている。即ち、旧暦十月九日から、馬鳴山近郊の村々が相前後して祭を行っていることや、十八日から は鎮安宮で道場が設けられ、醮が行われること、二十日の夜に祭事が終わり、一隻の竹筏を作り、米の袋を載せ、海岸に放して流したこと、そしてそれを送神ということなどである。同紙は、台湾の人々の信心が大変に厚いことを強調して、記事を結んでいる。

表1　法海遺珠の十二瘟王と鎮安宮の十二王爺

『法海遺珠』		『馬鳴山鎮安宮沿革誌』（馬鳴山鎮安宮管理委員会、1970より）	
符の番号	姓名	値年歳科	監科主神
第一	張全	子年	張千歳
第二	余友	丑年	徐千歳
第三	侯彪	寅年	侯千歳
第四	耿通	卯年	耿千歳
第五	薛温	辰年	呉千歳
第六	呉文	巳年	何千歳
第七	趙玉	午年	薛千歳
第八	何冲	未年	封千歳
第九	封立	申年	趙千歳
第十	盧徳	酉年	譚千歳
第十一	羅大文	戌年	盧千歳
第十二	何仲	亥年	羅千歳

（3）瘟疫防御の神から万能神へ

この記述で一点注目したいのは、王爺は果たして瘟王そのものなのか、である。道教の文脈で現れる十二瘟王と五年王爺が近似しているとなると瘟王と王爺は同一ともとれるが、他方で、疫病をもたらす霊魂は、船に乗せて流される。つまり、瘟王は、いつのころからか駆逐されるべき邪悪な霊魂から駆逐する神に変容しているように見えるのである。

漢民族の民間信仰の世界観については、欧米の人類学者による一九六〇年代ころからの研究によって、「神」、「鬼」、「祖先」という三種の霊魂によって構成されていることが明らかにされてきた。しかし興味深いのは、これらの分類は決して固定的なものではなく、個々の霊魂の性格は動態的に変化するとも分析されてきた。王爺はまさにその好例で、人々に祟りを及ぼす邪悪な疫病神であった鬼（邪鬼）が、人々から手厚く祭祀を受け続けることによっていつしか疫病を駆逐する神になったのである。鎮安宮の五年王爺にしても、今日の信者たちにとっては、疫病との関連は殆ど語られることはない。彼らにとっては、五年王爺は強力な超自然的な力で信者の様々な願いに応える万能神なのである。

二、「日本王爺」

(1)鬼から神へ

王爺という神は実に複雑な存在である。台湾では、非常にポピュラーな神で、日本時代から、主神として祀られている寺廟数の統計で、常に女神として有名な媽祖などと競って一位、或いは二位を占めてきた。しかし、その素性は一言ではまとめ切れない。媽祖といえば、大抵の寺廟での起源伝承は、福建省甫田県出身の林黙娘が昇天して神になったという点で共通する。台湾の媽祖廟の間で勢力争いがないとは言えないものの、媽祖のおおもとの祖廟は福建省の湄州にあると認識している寺廟が多いなど、ある程度、スタンダード化された認識が共有されている。

ところが、王爺には、湄州の媽祖廟に相当するような多くの廟が祖廟であると認める本山はない。また、王爺の種類は十二種類どころか、数えきれないくらいあり、それぞれの王爺の起源伝承も様々である。瘟疫と関係するという伝承はその中の一部でしかない。そして、多くの伝承にダークな部分がある。皇帝が法術使いの法力を信じず、試しに科挙の最高ランクの試験に合格した進士を相手に使わせてみたところ、本当に法力で殺されてしまって、皇帝に恨みつらみを訴えたとか、明の復興を果たせずに亡くなった鄭成功であるとかである。また、この世に恨みを持って亡くなった厲鬼《れいき》で、放っておくと人々に祟りを及ぼしかねない霊魂である場合も多い。漢民族の人々の観念では、自宅で病死などの天寿を全うした死に方をしなかった人や、祀るべき子孫を持たずに亡くなった人などの霊魂は、死後この世に何らかの恨みや心残りを残す故に、鬼となって祟る可能性があると恐れられる。つまり、王爺と称される神は、元をたどれば鬼にくくられる範疇に属する霊魂なのである。

(2)自殺した巡査

このようなダークサイドを持つ霊魂は、一方でその祟りの力が強いだけに、これを畏れて丁重にもてなし、拝み続けることでその力がプラスなものに転換しうるという点が興味深い。その一例として、日本統治時代に、日本人が王爺になった事例を紹介したい。彼の生涯については、特にその最期に関わる原因や死因などについて諸説あるようだが、ここではとりあえず、彼を祀っている嘉義県東石郷副瀬村の富安宮で筆者が入手した王振榮の記述に従っておこう。(5)

その人は、森川清治郎という警察官である。森川は、一八六一年生まれで、一八九七年に渡台し、巡査として勤務を始めた。彼が最後に赴任した副瀬村は、半農半漁で暮らす貧しい村であり、治安も医療も教育も行き届いていなかった。当時の台湾の警察官は、現在の私たちが派出所のおまわりさんから想像する役目を大きく超えて、公衆衛生管理、水利土木や農業などの技術指導に関わるなど、管轄地域の住民の生活のあらゆることを指導監督していた。森川も、熱心に農業指導をしたり、病気の村人に薬を与えたり、子供たちに読み書きを教えたりしていたという。

　ところが、一九〇二年に税制の改定があり、漁業税として沿岸で漁を行う小さな竹筏にも税が課されることになったという。徴税も警察官の職務であったため、森川は村人から税を取り立てねばならなかったが、支払い能力のない村民たちから税の軽減を懇願された。森川は、村民の生活状況を精査したうえで、上級役所に税の軽減を上申したが、逆に彼は村人を先導して納税拒否をさせていると誤解され、戒告処分を受けた。自らの職務と村人との間で板挟みになった森川は、処分を受けた二日後、ピストル自殺したという。ポケットには遺書のメモ書きもあった。翌日村民たちによって葬儀が行われ、遺体は村の廟の東南にあった公共墓地に葬られた。

図2　日本の子孫から贈られたものとされる義愛公神像（2015年3月、筆者撮影）

（3）義愛公

　ここまでであれば、日本時代にも、植民者といえども被支配者の側に立って彼らの生活改善に力を尽くした日本人がいた、ということで話は終わるのだが、問題はここからだ。彼の死後二十一年経った一九二三年二月、なんと彼は再び村民たちの前に姿を現した。事の次第はこうだ。当時、副瀬村に隣接するある村で感染症の脳炎が発生し、人々を震え上がらせていた。すると二月七日夜半に副瀬村の保正（警察の下部組織で行政の補助機能も持った「保」の長）李九の夢枕に警察の制服制帽を着用した森川が現れ、隣村には悪疫が流行っているが、村の環境衛生と各家の飲食の衛生に注意すれば、平穏無事だろうと告げたという。目の覚めた李九が急いで森川のお告げを村民に告げたところ「村人は、民を愛する森川清治郎が死してなお寄せる関愛の情に感じ、互いに戒め合い伝染の難を免れた。」という。森川の顕現に感激した村人は、その後協議の上名工に依頼して警察の制服制帽を着用した座像を作り、義愛公と命名して、村の富安宮に五府王爺と共に奉安し、村の守護神としたのである。

以上の伝承からは、彼が非業の死を遂げたこと、死後二十年程を経て顕霊して疫病から村人を守ったことなど、森川と王爺が結びついてもおかしくない条件があったことが読み取れる。そして、実際彼は、日本王爺あるいは義愛公王爺という別称でも認識されるようになった。(6)

三、新型コロナウイルスと台湾の民間信仰

以上の基層的な信仰観念を踏まえ、そろそろ二〇二〇年の台湾の民間信仰が新型コロナウイルスとどう付き合っているのかについて考えてみたい。

(1) 巡礼の延期

新聞報道などでも知られているように、台湾政府は今回の新型コロナウイルスに対しては、世界にいち早く警告を発し、対策を迅速に打ち出している。台湾のある報道関係サイトが時系列的にまとめた記録(7)によれば、昨年の大みそかにはすでに武漢から台湾に入ってくる直行便十二機に対して検疫を始めた。台湾での初めての発症患者の報告は一月二十一日、一月末には、市中でマスクを求めて人々が長蛇の列をなす光景が見られるようになったため、政府はマスクの供給を管理したり、スマホでの濃厚接触者や武漢渡航歴のある人のトレースなどのシステムを開発したりしている。二月十日には、大陸との間の海運や航空路線などを全面ストップさせた。

国レベルでの様々な対策が打たれていく中で、宗教的な活動は次第に行いにくくなっていった。例えば、苗栗県にある白沙屯拱天宮は、毎年媽祖の生誕日のころに、雲林県北港の朝天宮まで一五〇キロほどの道のりを歩いて巡礼する行事を百五十年余り続けてきたという。二〇二〇年は、媽祖の託宣で、もともとは三月二十四日から四月一日の日程で巡礼を行う予定であった。しかし、巡礼活動が感染拡大を招くのではないかという専門家の指摘が出るようになった。それに対して、廟の管理委員会は、宗教活動は政府が禁止しない限り廟や信者の自主性が重視されるべきであるといった主張をしていたようだ。(8)しかし、政府や中央流行疫情指揮中心(Central Epidemic Command Center、以下、CECC)が大規模な廟の祭典を延期すべきであるとの方針を示したため、二月二十七日に廟の管理員会は、感染症の流行状況に鑑み、科学と伝統の間の兼ね合いを考慮して巡礼活動を延期することとした。(9)また嘉義県の新港への巡礼を毎年行っている大甲鎮瀾宮も、同日

に政府の感染症流行防止対策に協力して、巡礼を延期することを発表した。[10] 大甲鎮瀾宮や白沙屯拱天宮のような有名な廟の巡礼の暫時中止は、台湾の庶民にとっては相当インパクトの大きなことであっただろうと推測される。

（2）防疫祈願

　しかし、新型コロナウイルスの感染拡大によって、台湾の全ての民間信仰の活動がストップしてしまったわけではない。

図3　大甲鎮瀾宮の媽祖の新港奉天宮への巡礼。巡礼路を歩く信者たちと迎えてぬかづく地元民（2012年3月、筆者撮影）

まだそれほど感染者が多くはなかったころには、感染拡大防止を祈願するような活動が見られた。

　例えば、台北にある媽祖廟として有名な松山慈祐宮では、二月十八日から二十日の間に、「護《ご》国《こく》禳《じょう》瘟《おん》清《せい》醮《しょう》法《ほう》会《え》」が行われた。この道教儀礼は、「禳瘟清醮」とあることから、瘟疫を駆逐する科儀（儀礼）が含まれていた。[11] 慈祐宮のFacebookの二月六日掲載の行事のポスターによれば、この法会には、彰化南瑶宮、鹿港天后宮、新港奉天宮、北港朝天宮、西螺復興宮、大甲鎮瀾宮の六か所の廟の媽祖が招かれて醮に参加している。また、柯文哲台北市長が主祭官となっていた。更に、蔡英文総統も慈祐宮に赴き拝礼し、また短いスピーチもしている。[12] 台湾では、日本と異なり、政治家が民間信仰の廟の祭典に出席することはごく普通にあり、しばしば選挙の集票などにみられるような寺廟と政治の結びつきが取りざたされることもある。ともあれ、蔡総統は、スピーチでは、新型コロナウイルスの流行という未曽有の事態に対して、民間信仰が人心の安定に貢献していることを述べ、また政府の施策も疫病の克服に努力していることなどをあげながら、台湾の国民が団結してこの難局を克服していくことを呼び掛けた。

（3）東隆宮「三朝禳災掃除瘟疫護國佑民大法會」

　台湾南部の屏東県でも、県政府の呼びかけで、様々な民間信仰の廟や仏教、キリスト教などの宗教団体が、次々に大規模な祭典やイベントを中止した。その中で祭礼を挙行した数少ない廟が、東港にある東隆宮である。東隆宮は、台湾での感染者数が徐々に増え始める直前の三月十日から十二日に、「三朝禳災掃除瘟疫護國佑民大法會」を挙行した。[13]

東隆宮は十八世紀初めに建立された台湾でも有名な王爺廟で、奉祀している主神は、温姓の王爺（温王爺、あるいは温府千歳）である。また、最も有名なのは、三年に一度行われる「迎王」という祭典だ。東隆宮董事長によれば、迎王祭典の核心的な精神は天に代わってこの世を巡視する千歳爺を招聘して地域のために瘟疫を抑え込むことにあるのであって、新型コロナウイルスに関しても同様の精神から温王爺にお願いして疫病退散と国家と国民の平安を祈願してもらうことが目的であると説明している。[14] この記述から見えるのは、東隆宮の温王爺が、昔からの瘟疫駆逐の習俗に倣って、千歳爺を招請して疫病退散儀礼を主導する姿である。

四、疫病防御と共に歩む民間信仰の姿

(1) 民間信仰活動の再開

台湾では、一時期大規模な宗教行事の自粛が相次いだ。しかし、個人的な参拝までが自粛の対象になったわけではないようだ。四月十日にCECCは、寺廟の敷地内での人々の参拝の導線を単一なものとし、参拝人数を制限するなど、感染リスクを低減しつつ参拝を行う方法を提示している。[15]

幸いなことに、台湾ではウイルスの蔓延を、世界の中でも効果的にコントロールしたように見える。統計によれば、二月末までの台湾域内で発生した陽性者の数は四十一名、三月末で三二二名だったが、四月末には四二九名、七月十九日時点で四五八名と四月下旬ころからはかなり感染を抑え込んでいる。増加している陽性者の多くは、台湾域外からの帰国者などで、国内での二次感染、三次感染はほぼ見られない。[16]

このような感染の抑え込みの成果もあり、前述した拱天宮では、参拝方法の制限を六月十四日から解除し、週末の廟での食事の提供や「改補運」などの祈願儀礼も解禁にした。[17] また、延期していた巡礼は、七月五日から十三日の日程で行われることになった。[18] 大甲鎮瀾宮も、参加する各巡礼団体の人数を絞り、マスク着用などの感染拡大防止対策を示したうえで、六月十一日夜から二十日までの行程で、延期していた巡礼を行うこととした。[19]

(2) 疫病対策と民間信仰の折り合い

台湾がこれまで新型コロナ対策に成功しているように見えることには、様々な賞賛の声が上がっている。その要因に

は、政府が科学的な根拠をもって感染症対策を打ち出してきたことや、また日々の感染者の数字や動向を明らかにするCECCの指揮官の存在であるとか、マスク供給システムを三日で作り上げたことで有名になったIT大臣の存在、またそういった適材を適所に配した総統のリーダーシップなどが挙げられる。また、日本と違って十七年前のSARSの流行で多数の死者を出したことや、中国との関係からWHOに排除されたことなどは、国民の間に危機意識が根付き政府の防疫体制の整備などにつながったこともよく指摘される。中国との差異化を常に意識せざるを得ない台湾の人々にとって、個人の権利が多少制限されたとしても透明性を確保しつつ感染制御がなされ、またその力があることを国際社会に示せたことの意味も大きいだろう。その意味で、現在の台湾の人々にとって、総統の支持率が高かった時期に感染症が流行し、その支持率の期待にたがわない施策を打ち出した政府への信頼は高いものであったと思われる。今回、宗教信仰活動の制限に関しても、様々な議論、異論がありつつも、最終的に廟の側が政府の方針に協力したことなどもその証左だと言えよう。

しかし、筆者には、台湾社会が歴史的に疫病の災禍に繰り返し見舞われる歴史を経験してきたこと、それに対して民間信仰が人々の心の安定に寄与してきたことも大きな要因としてあげることができるように思われる。既に述べたように、台湾に移住してきた漢民族は移住以前も以後も、しばしば感染症に悩まされ、疫病駆逐、あるいは疫病から人々を守ることを祈願する宗教儀礼をおこなってきた。日本が台湾を統治した時代も、ペスト、コレラ、天然痘、チフス、流行性脳脊髄膜炎、ジフテリア、マラリアなどの感染症は、総督府にとって対処すべき重要な公衆衛生上の問題であった。[20]近年でも、SARSが流行してから以降に限っても、二〇〇九年の新型インフルエンザ[21]、二〇一五年のデング熱[22]などを経験している。こうした中で、台湾の民衆の生活の一部となっている民間信仰の廟が、疫病の駆逐や予防に対する人心の安定に果たしている役割は、私たちの想像をはるかに超えているように思われる。確かに民間信仰の活動は、所謂「三密」を免れ得ない。それゆえに、一見すると、科学的な知見に従うことや、政府が発動する国民の自由行動の制限と、伝統的な信仰活動の継続とは、並び立たないように見える。しかし、科学の知見が未だ確立せず、また（今回は幸運にも異なるが）場合によっては庶民にはどうにもすることができない政治の暴力といった制御できないファクターの中で、私には人々の生活の安寧をもたらしてくれる神々の恩沢は、欠くべからざるものであるように思えてならないのだ。

注

(1) 康豹『台湾的王爺信仰』(商鼎文化出版社、一九九七年)七頁。

(2) 伊能嘉矩『台湾文化誌』全三巻(刀江書院、一九六五年、初版は一九二八年)四五三頁。

(3) 前島信次「台湾の瘟疫神、王爺と送瘟の風習に就いて」(『民族学研究』四巻四号、一九三八年)四八―四九頁。

(4) 『法海遺珠』(『道蔵』第二十六巻、文物出版社・上海書店・天津古籍出版社、一九九二年)。

(5) 王振榮『義愛公伝　時空を超えて息づく森川清治郎』(台北:三友図書有限公司、二〇〇七年)。

(6) 李明仁「副瀨的日本王爺義愛公――森川清治郎」(『臺灣學通訊』二〇一五年)二六―二七頁。

(7) 報導者「武漢肺炎大事記:從全球到台湾、疫情如何発展?」https://www.twreporter.org/a/2019-ncov-epidemic(二〇二〇年七月二十五日最終閲覧)。

(8) 上下游「白沙屯拱天宮也堅持媽祖遶境、民俗專家:不該把責任推給神明、應交由公衛防疫專家決定」(二〇二〇年二月二十五日)https://www.newsmarket.com.tw/blog/130223/(二〇二〇年七月二十六日最終閲覧)。

(9) 「白沙屯媽祖進香「暫緩、延期」　拱天宮:請媽祖另行擇日舉辦」「上報」二〇(二〇年二月二十七日)https://www.upmedia.mg/news_info.php?SerialNo=82191(二〇二〇年七月二十五日最終閲覧)。

(10) 「【快訊】 鎮瀾宮大轉彎　上午10時宣布:延期舉辦大甲媽祖遶境活動」(「上報」二〇二〇年二月二十七日)https://www.upmedia.mg/news_info.php?SerialNo=82190(二〇二〇年七月二十五日最終閲覧)。

(11) 松山慈祐宮Facebook https://www.facebook.com/SSJYG/?ref=page_internal(二〇二〇年七月二十七日最終閲覧)。

(12) 「總統出席「松山慈祐宮護國禳瘟清醮法會」」https://www.youtube.com/watch?v=rSXDOj6ax_0(二〇二〇年七月二十七日最終閲覧)、「祈福台灣 總統出席護國禳瘟清醮法會」(中華電視、二〇二〇年二月二十日)https://news.cts.com.tw/cts/politics/202002/202002201991168.html?fbclid=IwAR2fw3CvJZqppM-DyTEkHK457hiQwDTf84T0iFlkRvQg_PH4EHKrrtDN4Zk(二〇二〇年七月二十七日最終閲覧)。

(13) 「面對武漢肺炎疫情 屏東各宗教團體齊力防疫」(屏東県政府、二〇二〇年三月二日)https://www.pthg.gov.tw/News_Content.aspx?n=EC690F93E81FF22D&sms=90586F8A7E5F4397&s=9F6DEEE76B7AD746(二〇二〇年七月二十五日最終閲覧)。

(14) 「屏東東港朝隆宮遶境延期 東隆宮辦除疫消災大法會」(「聯合報」二〇二〇年二月二十八日)https://udn.com/news/story/7327/4377673(二〇二〇年七月二十七日最終閲覧)。

(15) 「武漢肺炎大事記:從全球到台湾、疫情如何発展?」(「報導者」) https://www.twreporter.org/a/2019-ncov-epidemic(二〇二〇年七月二十五日最終閲覧)。

(16) 同前。

(17) 「白沙屯拱天宮恢復自由參拜 進香活動仍待解禁」(「聯合報」二〇二〇年六月二日)https://udn.com/news/story/120940/4608324(二〇二〇年七月二十七日最終閲覧)。

(18) 「白沙屯解封進香/出發!媽祖三聖筊給答案　進香日程確認」(保庇Now)https://bobee.nownews.com/20200616-38283(二〇二〇年七月二十六日最終閲覧)。

(19) 「最新!鎮瀾宮宣布2020庚子年大甲媽祖遶境國曆6月11日深夜起駕!」(欣傳媒、二〇二〇年六月八日)https://solomo.

xinmedia.com/31/1472942020DajiaMatsuPilgrimageProcession（二〇二〇年七月二十六日最終閲覧）。
(20) 張秀蓉編註『日治臺灣醫療公衛五十年（修訂版）』（台北：國立臺灣大學出版中心、二〇一五年）。
(21) 「大流行期に突入」（Y's Consulting group、二〇〇九年八月二十五日）https://www.ys-consulting.com.tw/news/17485.html（二〇二〇年七月二十六日最終閲覧）。
(22) 「台南登革熱 突破1萬8000例」（中央通訊社、二〇一五年十月七日）https://www.cna.com.tw/news/ahel/201510070038.aspx（二〇二〇年七月二十六日最終閲覧）。

感染症のパンデミックと分断の可視化
——コロナテスト中の韓国社会と宗教を問う

李　賢京

COVID-19のパンデミックは、韓国内における差別や嫌悪、偏見の様相を浮き彫りにした。韓国社会ではかつて無い広範囲かつ大規模な断層が生み出されている。その分断を超克する役割を担うべき宗教・宗教者だが、コロナ禍の韓国において宗教・宗教者は頼りにされなかった。本稿では「新天地騒動」と「梨泰院クラブ騒動」に焦点を当て、韓国社会の分断と宗教の社会的意味・役割について検討する。

い・ひょんぎょん——東海大学文学部講師。専門分野は宗教社会学。主な論文に「宗教は韓国人を幸せにするのか——『セウォル号沈没事故』を手がかりに」（櫻井義秀編著『しあわせの宗教学——ウェルビーイング研究の視座から』法藏館、二〇一八年）、「韓国人ニューカマーとキリスト教会の変容——多文化共生の拠点へ」（堀江宗正責任編集『現代日本の宗教事情　国内編I　いま宗教に向きあう第1巻』岩波書店、二〇一八年）などがある。

はじめに

この原稿を執筆している最中の二〇二〇年七月三日、新型コロナウイルス感染症（COVID-19）の感染者数が世界で一〇〇〇万人を突破した。世界中に感染が急拡大しており、終息の見通しが立たない。日本では、入国制限の緩和や経済対策の一環としてGo Toキャンペーンなどを実施しているが、緊急事態宣言解除以降、東京では一日の新規感染者が四〇〇人を超え、過去最多を記録するなど、落ち着かない状況が続いている。コロナ禍において、日本では疫病よけの妖怪「アマビエ」が一躍注目されるようになったが、韓国でも妖怪「トケビ」[1]のマスクが流行するなど、信仰ともいえない民俗現象に、人びとのコロナ撃退の祈願が込められているといえよう。では、コロナ禍の危機的状況において、組織的宗教（宗教団体）は、どのように対応していたのか。本稿では、これまで宗教団体の社会的影響が比較的に高いとされてきた韓国の状況から、探り入れてみたい。

一、COVID-19感染拡大と韓国における「〇〇フォビア」の拡散

韓国では二〇二〇年一月二十日、COVID-19初感染者が確認されて以来、全国に感染が拡大し、二〇二〇年八月三日現在、累計感染者数一万四三八九人、死亡者数三〇一人と報告されている。(2) 世界保健機関(WHO)によると、世界で検出された新型コロナウイルスはS型、V型、G型の三つの類遺伝子型で分類され、このうちG型はG型、GH型、GR型に細分化され、L型とその他を加え、計七グループに分けられる。このうち韓国では主に、S型、V型、GH型の三種類のウイルスが検出されている。

韓国内初感染者が中国武漢から帰国した中国人であったこともあり、中国からの帰国者に多く検出されたS型に対して、ウイルスには国籍はないはずだが、「武漢型」もしくは「中国型」と呼ぶようになり、韓国では「反中」を越え、「嫌中」が拡大していった。(3) しかしその後、韓国第四の都市である大邱《テグ》にて、新天地という宗教団体が開催した集会でクラスターが発生し、この地域で多く検出されたV型に対して「新天地型」と命名し、「新天地バッシング」が広まった。これ以降、徹底的な感染対策で終息が見え始めていた頃、在韓米軍および米国からの帰国者が多く集まるソウルの梨泰院《イテウォン》にてクラスターが発生し、首都圏を中心に市中感染が拡大した。これら地域で多く検出されたGH型を「梨泰院型」と呼ぶようになった。さらに、梨泰院でクラスターが発生したナイトクラブに、性的マイノリティが多く訪れていたことが報道されてから、彼・彼女らへの差別や嫌悪が韓国中に一気に広まった。

このように、韓国国内ではあえてS型を「武漢型」もしくは「中国型」、V型を「新天地型」、GH型を「梨泰院型」という名称で、差別や嫌悪と関連付けて呼ぶようになっており、COVID-19の拡大は、韓国内における差別の様相を浮き彫りにした。この点が、二〇〇三年のサーズ(SARS)や二〇〇九年の新型インフルエンザ(H1N1)、そして二〇一五年のマーズ(MERS)などの感染症が韓国内で流行した時と比べ、大きく異なっている点である。今日、韓国社会では、コロナ禍の責任を問う「悪者(scapegoat)探し＝〇〇フォビア」が公然と蔓延し、かつて無い広範囲かつ大規模な「社会断層」が生み出されつつある。

二、「新天地騒動」にみる社会的弱者の救済と分断

新天地の正式教団名は「新天地イエス教証しの幕屋聖殿」で、総会長の李萬熙《イ・マンヒ》が一九八四年に設立したプロテスタント系団体であり、一九六六年に設立された「幕屋聖殿」（代表ユ・ジェヨル）の系統を継いでいる。本部は、首都圏の京畿道果川《キョンギドクァチョン》にある。全国にある教会と付属機関はおよそ一〇〇カ所、信者数は約二一万人で、信者は高学歴で低所得者層が多いとされている。[4] 布教に際して、正体隠しの布教方法を用いて、既成キリスト教会の信者を引き抜きする「チュスクン（刈り入れ屋）」の派遣や、「山移し（教会を丸ごと乗っ取る手法）」で知られている。このため、主要キリスト教団では、新天地を異端と規定し、「新天地立ち入り禁止」の標識を教会の入り口に立て、信者たちに「新天地警戒」を促すなど、対策を講じてきた。

韓国では二〇二〇年二月十八日までCOVID-19感染者数が三一名に留まっていたが、この日、新天地によってターニングポイントを迎えた。新天地大邱教会の信者である「三一番目」の感染者が訪れた同教会の集会でクラスターが発生したのである。同月二十九日、大邱市の累計感染者数二〇五五人のうち一三五六人（六六パーセント）が新天地大邱教会関係者で、韓国全体の累計感染者数二九三一人のうち一五五七人（五三・一パーセント）が新天地の信者やその関係者であることが明らかになった。[5] 韓国政府は「新天地の集団感染以前と以後は全く状況が違う」と述べ、警戒レベルを四段階（関心・注意・警戒・深刻）の最高レベルの「深刻」に引き上げた。[6] これ以降、韓国ではCOVID-19拡散の主犯が新天地であるとの認識が広がり、「新天地バッシング」が一気に広がった。

さらに、国民が政府に対する要望や苦情などを書き込む大統領府青瓦台のサイト「国民請願掲示板」には、当初の「中国人入国禁止」に加え、「新天地解体」を求める内容の書き込みが投稿され、大勢の国民の支持を得た。[7] COVID-19拡散の責任が、中国、そして新天地にあるとする韓国人が多く、彼らへの不満や怒りが露骨に表れていることが見て取れる。こうした韓国人の不満や怒りは、世論調査でも確認できる。[8] 感染拡大が本格化する前（一月末）と後（二月末）にそれぞれ行った「COVID-19関連ニュースに接した時の感情」を尋ねる調査において、「不安」と回答した人は、六〇・二パーセントから四八・八パーセントに減少していることに対し、「怒り」と答えた人は、六・八パーセントから二一・六パーセントへと約三倍以上増えている。一方、二月二十八

日から三月二日にわたって全国一〇〇〇人を対象に行った「COVID-19拡散の責任」に関する調査では、「公共意識の不足した市民社会（例：新天地）」と回答した人が最も多く（四六パーセント）、新天地の責任を問う項目においては、「新天地がなかったら、コロナは爆発的に拡散しなかっただろう」（七五パーセント）が最も多く占めていた。このように、感染拡大が本格化した二月以降、「不安」から「怒り」へと感情が変化し、その怒りの矛先に「新天地」があることが見受けられる。

世論の怒りが収まらない中、中央防疫対策本部（疾病管理本部）は「新天地の大邱教会閉鎖よりもさらに強い対策が必要」とし、新天地に対して全国信者名簿の提出を要求した。だが、個人情報保護を理由に新天地側が拒否し、批判世論がより広まっていった。結局、政府に名簿を提出し、全国十七自治体において新天地信者約二十万名を対象とする大規模PCR検査が実施された(9)。しかし、提出した信者名簿の改ざんなどが発覚し、防疫妨害（感染病予防法違反）で全国関連施設の家宅捜索を実施、信者名簿の改ざんを指示した幹部ら二名が拘束され、李総会長はメディアの前で土下座して謝罪するという事態となった。さらに、大邱市は新天地信者を対象と

図1　「新天地」のソウル所在教会で防疫処置を行う防疫会社の職員（2020年2月21日　Ⓒ民衆の声）

図2　記者会見を開いた「新天地」の李萬熙総会長（2020年3月2日　Ⓒ民衆の声）

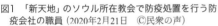

した大規模検査や隔離措置、入院治療、自宅隔離者への生活支援などで莫大な費用が発生したとし、被害総額の約一四六〇億ウォンのうち一〇〇〇億ウォンを新天地に請求した。[10] 八月一日には、感染病予防法違反および特定経済犯罪加重処罰法違反（教会資金横領）などの疑いで李総会長が逮捕された。[11]

以上の新天地騒動にみる「異端バッシング」の先頭に立つのは、韓国のキリスト教会である。主流派キリスト教会とは異なる教義を持ち、「刈り入れ屋」によって多くの信徒が引き抜かれ、「山移し」布教方法によって中小の教会が丸ごと乗っ取られるなどの理由から、キリスト教会は、今回の騒動以前から新天地に対する批判や警戒をしてきた。韓国では新天地騒動以降、キリスト教会に対する「礼拝自粛」の圧力が強くなり、各宗教団体も宗教活動の「自粛」を余儀なくされた。その発端となったのが新天地だという認識からも、バッシングが展開された。韓国のキリスト教系新聞の『国民日報』と『Christian Today』の記事において、以上の様子が確認できる。そこでは、単なる新天地批判[12]だけではなく、対面集会開催時の徹底した感染対策を実施し「異端である新天地とは異なる」といった内容により、新天地をスケープゴート化している様子が確認できる。

ところが、「礼拝自粛」の中、対面礼拝を続行した主流派教会において感染者が相次いで発生し、キリスト教界や宗教界全体に世論の不満や怒りが拡大していった。とりわけ、対面礼拝の強行や牧師らが感染拡大に影響を与えたことから、「感染拡大防止に協力するどころか、むしろ教会が感染源になった」との批判が集中し、主流派教会と新天地とを同一視する世論も生み出された。これを受け、プロテスタント教会では、集会の自粛や、関連施設の運用中止、ボランティア活動などを中止した。[13] カトリックも二三六年の歴史上初めて全国一六教区すべてにおいてミサを中止し、[14] 曹渓宗《チョゲジョン》をはじめとする仏教宗団も全国寺刹での法会中止、関連行事を延期にした。[15] このように、韓国の宗教界では、宗教集会の延期や中止をはじめ、宗教関連施設の徹底した感染対策の実施、ネット配信に力を入れるなど、新天地騒動に始まった宗教に対する世論の不満や怒りを抑えるために余念がなかった。[16]

結果として新天地は、韓国の集団感染に一役買ってしまい、感染症に対する無知を露呈してしまったことで非難されることとなった。ただし、新天地の信者たちは国家が定めた法を犯すようなテロリスト的集団ではなく、信教の自由に基づき、与えられた権利内で行える集会を開催していたにすぎない。[17] むしろ新天地騒動をめぐっては、韓国の既成宗教が社会的弱者への無関心から起こった問題として捉えることもできる。

新天地の信者のなかに、低所得層、高学歴、若年層の入信が多いことは先に述べたとおりだが、彼らが韓国社会や既成宗教を通しては満たされなかったことを新天地への入信を通して願っており、新天地が彼らのニーズに応えていたことは容易に想像のつくことであろう。(18)既成宗教は新天地バッシングを通して分断を掘り下げるばかりで、その裏面に潜んでいる社会問題に気づこうとしなかった。また、韓国社会・韓国人も「対岸の火事」として、新天地騒動を「特殊な事例（反社会的集団のテロ事件）」に留めようとし、当事者意識をもって関わろうとする姿勢は見当たらなかった。今回の新天地騒動をきっかけに、もともと根を持っていた分断が、露わになったものといえる。

三、「梨泰院クラブ騒動」にみる性的マイノリティと分断

新天地騒動以降、韓国政府は大規模検査と感染経路の徹底調査など、迅速な措置をとることによって、一日あたりの全国新規感染者数を一桁（十人未満）に抑えるまでに至った。パンデミック以前の日常生活に戻れるという期待感が高まる中、二〇二〇年五月上旬、ソウル梨泰院のナイトクラブでクラスターが発生した。これ以降、一日の新規感染者数が激増し、市中感染が全国で確認された。

梨泰院は、もともと米軍基地が近くにあったため、米軍をはじめとする欧米の外国人を相手にする店が多く、性的マイノリティが集う店なども多い。クラスターが発生した梨泰院のナイトクラブもその一つであるが、一部メディアで「ゲイクラブ」と報道された。(19)これにより、個人情報の流出を恐れた梨泰院クラブを訪問した人々が、感染経路調査やPCR検査を拒否するケースが続出し、韓国政府の徹底的な感染対策に困難が生じた。翌週におよそ二カ月半ぶりの小中高校および宗教集会の再開が予定されていたものの、すべて延期になった。以上から、学生や保護者および宗教界からの怒りが収まらず、性的マイノリティに対する風当たりが強まり、やがて「ゲイ・ホモフォビア」の世論が拡散した。

とりわけ、長期にわたって宗教集会の中止を余儀なくされた宗教界からの怒りは顕著であった。「梨泰院クラブ感染の衝撃、『回復の日』を夢見てきた韓国教会を襲うか」(20)「政府の防疫に積極的に協力している教会にだけ執着、梨泰院クラブ事態、予告されていた大惨事」(21)「宗教施設のように遊興業所（夜の店）への取り締まりも強化すべきだという宗教界の声に韓国政府は耳を傾けなかった。結局起こってしまった」(22)などの報道が相次ぎ、韓国政府への不満を露わにした。

さらに、教会の礼拝や牧師の説教の中に、性的マイノリティに対する嫌悪や警戒の表現が急増した。[23] キリスト教系新聞においても同様であり、たとえば、「新天地信者たちによってコロナが拡散した時、疾病管理本部やソウル市などは、新天地の各種礼拝や活動を公開し、感染経路を国民に詳しく発表した。ゲイたちによるコロナ感染拡大を防ぐためには、ゲイたちの活動特性を公開すべきだ。（中略）マスコミに対し、梨泰院ゲイクラブをゲイクラブと報道しないように、ゲイをゲイと報道しないようにし、ゲイたちを特別扱いしている国家人権委員会と政府は反省すべきだ」[24]という記事にみるように、露骨に性的マイノリティに対する嫌悪が表れている。「新天地信徒たちと梨泰院クラブの訪問者たちには共通点がある。正体を隠し、音信不通で検診を避けたことである。（中略）感染が確認されたら同性愛者である事実がバレたり、同性愛者に疑われることを恐れ、梨泰院訪問事実を隠したり、行方をくらましたりしている。匿名での検査を活用し、それでも不応の場合、スマホのＧＰＳ機能やクレジットカード使用歴を調べるなど、強制捜査をすべきだ。（中略）問題は、一部で少数者嫌悪、差別反対の主張をかかげ、防疫活動に歯止めをかけていることだ。（中略）集団感染が発生した場所と経路を公開するのは、一部私生活が公開されることもあるが、これは防疫のためであって、差別や嫌悪とは無関係である」[25]という記事にみるように、性的マイノリティのプライバシーや人権を犠牲にしても仕方ないという考え方が読み取れる。

他方、「クラブとは違った。仁川の二教会、感染者〇名に防疫当局から賛辞」[26]「信者七八八名、手袋まで着用。梨泰院発三次感染〇名、礼拝堂の奇跡」[27]など、徹底した感染対策をアピールする新聞記事が目立つようになった。

だが、教会の対面礼拝から集団感染が相次いで確認され、中央災難安全対策本部は、七月十日から定期礼拝以外のすべての対面での集会を禁じると発表し、違反した場合、三〇〇万ウォン以下の罰金および教会運営の一時中断命令が課せられると伝えた。この命令に対し、主流派教会では、「ゲイクラブの集団感染が発生した時、政府はどのように対応したのか？　感染者の感染経路も公開せず、該当クラブのみ制裁し、梨泰院一帯の夜の店全体に対しては制裁しなかったのではないか？　なぜ、教会だけ厳しく規制するのか？」[28]「コロナ拡散がほぼ止まっていたのに、梨泰院と海外入国者たちによって再拡散し、継続して増えている現状を防ぐことのできない政府と防疫当局が、教会を『第二の新天地』の身代わりにしようとする」[29]「梨泰院同性愛者クラブの時は人権保護、教会の集会やイベントは禁止。感染対策に最も積極的に協力したのは教会である。医療支援、基金助成、マスク寄付、ボランティア活動など、コロナ支援の先頭に立っていた。しかし、戻ってきたのは宗教弾圧である」[30]「教会関連感染者のうち、新天地の二重登録者による感染、その他異端教会が多く含まれている」[31]などの記事にみるように、COVID-19感染の拡大は、梨泰院や海外入国者、新天地に責任があるとしていることがうかがえる。

さらに、梨泰院クラブ発クラスター以降、性的マイノリティに対する嫌悪が留めようもなく広がっており、性的マイノリティへの差別禁止を含む「差別禁止法（平等法）」の制定が再び注目された。「差別禁止法」とは、韓国では二〇〇七年から国家人権委員会を中心に進められ、性別、障害、年齢、性的指向など二十一の差別事由から、市民として平等な権利が保障されるべき公共領域における直接差別、間接差別、ハラスメントなどの差別行為を禁止する法案である。今回のコロナ禍も反映させ、「災害状況で緊急措置を実施する際、少数者を差別せず保護しなければならない」という条項も新たに加えられた。[32]

なかでも「性的指向」の項目をめぐって韓国の宗教界は反対を表明してきたが、[33]保守教会は性的マイノリティに対し最も否定的に認識していることはよく知られている。[34]保守教会は、「同性愛による信仰的、道徳的、社会的、国家的被害が生じているため、同性愛と差別禁止法に反対する」[35]「多者性愛、近親相姦などの合法化の道をつくることと同じ。同性結婚、多夫多妻などの合法化を防ぐ名分もなくなり、一夫一妻の健康な家庭と社会風土が解体される結果を招く。幼稚園、小中高で同性愛と性転換擁護教育を実施し、児童・青少年のエイズ感染と性転換が増加する。軍人の同性性行為を禁止できないため、国家安保の弱化を招く」[36]という記事にみるように、差別禁止法が同性愛を助長し、家庭崩壊や信教の自由の侵害を招くと主張する。

これまで韓国が感染対策に成功したと言われている理由は、感染確認者のスマホやクレジットカード使用歴を追跡するなど、公益のために個人情報を取得し、利用してきたからである。感染拡大を食い止めるために必要な選択だったとしても、その過程において大勢の人権とプライバシーを侵害した事実は拭えない。梨泰院クラブを訪問した人々が、社会からのレッテルと孤立を恐れ、検査を受けずに隠れてしまったことに人権とプライバシーの侵害の様子が端的に表れているといえるだろう。梨泰院クラブ騒動をめぐって、徹底した感染対策を遵守しなかったことに対する叱咤は許されても、性的

表　「社会的距離の確保」防疫守則の段階別措置内容

	一段階（生活防疫）	二段階	三段階
集合・集い・行事	許可（防疫守則の順守の勧告）	室内五〇人、室外一〇〇人以上禁止	一〇人以上禁止
スポーツ行事	観客数の制限	無観客試合	試合中止
公共多重施設	運営許可（必要時一部中止・制限）	運営中止	運営中止
民間多重施設	運営許可ただし、高危険施設の運営自粛命令（防疫守則の順守）	高危険施設の運営中止、その他施設の防疫守則順守の強制化	高・中危険施設の運営中止、その他施設の防疫守則順守の強制化
学校・幼稚園・保育園	登校・遠隔授業	登校・遠隔授業（登校人数の制限）	遠隔授業もしくは休校
公共機関・企業	柔軟・在宅勤務等を通した勤務密集度の最小化（全体人数の三分の一）	柔軟・在宅勤務等を通した勤務人数制限（全体人数の半数）	必須人員以外、全員在宅勤務
民間機関・企業	柔軟・在宅勤務等の活性化を勧奨	柔軟・在宅勤務等を通した勤務人数制限の勧告	必須人員以外、全員在宅勤務の勧告

マイノリティであるという理由だけで感染拡大の責任を問い、プライバシーの侵害も関係なく、社会から排除すべき存在というレッテル貼りは、完全な差別かつ暴力である。しかも、社会的弱者への救済に取り組むべき宗教が、その中心に立っているという事実を、どのように受け止めるべきだろうか。イエスは、宗教的背景や性別、障害の有無を問わず、「隣人を自分自身のように愛しなさい」（マタ22：39）と、万人に対する無条件の愛を説いた。そのイエスの弟子であるキリスト教徒であれば、イエスの教えである他者に対する思いやりを、コロナ禍という危機的状況だからこそ、実践すべきではないだろうか。

四、パンデミックと分断
——韓国社会と宗教のゆくえ

二〇二〇年六月二十八日、韓国の中央災難安全対策本部は、コロナ感染拡大の深刻性と防疫措置の強度によって一〜三段階に分類した実行方案を発表した。これによって韓国では「社会的距離の確保」から、日常生活を営みながらそのなかで感染拡大を防ぐ「生活の中での距離確保（生活防疫）」に移行している。

同年七月末現在、一段階にあるが、今後第二波が発生すると想定した場合、二〜三段階に移行することになり、宗教による集会開催は厳しくなる。COVID-19終息が不透明な中、新たな対策が求められる。これまで韓国教会の特徴とも言われてきた教会で一緒に食事をとる風景をはじめ、子ども主日学校、伝統的なセル集会（小グループ宗教活動）、伝道・海外宣教は弱体化もしくは消滅するかもしれない。それに伴って教会財政と信者数も弱体化もしくは消滅は避けられないだろう。それに対し、現在でも力を入れているオンライン礼拝・ミサをはじめ、オンラインでの会議・教育・各種集会、デジタルインフラ整備と専門家の必要性（電子決済献金システム）、地域教会間協力・統合、教会建物の用途変更などが強化されていくと予想される。[37] すでに韓国の主流派教会では、QRコードで礼拝・ミサ出席名簿の電子化や、信者用のモバイル身分証の携帯、YouTube教会、ドライブスルー聖体、バーチャル聖地巡礼など、IT強国らしい光景が広がっている。他方、「必ず教会で主日礼拝を行うべき」「オンラインだけでの主日礼拝を『公教会』として認められない」など、礼拝のオンライン化に対する憂慮や、対面礼拝の必要性を強調するところもあり、[38] オン・オフライン集会をめぐっての意見の食い違いが見られる。

注目すべき点は、今回のコロナ禍の中、「医師・看護師は必要だったが、宗教者は必要とされなかった」[39] にみるように、これまで宗教の社会的役割が大きいとされてきた韓国ではあったが、宗教は頼りにされてこなかった点である。分断を超克する役割を担うべき宗教・宗教者が、むしろ分断を作り出す側の先頭に立っていた。このような中、宗教者・宗教団体に対する社会的信頼が低下するかたわらで、妖怪「トケビ」などが人々の間で人気を集めている状況は、宗教団体の社会的意味や役割を果たしていないことを如実に示しているともいえよう。実はこの現状は、中世ヨーロッパでペストが広まっていた時と極めて類似しているのである。[40]

神の教えが（ペストから人々を）救い得なかったという確かな事実を人々はこの目で見た。いち早く逃げたのは、司祭や枢機卿など高級聖職者たちだった。患者に誠実に接する聖職者もいたが、教えが無力と感じた人も多かった。聖職者が頼りにならない以上、自分の死を自分で受け止めざるを得ない現実を追認したものかもしれない。この時の不信感が、後の宗教改革につながったとされる。（中略）当時、力になったのは修道院だ。道端に倒れた人に手を差し伸べ、食事を与え、薬を処方した。病人の看護は祈りよりも、司牧よりも、上に置かれるべきだとする教えが徹底されていた。治療は十分でなくても、患

者の心に灯をともしたに違いない。(41)

コロナ禍の韓国において「宗教者・宗教団体は必要とされなかった」ことに対する反省と、今回の経験からの教訓を後世に残すことが重要であるが、改めて韓国社会と宗教は、この点にいかに貢献できるのだろうか。今日、韓国のみならず世界各地においては、ウイルス感染への不安や恐怖から生じる嫌悪や差別、偏見に起因する「社会的感染症」が蔓延している。「社会的感染症」は、民族的出身・国籍・宗教・障害・性的指向などにおけるマイノリティに対しての人権尊重意識が低い場合、災害・災難が突然襲ってくると、嫌悪や差別が浮き彫りになることを言う。(42) とりわけ、韓国においては、新天地や梨泰院騒動にみるように、COVID-19の拡大を機に、「ウリ(我々)」と「ナム(他人)」という区別が行われ、「我々」の優秀性を強調し、外国人や障害者、性的マイノリティなどの「他人」への差別を強いられ、その結果、社会断層がより可視化した。さらに、これまで宗教団体の社会的影響が比較的に高いとされてきた韓国において、コロナ騒動を通してその無力さや排他性が明かされたといえよう。

今、誰もが願っていることは、一日も早い事態の終息と日常生活の回復である。顕在化しつつある「分断」の意味を理解し、それを踏まえた新たな世界観を構築することができるとしたら、コロナ騒動が終焉を迎えた後に、私たちは積極的な意味で「新しい世界」を切り開くことができるかもしれない。(43) COVID-19によって分断が可視化したものの、その分断を「対岸の火事」として済ませるのではなく、逆に「新しい世界」を切り開くための「浄化作用」とし、宗教が社会的弱者に手を差し伸べる際、コロナ禍の社会的感染症に疲弊した人々の心に、宗教の本来的役割である灯をともす日が訪れるかもしれない。

歴史は繰り返す。人類はこれまでに何度も感染症のパンデミックを経験している。COVID-19が終息してもまた新たな感染症の発生が続くだろう。コロナ騒動の経験からの教訓をどのように生かし、それを後世に伝えていくかが、求められる。

注

(1) 「トケビ」とは、人間に富をもたらしたり、害を与えたりする両面性をもった超自然的な存在として理解されている。トケビについては、民間伝承の世界だけではなく、地域によっては民間信仰の対象にもなっている。金容儀「玄界灘を渡った鬼のイメージ——なぜ韓国のトケビは日本の鬼のイメージで語られるのか」(『日文研フォーラム会議発表論文』二〇〇六年)一—二七頁。

(2) 韓国疾病管理本部 http://ncov.mohw.go.kr(二〇二〇年八月三

日最終閲覧)。
(3) キム・スギョン「感染病・理念・ゼノフォビア――コロナ19の政治化と反中現象」(『多文化と平和』一四・一、二〇二〇年)二二―四三頁(韓国語)。
(4) タク・ジイル「新天地とコロナ19」(『基督教思想』二〇二〇年四月号)五二―五九頁。
(5) 韓国疾病管理本部二月二十九日定例ブリーフィング https://www.cdc.go.kr/board/board.es?mid=a20501000000&bid=0015(二〇二〇年七月二十一日最終閲覧)。
(6)『国民日報』(二〇二〇年二月二十三日)。
(7)「国民請願掲示板」は、国民誰もが自由に書き込みを投稿することができ、二十万人以上が支持した書き込みには、青瓦台が公式の答弁をすることになっている。
(8)『朝鮮日報』(二〇二〇年三月四日)。
(9)『東亜日報』(二〇二〇年二月二十九日)。
(10)『東亜日報』(二〇二〇年六月二十二日)。
(11)『ハンギョレ新聞』(二〇二〇年八月一日)。
(12) 新天地の聖書解釈に対する批判をはじめ、布教方法の問題性を指摘しながら注意喚起の必要性を訴える内容、親泣かせ、家族崩壊・社会生活破綻の主犯人、総会長(李萬熙)の経済力や資金運用の問題などを指摘、ウソの異端・カルト集団、スーパースプレッダー(伝染病、宗教、公共秩序)、国家災難級事件・事故、などの批判的記事がほとんどを占めている。
(13)『Christian Today』(二〇二〇年七月九日)。
(14)『朝鮮日報』(二〇二〇年二月二十六日)。
(15)『毎日経済』(二〇二〇年二月二十八日)。
(16)『聯合ニュース』(二〇二〇年二月二十一日)。
(17)「コロナ騒動から見えてくるもの――宗教的世界観と世俗的世界観の間で(一)」(『クリスチャントゥデイ』二〇二〇年三月三十日)。
(18) イ・ジョンウン「新天地と既成教会の『保障・交換』体系の比較研究――改宗と再改宗の証し文を中心に」(『宗教と文化』二九、二〇一五年)一五三―一八四頁。
(19)「『ゲイクラブ』と表記したのは、事実(Fact)を報道したものである。政府や疾病管理本部、各言論は場所や特定団体(教会含む)の動線について詳細に報道した。しかし、なぜ同性愛者(団体)に対しては例外を置こうとするのか疑問だ。(中略)客観的事実報道は、国民の知る権利であり、公益報道だ。」(「梨泰院クラブの事実と真実」『国民日報』二〇二〇年五月二十三日)。
(20)『Christian Today』(二〇二〇年五月十一日)。
(21)『Christian Today』(二〇二〇年五月十二日)。
(22)『国民日報』(二〇二〇年五月二十三日)。
(23)『ソウル新聞』(二〇二〇年五月十七日)。
(24)『Christian Today』(二〇二〇年五月十二日)。
(25)『Christian Today』(二〇二〇年五月十二日)。
(26)『Christian Today』(二〇二〇年五月十七日)。
(27)『中央日報』(二〇二〇年五月十五日)。
(28)『Christian Today』(二〇二〇年七月八日)。
(29)『Christian Today』(二〇二〇年七月九日)。
(30)『Christian Today』(二〇二〇年七月十四日)。
(31)『国民日報』(二〇二〇年三月二十四日)。
(32)『ハンギョレ新聞』(二〇二〇年七月一日)。
(33)『カトリック新聞』(二〇二〇年七月二十六日)。
(34) 性的マイノリティに対する差別を人権問題として認識すると答えた回答者は、プロテスタントが三九・九パーセント、カトリックが五一・四パーセント、仏教が四九・三パーセント、無宗教四九・九パーセントであった。特に、プロテスタント信者が性的マイノリティに対して他宗教より否定的価値観を有していることが分かる。また、基督教社会問題研究院の調査によると、韓国プロテスタント信者の五八パーセントが同性愛は罪と考え、非信者（二五パーセント）の倍以上高く、保守教会は「同性愛者嫌悪の総本山」とも言われている。その背景には、解放以降、プロテスタント教会が親米・反共主義と結合し、「北朝鮮嫌悪」で自らのアイデンティティを構築したが、一九九〇年代以降、冷戦崩壊とともに同性愛者を新たな嫌悪対象に切り替えることで、「保守教会＝反同性愛」を制度化し、自己アイデンティティの保全に努めた結果である。『ハンギョレ新聞』（二〇二〇年六月二十三日）。

(35)『クリスチャンフォーカス』（二〇一六年六月二十七日）。

(36)『Christian Today』（二〇二〇年五月二十七日）。

(37)『Christian Today』（二〇二〇年六月十八日）。

(38)『Christian Today』（二〇二〇年六月十七日）。

(39)『ハンギョレ新聞』（二〇二〇年五月七日）。

(40)立川昭二『病気の社会史――文明に探る病因』（岩波書店、二〇〇七年）。

(41)斉藤佳典「異聞風聞」『北海道新聞』（二〇二〇年五月十日）。

(42)『ソウル新聞』（二〇二〇年七月二十三日）。

(43)前掲注17「コロナ騒動から見えてくるもの――宗教的世界観と世俗的世界観の間で（一）」。

◎コラム◎

香港におけるコロナと宗教

伍　嘉誠

著者略歴は本書掲載の伍論文「香港における新型コロナについての一考察」を参照。

本コラムは香港における新型コロナウイルスと宗教との関わりについて三つの視点から簡単な考察を試みる。一つ目の視点は「宗教による感染」である。宗教はどのようにコロナの感染リスクの一つになったのかについて、香港の仏教団体におけるクラスター発生の事例を紹介する。二つ目の視点「宗教への影響」では、コロナの感染拡大はどのように香港の宗教活動や人々の信仰の姿に影響を与えているのかについて、キリスト教、イスラム教、民間信仰の事例から考察する。最後に、「宗教による対策」では、従来香港の市民社会において大きな役割を果たしてきた宗教団体は、コロナの脅威に対してどのような動きを見せたのか、宗教団体による対策活動の事例を紹介する。

一、宗教による感染

人類の歴史を見ると、宗教と伝染病には深い関係があることがわかる。(1) 例えば、コレラの第二次パンデミックでは、メッカの巡礼によってカイロからアフリカに蔓延した事例がある。(2) また、宗教の集まりは感染症の爆発の原因になるとも言われている。(3) キリスト教、イスラム教、ヒンドゥー教のイベント後、参加者に対して感染症の爆発が頻繁に確認されたことが指摘されている。(4) 今回の新型コロナウイルスにおいても、宗教と感染症との関係はよく報道されている。本書に寄稿された李賢京氏の論文においても韓国の感染集団「新天地イエス教会」の事例が紹介された。

日本ではあまり報道されていなかったが、香港においても宗教団体でのクラスター発生の事例がある。二月十九日に香港島にある「福慧精舎《フォッワイジェンセー》」という仏教団体において、二人の感染者が確認された。香港の衛生部門は、直ちに教団を閉鎖し、関係者の二二一人と連絡を取り、うち三十五人が検査を受け、一六〇人余りが医学監察を受けた。結果として、三月四日までに住職及び信者計十九人の感染者が確認された。その内の一人、八十歳の感染者は死亡したが、残り十八人は治療を受けて退院した。衛生部門の追跡調査を行ったところ、同じく感染した男の住職が今年の一月、旧正月前に中国本土の廈門と四川省の峨眉山の寺院に訪問していたことがわかった。彼がクラスターの発生源である可能性が高いと考えられている。

事件発生後、教団は三月十一日に謝罪声明を発表した。声明では、一月下旬に「閉館するかどうかについて皆で会議を開き議論したが、管理者の危機意識が不足しており、信者の意見も分かれており、結局閉館しないこととなった。こんな結果になって後悔の極みだ」(5)ということが述べられた。

福慧精舎の事例から、宗教の集まりは集団感染のリスクの高い場所であることが確認された。閉館しないと決定した理由には、管理者や信者の危機意識の欠如があげられており、おそらく一部の信者が、信仰の力によって病気を克服できると確信し、科学的根拠に基づく危機意識が十分ではなかった可能性がある。また、地域間の宗教交流活動は、地元の人を伝染病の脅威にさらす可能性が高いことを改めて感じる事例である。

二、宗教への影響

次に、香港においてコロナが宗教にもたらした影響について考察する。一月二十三日に香港で最初の感染者が確認された後、一部の宗教団体は早い段階で集会の中止や活動の縮小などの自粛を始めたが、前述した仏教団体の「福慧精舎」は集会を続けたため、集団内の感染爆発が発生した。「福慧精舎」の深刻な結果を目の当たりにし、多くの宗教団体はより強くコロナを警戒し、ほとんどの活動を中止した。

また、感染拡大防止のため、香港政府は三月二十七日にソーシャル・ディスタンスを巡る措置「減少聚集新規定」(通称「限聚令」、以下「集まり禁止法」と呼ぶ)の規定を発表した。この規定は公共の場で五人以上の集まりを禁止するものであった(人数の制限は五月八日から八人、六月十九日から五十人に緩和した)。言うまでもなく、多くの人が集まる宗教団体はこの新しい規定によって大きな影響を受けた。もちろん、宗教活動は必ずしも公共の場で行うものではない。教会やモスクなどの施設で、その団体のメンバーに限定して五人未満の少人数で、そしてマスク着用の上「プライベートな集会」を行うことは違法と見なされないだろう。しかし、そうすると、クラスターが発生した場合、教団は責任を負わなければならないため、多くの教団は違法かどうかに関わらず、対面式の集会を中止することにしたのである。

また、五人以上の大型の宗教イベントは、違法とみなされる恐れがあるため、中止となった事例が多い。例えば、香港ではプロテスタント信者とカトリック信者の数は約八十六万人であり、人口の約一二パーセント占めている。(6) 四月のイースター礼拝はキリスト教徒にとって重要な行事だが、今年は多くの教会堂は対面式のイースター礼拝を中止し、その代わりにユーチューブやフェイスブックで同時配信の形で礼拝を開催した。実際に教会堂に行くことができず、多くの信者はとても残念に感じていた。それに対して、聖公会のAlex McCoy牧師は「オンライン礼拝は、実際に教会堂でみんなで集まって会うことには代えられない」と認めつつも、「お互いに学んで、褒めて、励ましあうことが可能だ」と述べている。(7) 教会にとっては対面式の集会を開けない中、新しいメディアを利用し信者の交流する場を維持することが重要であったと考えられる。

コロナはイスラム教に対しても一定の影響を与えた。香港のイスラム教徒は約三十万人おり、かれらにとってコロナの最も大きな影響はモスクに行けないことである。「自宅にいながら快適に祈るより、モスクで祈るほうがいいんだ。悲しくてがっかりした」「コロナの関係で、友達とのつながりがなくなった」などの声が出ており、信者たちにとってモスクの存在がとても重要であることが分かる。(8) 特に、通常はモスクで他の信者とともに過ごすラマダーン（断食）を、今年は感染防止のため、家で家族と過ごすしかない事態になった。香港最大のモスク「九龍モスク」では、ラマダーンの時期に例年毎日二千人ほどの信者が集まっていたが、今年は二、三人のスタッフしかいなかった。「こんなことは想像しなかった。隔離そのものはユニークだ。ラマダーンはいつも活気に溢れ、モスクで過ごすのだ」とマフティー・ムハンマド・アルシャード司は述べた。(9) また、信者がモスクに来なくなったため、教団が集められるザカート（寄付金）も急減し、それを財源とする教団の慈善活動も妨げられた。五月八日以降、一部のモスクは再開したものの、入場者の数は厳しく制限され飲食も禁じられている。

民間信仰の祭典の場合も中止となったケースが多い。例えば、「長洲太平清醮《チャンチャウタイペンチェンジュウ》」と呼ばれる、病気を退治する「玄天上帝」を祭り「長洲の太平を願う」祭典も、やむを得ず中止となった。この祭典は、地元の人だけでなく、多くの観光客を集める大型イベントである。「搶包山」という、塔にくくりつけられた饅頭を選手たちが奪い合う競技イベントがあることから、日本のメディアが時折「饅頭祭り」と称するものである。残念ながら、今年は集会禁止法に違反するものと警察にみなされたため開催できなくなった。

この祭典では、予定されていた四月三十日の最初の神様をお出迎えする「神迎祭」をはじめ、すべての式がキャンセルとなった。祭典の実行委員長は「太平清醮の何百年の歴史の中、こんなこと

図1　長洲太平清醮の際、多くの店で「平安」の文字が書かれた饅頭が売れらており、それを食べると、無病息災になると言われてる。また、「搶包山」で使われる饅頭は衛生面、安全面の理由で、プラスチック製である（撮影：May Lam氏、2012年）

図2　「搶包山」で使われる饅頭タワー（撮影：May Lam氏、2012年）

は初めてだ」と述べた。(10)「神迎祭」では「八擡《はちたい》大轎《たいきょう》」と呼ばれる八人の駕籠《かご》を使い、神様をそこに乗せるというやり方が一般的であるが、政府が五人以上の集まりを禁止したことによって、八人を必要とするこの神迎祭は事実上違法になってしまう。実行委員会は、「これまで、八人の駕籠を使ってきた。四人の駕籠はだめだ、神様は神様だから。昔、偉い人が駕籠に乗った時代でも八人の駕籠を使っていた」と説明した。(11)つまり、神様が乗っている駕籠の人数が、人間のものよりも少ないというのはありえない話だというのである。それに対して、委員会はいろいろな対策を考えてみたものの、「駕籠を持つ人の間に距離を置いたらどうかと警察に聞いたところ、それでもダメだった。中止するしかない。非常に残念だ」とのことであった。(12)

　祭典は地元の人の健康を祈る、病気から守るという意味も持ち、地元の人にとって非常に重要な行事である。筆者が違和感を覚えたのは、本来、コロナの感染拡大の状況において、病気を退治する神を祭ることが最も必要とされる時期だと思われるのだが、感染拡大防止の理由から、その祭典が開催できなくなったことである。また、疫病退散の神の祭典が開けないことによって、コロナの感染が島の中で拡大するのではないかと、心配する地元の人も多い。この事例から、コロナ対策において、「法的」「科学的」対策と「信仰の力」との対立が伺える。

三、宗教による対策

最後に、コロナに対して宗教はどのような対策を行ったのかについて考察する。実は、香港においてコロナの感染拡大を抑え込むことが比較的にできているのは、市民社会が大きな力を果たしているからである。そこでは、宗教団体も重要な役割を担っている。この背景には、香港市民が政府に対して強い不信感を抱いているということがある（香港市民の政府への不信感については、本書掲載の拙稿「香港における新型コロナウイルス——市民社会の力」を参照のこと）。政府に対する強い不信感の中で、市民の間では自分たちの力でコロナに対応するしかないという意識が高まってきている。例えば、民間団体・企業が自発的にマスクを調達・開発し、不要不急の外出自粛などの呼びかけが早い段階から認められ、宗教団体も多くの力を見せている。

まず、キリスト教会の活動については、二月十一日に、キリスト教宣道会の教会堂「海濱堂《ホイバントン》」がマスク配布活動を行い、高齢者や医療関係者に対して八千枚以上のマスクを配布した。また、中国基督教播道会の「港福堂《ゴンフォットン》」は、「社会をケアし、マスクをシェアする」という活動を発起し、信者に対して、もし余ったマスクがあれば、それを教団内の人や社会の一般の人に寄付するよう呼びかけている。「好隣舎北区教会《ホールンセーバックイ》」は、三月十四日に「子供を守る　マスク配布活動」を開催し、二〇〇名の中高校生・大学生を対象に、一人あたり十五枚のマスクを配布した。

カトリック教会の福祉部門であるカリタスは、二月に低所得世帯を対象とした調査を行った。うち約五〇パーセントの人が「今持っているマスクは二週間で底をつく」と回答した。[13] マスクの不足は特に貧しい人たちにとって大きな問題になっている。この調査によって、カリスタは、コロナにおける低所得世帯の生活問題やニーズを社会に発信し、政府が適切なサポートを与えるように、プレッシャーを掛けている。

キリスト教の他に、仏教や道教団体も動き出している。香港仏教連合会は二月十日に「香港仏教界が共に防疫しケアを示す行動」を行い、幼稚園、小学校、老人ホーム、老人センター、低所得世帯、一人暮らしの高齢者、清掃業員等を対象に、合計五万枚のマスクを配布した。また、配布が行われる前には、僧侶たちが現在の困難を早く乗り越え、正常な生活を取り戻せるようにと、マスクに対して祝福を込める灑水《れいすい》加持という儀式を行った。香港道教聯合會も同じように、マスクや消毒液などの物資を市民に配布した。このように、宗教団体は、積極的に機能しない香港政府の役割を担っていたのである。

おわりに

以上、宗教による感染、宗教への影響、

宗教による対策の三つの視点から、香港における宗教とコロナの関係について簡単な考察をした。この三つの視点は今後コロナと宗教との関係を探るには重要であろう。

注

(1) Mary E. Wilson, "Travel and the Emergence of Infectious Diseases," *Perspective* 1, no. 2, 1995.

(2) 大谷明「文明と伝染病:その関連の歴史」(『日本細菌学誌』五十八号四巻、二〇〇三年)六五七—六六二頁。

(3) Ziad A Memish, Gwen M Stephens, Robert Steffen, Qanta A Ahmed, "Emergence of medicine for mass gatherings: lessons from the Hajj," *Lancet Infect Dis.* 12, no. 1, 2012, 56-65.

(4) Alimuddin Zumla, Abdulaziz N. Alagaili, Matthew Cotten & Esam I. Azhar, "Infectious diseases epidemic threats and mass gatherings: refocusing global attention on the continuing spread of the Middle East Respiratory syndrome coronavirus (MERS-CoV)," *BMC Med* 14, no. 132, 2016.

(5) 「「福慧弟子」報章刊聲明道歉　指無暫停共修「懊悔不已」」(『立場新聞』二〇二〇年三月十一日)https://www.thestandnews.com/福慧弟子-報章刊聲明道歉-指無暫停共修-懊悔不已(二〇二〇年七月二十一日最終閲覧)。

(6) Hong Kong Government, *Hong Kong Fact Sheets*, 2016.

(7) Sun Fiona, "Easter weekend disrupted: Hong Kong church services go online, pandemic hits plans for egg hunts, short trips," *South China Morning Post*, 10 April 2020, https://www.scmp.com/news/hong-kong/health-environment/article/3079282/easter-weekend-disrupted-hong-kong-church(二〇二〇年七月二十一日最終閲覧)。

(8) Sun Fiona, "A different kind of Ramadan: Hong Kong Muslims observe fasting month at home, as pandemic measures halt mosque gatherings," *South China Morning Post*, 9 May 2020, https://www.scmp.com/news/hong-kong/health-environment/article/3083594/different-kind-ramadan-hong-kong-muslims-observe(二〇二〇年七月二十一日最終閲覧)。

(9) 同上。

(10) 鄭翠碧、黃詠榆「太平清醮-長洲迎神儀式今早突取消-值理會-有共同目的憂遭票控」(『香港01』二〇二〇年四月三十日)https://www.hk01.com/社會新聞/467486/太平清醮-長洲迎神儀式今早突取消-值理會-有共同目的憂遭票控(二〇二〇年七月二十一日最終閲覧)。

(11) 同上。

(12) 同上。

(13) 「明愛基層家庭調査:近半受訪者口罩存量不足両星期　望港府発口罩更勝封関派銭」(『立場新聞』二〇二〇年三月九日)https://www.thestandnews.com/society/明愛基層家庭調査:近半受訪者口罩存量不足両星期　望港府発口罩更勝封関派銭/(二〇二〇年七月二十一日最終閲覧)。

執筆者一覧（掲載順）

玄　武岩	藤野陽平	森　類臣
王　冰	牛　静	伍　嘉誠
上水流久彦	渡辺浩平	森山至貴
辻本　篤	宮岡真央子	斉藤巧弥
芳賀　恵	趙　慶喜	陳　昌鳳
天田顕徳	鈴木正崇	井上順孝
三尾裕子	李　賢京	

【アジア遊学 253】
ポストコロナ時代《じだい》の東《ひがし》アジア
新しい世界の国家・宗教・日常

2020 年 9 月 30 日　初版発行

編　者　玄　武岩・藤野陽平
発行者　池嶋洋次
発行所　勉誠出版株式会社
〒101-0051　東京都千代田区神田神保町 3-10-2
TEL：(03)5215-9021(代)　FAX：(03)5215-9025
〈出版詳細情報〉http://bensei.jp/

印刷・製本　㈱太平印刷社
組版　デザインオフィス・イメディア（服部隆広）
ISBN978-4-585-22719-9　C1330

251 仏教の東漸と西漸

252 中世日本の茶と文化—生産・流通・消費をとおして

247 移動するメディアとプロパガンダ —日中戦争期から戦後にかけての大衆芸術

西村正男・星野幸代　編

248 明治が歴史になったとき —史学史としての大久保利謙

佐藤雄基　編

『越甸幽霊集録』における神との交流　佐野愛子
「新羅海賊」と神・仏への祈り　鄭淳一
『観象玩占』にみる東アジアの術数文化　髙橋あやの
日本古代の呪符文化　山下克明
平安時代における後産と医術／呪術　深澤瞳
江戸初期の寺社建築空間における説話画の展開—西本願寺御影堂の蟇股彫刻「二十四孝図」を中心に　宇野瑞木

245 アジアの死と鎮魂・追善

原田正俊　編

序文　原田正俊

Ⅰ　臨終・死の儀礼と遺体

道教の死体観　三浦國雄
日本古代中世の死の作法と東アジア　原田止俊
契丹人貴族階層における追薦　藤原崇人
佐藤一斎『哀敬編』について—日本陽明学者の新たな儒教葬祭書　吾妻重二
北京におけるパンチェン・ラマ六世の客死と葬送　池尻陽子

Ⅱ　鎮魂・追善と社会

慰霊としての「鎮」の創出—「鎮護国家」思想形成過程の一齣として　佐藤文子
神泉苑御霊会と聖体護持　西本昌弘
南北朝期における幕府の鎮魂仏事と五山禅林—文和三年の水陸会を中心に　康昊
烈女・厲鬼・御霊—東アジアにおける自殺者・横死者の慰霊と祭祀　井上智勝
照月寿光信女と近世七条仏師　長谷洋一
華人の亡魂救済について—シンガポールの中元行事を中心に　二階堂善弘

246 和漢のコードと自然表象—十六、七世紀の日本を中心に

島尾新・宇野瑞木・亀田和子　編

序　島尾新
総論　宇野瑞木

Ⅰ　「内在化」のかたち

室町時代における「漢」の「自然表象」　島尾新
二十四孝図と四季表象—大舜図の「耕春」を中心に　宇野瑞木
日光東照宮の人物彫刻と中国故事　入口敦志
【コラム】「環境」としての中国絵画コレクション—「夏秋冬山水図」（金地院、久遠寺）におけるテキストの不在と自然観の相互作用　塚本麿充
江戸狩野派における雪舟山水画様式の伝播—狩野探幽「雪舟山水図巻」について　野田麻美
四天王寺絵堂《聖徳太子絵伝》の画中に潜む曲水宴図　亀田和子
【コラム】モノと知識の集散—十六世紀から十七世紀へ　堀川貴司

Ⅱ　コード化された自然

「九相詩絵巻」の自然表象—死体をめぐる漢詩と和歌　山本聡美
『源氏物語』幻巻の四季と浦島伝説—亀比売としての紫の上　永井久美子
歌枕の再編と回帰—「都」が描かれるとき　井戸美里
十七世紀の語り物にみえる自然表象—道行とその絵画を手がかり　粂汐里
寛政期の京都近郊臥遊　マシュー・マッケルウェイ

Ⅲ　人ならざるものとの交感

人ならざるものとの交感　黒田智
金春禅竹と自然表象　高橋悠介
「人臭い」話 資料稿—異界は厳しい　徳田和夫
お伽草子擬人物における異類と人間との関係性—相互不干渉の不文律をめぐって　伊藤慎吾
室町物語と玄宗皇帝絵—『付喪神絵巻』を起点として　齋藤真麻理

243中央アジアの歴史と現在 ―草原の叡智

松原正毅　編

244前近代東アジアにおける〈術数文化〉

水口幹記　編

Ⅳ　場・美意識との関わり

平安朝詩文における謝霊運の受容　後藤昭雄

平安時代の詩宴に果たした謝霊運の役割　佐藤道生

Ⅴ　説話・注釈

慧遠・謝霊運の位置付け—源隆国『安養集』の戦略をめぐって　荒木浩

【コラム】日本における謝霊運「述祖徳詩」の受容についての覚え書き　黄昱

『蒙求』「霊運曲笠」をめぐって—日本中近世の抄物、注釈を通してみる謝霊運故事の展開とその意義　河野貴美子

Ⅵ　禅林における展開

日本中世禅林における謝霊運受容　堀川貴司

山居詩の源を辿る—貫休と絶海中津の謝霊運受容を中心に　高兵兵

五山の中の「登池上楼」詩—「春草」か、「芳草」か　岩山泰三

Ⅶ　近世・近代における展開

俳諧における「謝霊運」　深沢眞二・深沢了子

江戸前期文壇の謝霊運受容—林羅山と石川丈山を中心に　陳可冉

【コラム】謝霊運「東陽渓中贈答」と近世・近代日本の漢詩人　合山林太郎

241 源実朝 —虚実を越えて

渡部泰明　編

序言　渡部泰明

鎌倉殿源実朝　菊池紳一

建保年間の源実朝と鎌倉幕府　坂井孝一

文書にみる実朝　高橋典幸

実朝の追善　山家浩樹

実朝像の由来　渡部泰明

実朝の自然詠数首について　久保田淳

実朝の題詠歌—結題（＝四字題）歌を中心に　前田雅之

実朝を読み直す—藤原定家所伝本『金槐和歌集』抄　中川博夫

柳営亜槐本をめぐる問題—編者・部類・成立年代　小川剛生

中世伝承世界の〈実朝〉—『吾妻鏡』唐船出帆記事試論　源健一郎

『沙石集』の実朝伝説—鎌倉時代における源実朝像　小林直樹

源実朝の仏牙舎利将来伝説の基礎的考察—「円覚寺正続院仏牙舎利記」諸本の分析を中心に　中村翼

影の薄い将軍—伝統演劇における実朝　日置貴之

近代歌人による源実朝の発見と活用—文化資源という視点から　松澤俊二

小林秀雄『実朝』論　多田蔵人

242 中国学術の東アジア伝播と古代日本

榎本淳一・吉永匡史・河内春人　編

序言　榎本淳一

Ⅰ　中国における学術の形成と展開

佚名『漢官』の史料的性格—漢代官制関係史料に関する一考察　楯身智志

前四史からうかがえる正統観念としての儒教と皇帝支配」—所謂外戚恩沢と外戚政治についての学術的背景とその東アジア世界への影響　塚本剛

王倹の学術　洲脇武志

魏収『魏書』の時代認識　梶山智史

『帝王略論』と唐初の政治状況　会田大輔

唐の礼官と礼学　江川式部

劉知幾『史通』における五胡十六国関連史料批評—魏収『魏書』と崔鴻『十六国春秋』を中心に　河内桂

Ⅱ　中国学術の東アジアへの伝播

アジア遊学既刊紹介